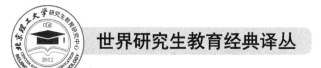 世界研究生教育经典译丛　丛书总主编：王战军

THE DOCTORAL EXPERIENCE: SUCCESS AND FAILURE IN GRADUATE SCHOOL

博士生培养
研究生院的成功与失败

[英]萨拉·德拉蒙特（Sara Delamont）
[英]保罗·阿特金森（Paul Atkinson）　著
[英]奥黛特·帕里（Odette Parry）

赵　琳　译

 北京理工大学出版社
BEIJING INSTITUTE OF TECHNOLOGY PRESS

版权专有　侵权必究

图书在版编目（CIP）数据

博士生培养：研究生院的成功与失败/（英）萨拉·德拉蒙特（Sara Delamont），（英）保罗·阿特金森（Paul Atkinson），（英）奥黛特·帕里（Odette Parry）著；赵琳译. —北京：北京理工大学出版社，2019.4（2021.11重印）
（世界研究生教育经典译丛）
书名原文：The doctoral experience: Success and failure in graduate school
ISBN 978-7-5682-0032-5

Ⅰ.①博… Ⅱ.①萨… ②保… ③奥… ④赵… Ⅲ.①博士生-研究生教育-培养模式-研究 Ⅳ.①G643.7

中国版本图书馆CIP数据核字（2019）第063038号

北京市版权局著作权合同登记号　图字：01-2016-8970号
The doctoral experience: success and failure in graduate school 1st Edition / by Sara Delamont, Paul Atkinson and Odette Parry / ISBN: 9780750709279
Copyright © 2000 by Routledge
Authorized translation from English language edition published by Routledge, part of Taylor & Francis Group; All Rights Reserved.
本书原版由Taylor & Francis Group旗下Routledge出版公司出版，并经其授权翻译出版。版权所有，侵权必究。
Beijing Institute of Technology Press is authorized to publish and distribute exclusively the Chinese (Simplified Characters) language edition. This edition is authorized for sale throughout Mainland of China. No part of the publication may be reproduced or distributed by any means, or stored in a database or retrieval system, without the prior written permission of the publisher.
本书中文简体翻译版授权北京理工大学出版社独家出版并仅限在中国大陆地区销售，未经出版者书面许可，不得以任何方式复制或发行本书的任何部分。
Copies of this book sold without a Taylor & Francis Group sticker on the cover are unauthorized and illegal.
本书贴有Taylor & Francis Group防伪标签，无标签者不得销售。

出版发行	/ 北京理工大学出版社有限责任公司			
社　　址	/ 北京市海淀区中关村南大街5号			
邮　　编	/ 100081			
电　　话	/ （010）68914775（总编室）			
	（010）82562903（教材售后服务热线）			
	（010）68944723（其他图书服务热线）			
网　　址	/ http://www.bitpress.com.cn			
经　　销	/ 全国各地新华书店			
印　　刷	/ 北京虎彩文化传播有限公司			
开　　本	/ 710毫米×1000毫米　1/16		责任编辑	/ 梁铜华
印　　张	/ 14.25		文案编辑	/ 梁铜华
字　　数	/ 211千字		责任校对	/ 杜　枝
版　　次	/ 2019年4月第1版　2021年11月第3次印刷		责任印制	/ 李志强
定　　价	/ 72.00元			

图书出现印装质量问题，请拨打售后服务热线，本社负责调换

《世界研究生教育经典译丛》编委会

总 顾 问：赵沁平（中国工程院院士，中国学位与研究生教育学会会长）

总 译 审：张　炜（西北工业大学党委书记，北京理工大学原党委书记，教授）

编委会主任：方岱宁（中国科学院院士，北京理工大学副校长）

王战军（北京理工大学研究生教育研究中心主任，教授）

委　　员：麦瑞思·内拉德（Maresi Nerad）（美国华盛顿大学教授）

凯瑟琳·蒙哥马利（Catherine Montgomery）（英国巴斯大学教授）

李　军（加拿大西安大略大学教授）

陈洪捷（北京大学教育学院教授）

施晓光（北京大学教育学院教授）

袁本涛（清华大学教育研究院教授）

秦惠民（中国人民大学教育学院教授）

刘宝存（北京师范大学教育学部教授）

周海涛（北京师范大学教育学部教授）

李　镇（北京理工大学发展规划处处长，研究员）

王军政（北京理工大学研究生院常务副院长，教授）

周文辉（学位与研究生教育杂志社社长）

办 公 室：周文辉　沈文钦　李明磊　黄　欢　王佳蕾

丛书序

世界研究生教育经典译丛

随着社会生产力日新月异的发展，高水平原始创新能力和拔尖创新能力日益成为世界各发达国家人才竞争的核心。研究生教育位于教育"金字塔"的顶端，是科技创新和拔尖创新人才培养的关键载体，发达国家和世界顶尖研究型大学无不将研究生教育作为提升自身实力和国际竞争力的重要抓手，高度重视研究生教育，由此形成了比较完善的研究生教育体系和推进研究生教育发展的国家战略。

中国研究生教育起源于 20 世纪 30 年代，规模极小，受时局影响时续时断，中华人民共和国成立以后，特别是 1980 年建立学位制度后，我国研究生教育取得了长足发展，基本形成了学科门类齐全、基本满足社会需求的研究生教育体系。2016 年，我国在校研究生人数达到 200.4 万人，成为世界研究生教育大国。

纵观世界发达国家研究生教育的发展和国家重大发展战略需求，以及"双一流"建设的目标，我国的研究生教育面临着诸多问题和发展的制约"瓶颈"。随着国家治理体系和治理能力现代化建设的深入推进，为解决我国研究生教育的难点和深层次问题，实现研究生教育强国时代目标的综合改革也进入了关键阶段。

要解决我国研究生教育改革与发展中的诸多难点和深层次问题，需要我们承担起历史的责任，有更大的勇气和智慧，付出更多努力，加强研究生教育理论研究，探索研究生教育发展规律，创新、构建符合我国国情的研究生教育学理论和学科体系，从而走出我国研究生教育改革和发展的新路子。

"他山之石，可以攻玉"。学习借鉴国际上研究生教育研究的有关成果，推动我国研究生教育的研究，促进我国研究生教育的改革和发展，是建设研究生教育强国的必经之路，也是提升我国研究生教育的国际地位和影响力、推动中国研究生教育研究国际交流与合作的客观需要。

为此，北京理工大学研究生教育研究中心组织有关专家精心遴选发达国家近年来研究生教育研究和实践领域有影响力的著作，翻译出版《世界研究生教育经典译丛》系列丛书。本丛书为我国研究生教育学的研究和发展提供了重要参考，也为研究生教育人才的培养提供了高水平教材和智力支持，在我国尚属首次，必将产生重要影响。

希望编委会各位国内外专家、译者继续开拓创新，精益求精，踏踏实实地做好"丛书"的选题、翻译、出版等工作，为我国研究生教育的研究和发展做出贡献。

2017 年 10 月于北京

内容简介

《博士生培养——研究生院的成功与失败》一书生动清晰地描绘了不同学科博士研究生及其学术导师的经历。书中展示了青年学者们如何接受并融入各自学科的特定的学术文化，呈现了不同学科和院系如何再生产其独特的学术生产方式。

此研究基于研究者对于全英 200 余名博士研究生及其指导教师的深度访谈。具体的研究问题包括：博士研究生如何应对自身从事的学术研究的不确定性；如何处理所经历的挫折、失败和孤独；研究团队如何能够作为社会化过程的环境；指导教师如何平衡研究生学术自主与他们导师承担责任之间的张力。

作者简介

Sara Delamont，卡迪夫大学社会学高级讲师，其研究涉猎广泛，包括学校和班级中的社会互动、女性教育、女性知识分子，以及现代欧洲人类学。

Paul Atkinson，卡迪夫大学社会学教授，其研究和发表领域主要包括医学、基因科学和教育学。

Odette Parry，爱丁堡大学健康与行为研究中心高级研究员，其研究涉及多个领域，包括健康与疾病、身体与运动，以及英国和加勒比地区的教育问题。

致　谢

本书所进行的研究得到经济与社会研究委员会（ESRC）的资助，包括两个项目："社会科学学科博士研究生的学者社会化研究"（T007401010）和"自然科学学科博士研究生的学者社会化研究"（R000233120）。在此要感谢经济与社会研究委员会的支持。书中观点均为作者个人观点，不代表经济与社会研究委员会的立场。

在研究过程中，英国大学的诸多学者和研究生给予了帮助。在他们同意参与研究时，我们便承诺会严格保密并隐去他们的真实姓名。我们也尽全力做到了对他们的承诺。在此，我们要向隐去姓名的院系负责人和受访者致谢，对他们的耐心与合作致以衷心的感谢。

以此项研究为基础，我们已经出版了一本书（Delamont 等，1997a），那是一本写给研究生指导教师们的行动指南。而本书主要是从另外的视角阐释调研所获得的研究素材，主要是从教育社会学和学术知识的角度对素材进行分析和讨论。我们基于社会学的研究传统，把握分析的主线，重点考察学位与专业、科研与知识、培养机构与学术知识等问题。部分相关观点和论述已经先期发表在了《英国教育社会学》和《高等教育教学研究》这两本学术期刊上。

在项目研究和书稿撰写的过程中，我们得到了很多人的支持与帮助，要特别感谢 Angela Jones 帮助我们将访谈录音整理成文字；感谢 Bob Burgess 和 Chris Pole，他们负责另外一个并行的研究项目，多年来与我们保持沟通与交流；要感谢 Geoff Walford 和 Oliver Fulton 在写作过程中给予的中肯建议。某些章节的初稿由 Rosemary Bartle-Jones 审校。

另外，每章前的题记均摘自 Pierre Bourdieu 的《学术人》（1988）。

目 录

第一章 学术文化 ·· 1
    引言 ·· 1
    学术内部的竞争 ·· 4
    分类与身份 ·· 7
    专业与社会化 ·· 9
    科学知识的学术组织 ··· 11
    学科 ··· 13

第二章 研究同行 ·· 17
    研究生受访者 ··· 29

第三章 探索的本质 ·· 33
    评审专家的观点 ·· 35
    指导教师的观点 ·· 41
    研究生的梦想 ··· 46
    独立探索 ·· 50

第四章 科学实践:实验室科学家在成长 ··· 53
    认识不确定性 ··· 56
    学位论文的建构 ·· 59

与"问题"和解 …… 61
　　既定知识 …… 63
　　成长为科学家 …… 70

第五章　田野研究 …… 73
　　引言 …… 73
　　田野研究与学术身份 …… 74
　　田野研究与不确定性 …… 82
　　学术写作 …… 93
　　惯习养成 …… 95
　　总结 …… 97

第六章　模拟现实 …… 99
　　映射物理现实 …… 100
　　理念、程序和知识 …… 105
　　总结 …… 110

第七章　谱系与代际 …… 115
　　时间与代际 …… 115
　　传记、谱系和学术出身 …… 117
　　研究团队与学术继承 …… 128

第八章　指导教师的叙述：做好微妙的平衡 …… 133
　　学者们的叙述 …… 133
　　如何做到平衡 …… 137
　　过去和现在 …… 141
　　总结 …… 148

第九章　教育的连续性 …… 151
　　自然科学中的研究团队 …… 156

个体化的博士阶段研究 …………………………………… 160

　　院系之外 ………………………………………………… 165

　　多学科研究 ……………………………………………… 167

　　总结 ……………………………………………………… 169

第十章　学科与博士研究生教育 ………………………… 171

附录一　两个研究项目 …………………………………… 181

附录二　政策背景 ………………………………………… 185

参考文献 …………………………………………………… 191

人名索引 …………………………………………………… 201

名词索引 …………………………………………………… 207

第一章

学术文化

在学术世界的社会结构中寻找专业分类的源头。(Bourdieu,1988:xii)

引 言

一个人如何成长为一位科学家?对于这个问题显然有很多答案。我们的研究仅仅聚焦于这一发展过程中的关键一步——博士研究生阶段的研究工作和经历。我们观察了包括社会科学和自然科学在内的众多学科中的博士研究生和指导教师的经历,目的是了解学术新人是如何被社会化进入到他们各自的学科和学术文化之中的。要成为一位科学家,更确切地说,要成为某一领域的专家学者,绝不仅仅需要学习某一特定领域的知识并通过考核。比如说,要成为一名生物化学家,需要做的远比学习生物化学知识要多得多,要获得更一般性的文化知识以及收获个人体验,还必须学会如何开展科学研究以及领会成为生物化学家意味着什么。这有赖于学科文化对其进行社会化,也有赖于完成至关重要的转变,即一种不同于中学和本科的学习方式。

高等教育的学术特征体现为教学与研究之间的关系。研究型大学都坚持认为其本科教育的质量取决于教师的科研水平,并坚持认为其本科教育的显著特征就是从事本科生教学的人也是那些创造知识的人。他们如此断言研究与教学之间的关系也许是正确的。然而,本科生接触到的大多数知识都是经过教学处理、包装和控制的,知识是通过某些组织方式传授给学生们的,比如课程或课程模块、课程大纲和阅读书目、专题讲座和考核任务。本科生在实验室或"田野"中的实践活动是被严格管理和控制的，他们所提出的个人研究项目通常也是严格受限的。他们的"试验"和个人研究项目要被严格管理、要确保其是低风险的，并要在严格限定的参数内进行。

博士阶段独立开展研究，所要经历的转变正是突破上述这种知识复制。这并非说博士研究生开展研究完全没有条件限制，也不是说博士研究生可以在完全不受控制或者全无指导的情况下进行高风险的研究。博士研究生所要经历的转变绝不是个案（虽然学科之间存在差异）。博士研究生必须具备本科生所没有的研究技能和文化胜任力。他们必须学会如何应对试验"不灵"的情况，此时的失败不再仅仅是技术或教学方法意义上的失败，而是在其身份建构和自尊培养上有着重大意义的事件。他们必须面对和处理自己的"田野工作"，这与他们在课堂及研讨会中的相对安全很不一样。他们必须依赖自己的个人资源，也经常要依靠其他同学给予的非正式的支持，就连这些同学自己也正面临着类似问题。对于本科生而言，知识的基本结构可能无需证明即可接受，但是对于博士研究生而言，创造知识是一个更加具有不确定性的过程。虽然研究过程变得不那么确定，但原本对于知识的确信为另外一种不同的信念所代替，即他们相信试验最终能够做好，桀骜的设备终将可以驯服，田野研究中的混乱现实也终将被理解，或者计算模型最终能够找到适当的解决方案。如果要理解科学家和学者是如何被改变的，就需要理解他们获得了何种知识和个人经历才使得他们从事并完成了那些颇具风险的独立研究，还需要理解在这个社会化的过程中，指导教师在指导、帮助（和牵制）这些年轻同事方面发挥了何种作用。

学者社会化的含义不仅仅是为院系和学科培养新成员，还包括学科惯常的知识方式的再生产。通过青年学者的社会化进行学术知识的再生产，是学科和学者反复进行自我招募和再生产的最核心的过程。博士研究生进行独立研究就是这个具有双重意义的过程：它是青年学者得以进入学术界的重要路径，同时也是在学术界开展研究的重要过程。因此，从这个意义上说，博士研究生独立开展研究是一个非常重要的机制，通过这个机制知识得以生产和再生产。

我们将在不同学科中探索这些问题，研究扎根于不同的学科、院系和研究机构,从自然科学中的实验室,到计算机拟合模型,再到社会科学中的田野研究,具体包括生物化学、自然地理学、人工智能、城镇规划、人文地理学和社会人类学等。我们的研究不是对所有自然科学和社会科学的情况做综合评述,而是抓住了所有学科中具有普遍意义的社会化特征,同时也考虑到不同学科的组织方式和再生产方式的本质差异。通过对不同学科进行细致的定性研究(下一章做具体阐述),研究了学者是如何被社会化的,以及知识是如何在大学的院系和研究团队中被再造的。学术文化的内涵非常丰富,社会化的过程——或者说文化濡化的过程——并不取决于单一的学术文化。当然,在高等教育机构中存在普遍的结构和规则,有些压力甚至会导致更强的同质性。然而,在高等教育部门中存在着明显的差异和稳定的亚文化,院系和研究机构有着各自的运行方式、传统和做法。更为强大的是,不同学科有着根深蒂固的亚文化。本书就是要在这个层次上分析青年研究人员是如何被濡化入各具特色的学科文化之中的。

当然,学科文化差异在流行的传说和描写学术生活的小说中都有所提及,对其进行研究的学术文献虽然不多但非常重要。Becher(1990)提出"学术部落及其领地"的概念,并以此非常好地描绘了学科分类问题。Becher认为现代大学,或者至少研究型大学,其非常突出的特征是内部的多样性。不同的学科文化反映出的是不同学科所秉持的价值观,以及在学术知识界定方面存在的差异。近年来,学术知识和研究实践的进一步细化使得学科有继续分化的趋势。虽然Fulton(1996)也强调还可以从其他维度看出学术内部的不同,比如部门间的差异和专业化程度的差异,同时也应该看到学术内部存在的非常重要的共性,比如服务条件、工资标准和外部管理机制,但是,教师和学生的日常生活还是强烈地受到其所处学术文化或亚文化的影响。这并未高估学科文化的差异性。卡内基调查显示,相比其所在的院系或研究机构,欧洲四国(西德、荷兰、瑞典和英格兰)的学者们更加强调自己的学科身份(Fulton,1996);另一方面,Fulton也提醒说,"学者更愿意以学科而非组织机构来界定自己的身份,但这并不等于说他们只受到学科的型塑"(Fulton,1996:163)。然而,在学术亚文化和组织环境之间进行严格区分是异常困难的,因为学者及其学徒们就生活在现实的社会世界中,在这里,学术、学科亚文化和组织机构的实践紧密地交织在一起,学术文化并不存在于真空之中,在学术组织和知识再生产之间本来就存在非常密切的关系。

毫无疑问，博士研究生独立从事研究，所生产和再生产的不仅仅是知识，还有社会身份。正如 Fulton 指出的那样，跨国研究中有大量证据说明学者身份是具有明确的学科属性的。对于学者来说，博士阶段是其社会化过程中的关键阶段，是身份获得道路上一个相对漫长的过程。在学科上获得身份，不同的阶段要完成不同的目标（后续章节将对此进行讨论），总之，对于所有学者和准备成为学者的人来说，博士阶段的研究经历对于身份形成是特别重要的。对于大多数学科的大多数学生来说，文化濡化的过程本身就包括学术身份的等级评定。但在不同学科间，学术身份的形式和要求是有差异的。不同学科和院系有着各自不同的标识和用语。在不同的知识领域，加入的仪式和启蒙的方式都是独特的。学科所要求的忠诚度也有所不同，其成员标准也不同。我们将在后续章节中具体探讨不同学科中学术地位的获得路径、学者身份、学科忠诚等的主要特征。

大学是现代社会中生产知识和身份获得的重要组织——对于这一点鲜少有人提出质疑——大学既对知识进行加工，也对人进行加工，就像现代社会中的其他组织一样。知识加工和身份形成这双重过程在基础教育阶段和第二级教育阶段被反复讨论过，但是有一些值得注意的例外，即这一问题在高等教育中还未得到充分探讨。在英国、北美和其他一些国家，教育社会学作为一个学科，其研究范畴被奇怪地窄化了。一谈起"教育"，好像就是在说学校教育，而学校教育本身又通常被定义为义务教育。相比之下，高等教育中有关知识生产和再生产的过程以及通过文化濡化获得身份的过程，都鲜少为教育领域的社会学家（或人类学家）所研究。这就是我们所说的值得注意的例外。在介绍本书所进行的实证研究之前，还是需要把这个问题说明清楚。

学术内部的竞争

Pierre Bourdieu 在其著作中提出了影响最为持久的学术文化社会学和人类学思想。在著作中，他对法国学术界进行了重点分析，虽然他大部分的经验均源于对法国高等教育机构的研究，但是他的观点具有更广泛的意义，本研究在很大程度上就受到其基本观点的影响。Bourdieu 的分析立足于他对分类原则的广泛兴趣，这在他的整个社会学研究中都有所体现。他的知识社会学，尤其是教育知识社会学思想源自其在北非的早期人类学研究，这些思想保留着浓厚的结构主义色彩（Jenkins，1992：36ff.）。文化的产生源于差异和分化。Bourdieu 的广义人类学认为，分类原则是相互作用的：文化本身可以分类，同时也对其分类器进行再分类。换句话说，文化在生产和再生产的同时也会重新产生社会差异性系统。尽管 Bourdieu 认为自己的研究明确地有别于纯粹的结构主义，但他的社会学研究明显地追随着 Durkheim 的社会学研究传统。例如，他的社会学观点与 Durkheim 和 Mauss 对西方社会分类原则的看法具有明显的相关性（Durkheim 和 Mauss，1963）。Durkheim 和 Mauss 主张知识社会学在根本上是社会学性质，并提出了宇宙论和社会结构之间存在明显联系，并认为，作为文化主轴线的分类原则就是社会分化的原则。

Durkheim 的上述观点在 Bourdieu 的整个知识社会学思想中都有所体现。Bourdieu 反复探讨了与文化秩序紧密相关的社会差异与分类原则。他的分析并非基于结构主义对同源性和对立性的纯粹静态呈现。实际上，分类原则是在社会组织与社会制度的日常运行之中产生的。学术机构就是这样一种高度体现知识和文化分类的组织，也是高度体现等级原则和地位差异分布的组织。能够产生文化的分类原则，不仅仅划分了差异和类别的"表层"结构，进而深刻地体现出社会地位与合法性上的差异，其逻辑是赋予不同文化实践和文化制品以不同等级的合法性。它将某些文化领域奉为"神圣"，而将另一些领域视为"亵渎"。此种区分同样也是对 Durkheim 参照标准的概括。因此，文化分类——最为"高等"的文化，能够赋予和界定"合法性"和"神圣性"——由此是依赖于差异化和层级顺序的。

没有什么比学术机构更真实的了。学术人（Bourdieu 最被持续关注的同名著作和同名形象）是超级分类的存在。学术知识——"高等"文化——特别关注分化。专业化、深奥的知识和品位是以集体和个人能力为基础的，以社会定义的差异化原则进行运作的。"分化"（Bourdieu 的另一个研究主题）的修辞和内涵抓住了一个基本问题。"分化"同时指两个方面的事情，首先，它指的是可以进行区分，即分类;其次,它指的是进行分化,即应用文化习俗的能力。"分化"的第三个内涵,即社会区隔,进一步唤起了社会排序和差别对待。聚集了深奥知识和文化的学术机构,特别关注分化机制。

Bourdieu 关于法国学者文化差异的论述,聚焦于他们的社会背景、文化偏好和政治偏好,以及他们的学科归属和机构归属(Bourdieu,1988)。他对比研究了学者合法性的两个基础:"纯粹的"科学研究领域,以及与学术机构外的世俗权力的接触。他比较了法律、医学、艺术、社会科学和自然科学的情况,认为学术机构内部的冲突是社会阶层差异的表现——这种差异的根源在于不同教职员工在社会出身和文化资本上的差异。与本书研究主题更为相关的是,Bourdieu 还考察了通过培养训练和招聘工作,知识共同体得以再生产的过程。例如,对于那些"政治秩序中占支配地位"的学院,Bourdieu 写道:"政治秩序中占支配地位的专业部门有培养专业人才的职责,那些人才要能够在给定的社会架构下毫无二心地将知识体系的技术付之于实践,而且决不任意修改这些技术;与此相反,文化秩序中起支配作用的专业,因为它们需要为别的专业的知识确立一种理性基础,所以它们会表现出这样一种自由,这种自由是那些照章办事的活动所得不到的,无论那些活动在实践的有限秩序中显得多么体面"。(Bourdieu,1988:63)

对于所有学科而言,"虽然学术秩序既是社会性的又是科学性的,但显然最可靠的保障是这样一个复杂的机制。在这种机制下,要想达到成就的高峰,少不了在学术成绩上的表现;这种表现在医学专业部门中就表达为一系列竞争性考试;这种表现在人文科学中则是漫长等待后采取的博士学位。这就是说,在这两个例子里,其特点都是将一种追求刻意延长,这种延长是互选进程的原始运作所认可的,它不鼓励当事人有自己独立的发展倾向,只要求他尊奉正统学术精心编织的知识与权威之网"。(Bourdieu,1988:105)

非常有必要研究学术权力的这些方面,这正是本研究所关心的问题。正如 Bourdieu 在《学术人》中指出的那样,学术生活和文化依赖于时间的投入,社会化的过程是漫长的。学者和将要成为学者的人,都要花费时间去获取文化(知识)资本。博士阶段的研究工作正是这方面的重要投资。新手或学徒要投入相当长的一段时间来获得博士学位及其学科所要求的特殊能力。

Bourdieu 研究工作的一个总主题是，在何种程度上，"学术"反映和复制"惯习"的具体形式，价值与实践的惯常模式如何生产和维系文化形式与价值观。本研究试图通过对不同学科的文化濡化和再生产模式进行对比研究，探索造就学科及其特色的独特惯习的关键特征。我们的研究重点比 Bourdieu 更为聚焦。Bourdieu 感兴趣的是学术权力和世俗权力之间的关系，以及社会资本继承和学术资本获取之间的关系；由于未研究制度和学术机构的实践如何生产学术文化，其研究因此被削弱了。我们的研究聚焦于具体的学术组织层面，探索特定学科的独特惯习是如何通过博士阶段的研究工作进行复制的。Bourdieu 的学术人类学最重要的贡献之一，就是他表述和论证了文化差异以及经常性的合法性竞争。他的"差别"意识有助于在大学的奖励和认可体系中捕捉分化的结构和过程，以及看清楚对学术荣誉的追求过程。

分类与身份

Bourdieu 绝不是唯一一个提请注意能够产生学术或教育知识的分类原则的学者。在 Bernstein 的教育知识社会学和教学话语理论中，也能够找到与 Bourdieu 相类似的知识渊源（Bernstein, 1975）。通过将 Mary Douglas 等英语语系学者的研究作为中介，Bernstein 借鉴了 Durkheim 的理论，研究学术知识是以何种次序进行排列的，以及排列次序是如何呈现和分配学生及教师的社会身份的（Atkinson, 1985, 1995）。

Bernstein 的大部分研究工作都是围绕英国及其他地区的学校教育进行的，但其理论却在更广泛的教育环境和其他组织环境中有着普遍的适用性。他对教育知识做了经典的分析，其核心思想是教育知识的分类和组织。这一对相辅相成的分析概念，既用来阐释知识边界的相对强度，也用来阐释如何控制教育内容和传递教育知识。分类，主要是针对内容之间的关系，指的是区分教育内容的性质。组织，是指教学关系和教育组织中的知识传递模式。如果分类比较明显，那么教育知识的内容就通过清晰的象征性代码来勾画和代表。这时，知识通常是根据边界清晰度来组织的，这些领域可能对应于传统的"学科"（数学、物理、化学、历史、英语等）。如果分类比较模糊，知识就会以不同的原则排列，内容之间的界限也会变得更加模糊、更加灵活。这种排序原则更多地表现出一种整合系统而不是区分系统（如综合人文学科、区域研究、思想史）。当组织很强的时候，教学边界和组织就非常明确，教育知识的排序、教学次序和知识选择都是结构化的和有明确规定的，或者有外部的明确指令，或者由教师实施控制。当组织较弱时，教学活动更加灵活、更具协调性，并会受到更多局部的、突然出现的秩序的影响。

这些原则，特别是分类，对于学术身份的生产和分配有重要影响，对于识别知识领域也具有重大影响。如果有很强的分类和学术边界，那么"学科"就成为学术社会化本身的主要理由。学习者逐渐开始进入学科的"秘境"，学科知识可以通过各种各样的"概论"进行介绍——学科的历史、关键实验的示范、主要思想的演进，以及主要代表性学派和学者——由此学科本身被重新组合。（当然，教育知识的任何一种演进重述都不可能提供全面的描述，但是这样的重述总是可以选择的。）相反，在弱分类的情况下，"学科"则会服从于诸如"科学方法"等高级概念。

组织模式对于学科忠诚度和认同感的产生有着直接影响。在强分类和学科领域边界清晰的条件下，学校、学院和大学等组织的成员的教育身份与学科本身紧密相连。按照清晰的学科路线构建的组织，会鼓励其成员忠诚于某个特定学科。在这种组织文化中，学科和学科文化，成为学生和教职员工身份的主要源头。

尽管 Bernstein 原创的分析集中在学校教育、学校组织和学校知识上，但其研究的总体结论也适用于高等教育机构与实践，它特别适用于我们关于博士研究生的研究工作。Bernstein 与 Bourdieu 两人的研究，使人们关注到不同的、有时甚至是竞争性的定义和原则，这些定义和原则引发了学术界的分歧。两位学者的研究引发了人们对于分化问题的关注，两人以各自不同的方式强调了不同的社会身份和类型通过学术分工进行再生产。每个学科都对其独特的惯习进行着再生产，在专业化条件下，身份和亚文化得以显著分化。两位学者都强调，特别是在有着高度明确边界的专业领域，学徒成长的过程是漫长的。正是通过这样一个漫长的过程——一系列仪式——新手逐渐进入等级序列之中，在文化濡化的漫长过程中，新手逐渐养成和具备了惯习的一些关键特征。

对于博士研究生来说，这不是融入某一"专业"的一般性的社会化过程。学术世界不是这样简单建构起来的。他当然可以获得与学术生活有关的政治和程序的一般经验和技能，但是这些远远不如所属学科特有的、根植于其自己的研究活动的知识能力和实践重要。就"学术专业"而言，正如 Fulton（1996）所指出的那样，是高度差异化的。

专业与社会化

高等教育社会学很少关注和研究学生和教师的日常现实，教育社会学总体上又对高等教育不够重视，但还是有一些关于专业和社会化的重要研究文献，然而在这些文献中，专业和社会化是被分开进行研究的。本研究强调的是"专业社会化"，这个问题有着比较悠久的社会学研究传统。通常多见于对工作和职业的社会学研究中，其中关于专业和新人培养的大量研究，与我们的研究问题更加契合。相关研究述评已做过多次，此处无须详细重述，但是有必要强调几个重要问题。

研究文献中最一致的观点之一是"情境学习"。这一观点——最初与受 Everett Hughes 及其同事影响的芝加哥学派研究有关——表明，职业社会化并非从新手到成熟从业者的平稳过渡。社会化不是知识或价值一代代简单传递的过程，也不是新手简单进入专业知识团队或研究团队的过程。对医学和美发等多种职业的研究，主要强调了学生和其他行业新手需要在很大程度上应对作为学徒的日常现实。研究发现成熟的从业者和新手对于知识的理解并不具有简单的同源性，而很可能是相分裂的。面临非常多时间、精力和智力要求的职业新手的日常应对策略，甚至可能与资深学者和成熟从业者的既定目标和价值观相矛盾。换句话说，专业和职业新手要面对很多一般性的和经常性的问题，在应对的过程中可能会生成自己的亚文化反应。尽管这种亚文化在形式上不一定是对立的，但使新手产生了可以凭此"过活"的策略。

这种情境适应的一个要素是所谓的"摸索门路"。也就是说，就像医学生或实习生、法律系学生、兵营新兵等那样，必须努力了解所在组织的规则和要求，不断应对问题并成长起来。从这一点来说，就在日常实践中出现了"隐性课程"。学生的身份得以积极建构，他们对于实践的理解和观点，与课程和评估的正式要求相互作用。

对这个领域的研究工作进行述评时发现，一个主要不足是研究相对忽视了知识习得，这一点不足尤其体现在研究初期。例如，关于专业社会化的早期社会学研究就割裂了"正式的"专业知识与非正式的情境学习，以致早期研究未能说明知识学习和应用的特殊模式是如何在社会化环境中完成传递的（Delamont 和 Atkinson，1990）。关于学习的研究缺少对于专业或教育知识如何传递和转化的系统检查，存在明显的割裂，要么是通过显性的教学课程，要么是通过所在组织的隐性课程和日常应对机制。因此，我们要研究学术文化如何将这两个方面结合在一起，这就必须了解学术文化和制度安排如何界定和生产作为其存在理由的深奥知识；同样地，也必须弄明白，学术社会化并不是靠简单的知识传授来完成的，更不可能独立于学术工作的日常实践和组织环境。

有这样一个地方，在其中，学科的"大传统"与院系及研究团队的"小传统"相交织，学者与学生在此形成碰撞。博士研究生阶段就是如此。博士研究生直接从事本学科深奥知识的生产，其工作方式与本科生或硕士研究生的工作方式截然不同，其开展的原创性学术研究直接与知识生产和再生产有关。另外，博士研究生也必须达到其指导教师提出的各项要求，即作为院系或研究团队中的新手，需要满足博士学位本身的各项具体要求。我们已经看到，学术机构的特点就是内部差异性甚至于竞争性，各专业有其独特的学术惯习，学术工作的组织和完成都有其特定的制度背景。博士阶段的研究工作是大传统和小传统相互交织的重要过程。

科学知识的学术组织

科学知识社会学的学者对知识社会学和知识再生产问题的研究结论最为一致。学术组织和科学文化为更为一般性的学术社会学提供了最好的记录方式。再次声明，我们不想对这个研究领域进行系统回顾，而是在此指出与本书研究问题最相关的关键主题。致力于科学工作和科学知识研究的社会学家，一再论证了科学知识的社会性，指出认知从来都不能脱离社会和文化背景，科学研究正是在一定社会和文化背景中进行的。虽然科学研究是由某个团队开展和完成的，但是科研工作的过程和产出都具有社会性。科学知识是在社会中产生的，科学工作的核心假设和研究方法也是社会共享的。

例如，对实验室生活的一项研究就记录了科研工作的社会背景。正如 Knorr-Cetina（1995）所指出的，这样的研究——在性质和实施过程上都是民族志式的——已经表明，"科学不仅是实验室的'技术'制造，其内在蕴涵着不可分割的象征性和政治的解释"。她接着阐释道："另一个含义是，学术产出本身已经被视为文化实体，而不是被科学发现的自然产物。如果实验室中的实践行为是具有'文化性的'，是不能被仅仅窄化到方法论层次的，那么由这些实践所造就的'事实'也必须被看作由文化塑造的。"（Knorr-Cetina，1995：143）从这个角度来看，实验室不仅仅是科研工作的组织环境，Knorr-Cetina 认为"实验室"本身就是科学知识生产的重要媒介，实验室本身就具有变革能力。在实验室中，自然客体或过程与人类媒介（科学家）通过特定形式的科学实践得以重新设定。

实验室是文化濡化的舞台。报告科学研究的工艺和技术的目的，是对知识进行重复生产和再生产。正如 Collins（Collins，1985：55）总结的那样，"只有那些在实验室取得成功的科学家，才能证明其有能力成功制造属于自己的激光版本"。学会通过建造设备和设计实验来生产科学知识，离不开默会知识的习得，而这有赖于实验室的文化濡化过程。拥有共同理解和研究假设的研究人员所组成的团队和社会网络，对于建构科学知识和传播实践经验至关重要。共识、稳定性和信心的发展取决于动员实验主义者和其他人共建网络及"核心集合"(Collins, 1985; Pinch, 1986)。研究团队是这种社会关系和组织的表现形式之一。与"实验室"一样，研究团队是同时对科学家、物质资源和研究问题进行文化濡化的一种社会机制。校准不限于对实验室中仪器的操作，通过文化濡化过程和默会知识与技能的同化，也能对实验室中的人进行校准。

Traweek (1988) 所做的高能物理学家的民族志研究，讲述了如何在文化背景下开展科学研究。在跨文化比较研究的基础上，她指出不存在单一的高能物理文化，而是在不同的文化背景下（美国和日本），学术组织、领导风格和科学工作的假设等都形成鲜明的对比。Traweek 的专著是研究科学文化本土生产的杰出范例。Knorr-Cetina (1999) 也以类似的方式记录了科学文化中的学科差异。Knorr-Cetina 是该领域为数不多的几位特别关注博士研究生在实验室中的角色的学者之一，她强调科学在事实建构的方法和机制方面的相对多样性，她研究的是"认知文化"的产生。

虽然重视科学知识生产的社会基础以及团队、社会网络和实验室在知识传播中的地位，但是令人惊讶的是，很少有人关注科学家社会化的机制问题，比如博士阶段的研究工作。对研究问题、技术和行动者的同步社会化和校准，似乎正在使更多人开始关注正规的学术训练、情境学习和成果评估等问题，这些正是研究生科研的主要特征。虽然我们不能完全假设只有通过研究人如何成为"科学家"才能理解"科学"，但是对学术新手的普遍忽视仍然是显而易见的。科学知识社会学对科学发现和争议的明显偏见（所有关于"发现"的怀疑主义），使得在文献中难以见到对大量平凡科研工作的研究，这包括实验室的日常服务工作和例行工作，这些工作每天都在大学和世界其他地方的实验室中发生和进行着。

Hacking (1992) 是为数不多的关注一般性社会化问题的科学评论家之一，他特别感兴趣的是自然科学学科如何能够进行稳定的社会生产。与其他学者一样，Hacking 也认为科研工作是在社会、物质和概念等多个不同的要素中建构的，科研工作要对这些要素进行融合调整。Hacking 认为，科学知识生产等稳定性之所以能够得以维持，是因为科学实践就像一根多股的绳子，一股被切断，其他股仍可存续。科学是理论、实验和工具的交融，其中某个要素发生断裂，对其他要素而言并不是致命的（Galison，1987）。此外，Hacking 还提出，许多科学具有"教育的连续性"："我们小时候学习几何光学，少年时学习波动理论，进入大学后学习麦克斯韦方程，高年级时可能要学习光子理论，进入研究生院后要学习量子场理论。"（Hacking，1992：39）

由于教育实践和教育知识的稳步推进，科学思想的形式和内容得以世代相传。显然，博士研究阶段是代际传递过程中的一个非常关键的时期，因为在此期间，博士研究生将学科文化与在研究团队中学到的其他研究技能、问题和假设融合在一起。

由此，科学知识和实践的社会学为我们提供了学术文化的重要例证。一般的科学社会学已经反复论述了专业知识生产的社会过程，具体的研究也显示了在机构和文化之间存在学科和制度差异。社会网络、研究团队和实验室为科研工作提供了社会背景，通过这些社会背景生产和再生产了科研的核心假设和默会知识。博士研究生及其进行的科研工作在这种再生产机制中发挥着关键作用，同时，博士研究生本身也成为学科、院系和研究团队的知识、实践和社会关系的社会化形式。

学 科

前文已经多次提到了"学科"，此处又单列一节，并非认为学科独立于学术文化和学术制度框架。Bourdieu 和 Bernstein 已经提醒我们，学科的象征性边界在文化上是相对任意的，学科领域的划分本身就是学术文化的重要产物。不同学科之间的文化差异或亚文化差异不断地被再生产，并通过日常工作和学者间的共享假设得到强化。虽然学科矩阵是一个常规问题，并不一定完全反映内在秩序，但有着非常明确的共识和稳定性。在大学、学术协会、资助机构和其他机构中，有相当一致的学科安排，在不同国家、部门等也均是如此。但是学科不是永恒不变的，而是起起落落，有所变化的。并不是所有学者和研究都被限定在传统的学科界限内，当代科研政策和实践一直在推动跨学科研究、鼓励组建跨学科研究团队等。

学科是通过多样的制度安排产生的。正如我们已经认识到的那样，院系通常是学术组织的主要单位，也是学术身份认同的主要来源。虽然在英国流行的做法是由多个学科共同组建一个大的机构，但院系一级机构主要还是基于学科的。学科不仅仅是特定的科目，而是融合了多种文化元素：传统、民间英雄人物、神话、关键例证、精英、丑闻、流行文化。学科中的成员们根据关键人物、地点和文本来描绘学科的地图，他们清楚地知道学科的发展谱系和继承关系。每个学科都有着自己的文化资本，有能力的学科成员将获得学科长期积累下来的文化资本。正如 Bourdieu 等学者告诉我们的那样，要在某一学科领域获得文化资本是一个漫长的过程，文化资本通常是不可能突然继承得到的。漫长的学徒期通常是学科所暗含的文化学习的先决条件。

"学科"当然具有多重内涵。这意味着，从广义上说，学科是一个学术专业领域，其中也涉及使学术工作正常进行的含义。在更一般的"学科"含义中，新手和新成员必须服从于一些苛刻条件和要求，这是成为正式成员所要付出的代价。在这个意义上，"学科"反映的是一种控制制度，也正因如此，学术承诺意味着规训和规训的心态。规训是要靠时间和精力投入来完成的。学徒期是有时间要求的，要成为学者就必须经过这个阶段。学徒的时间压力很大，给予每位学徒的时间并不是无限的，而是要在有限时间内完成工作并达到要求，这样的压力是持续存在的。这种情况适用于研究生的日常工作，对博士研究生来说尤其如此。学者和学术新手都会受到学术制度框架的规训，而且，相关的任务时间表都是学科特有的。例如，个人和研究团队的任务时间表在生物化学这样的实验室学科中（第四章的主要内容）和在人类学这样的田野社会科学学科中（第五章的主要内容）是完全不同的。虽然大学和资助机构（如英国研究委员会和高等教育拨款委员会）执行共同的时间要求，但研究过程的时间顺序因学科而异。对于实验室科学家来说，随着时间的推移，研究过程是累积的，每天都在实验室利用设备开展研究，并与同事进行交流。而对于人类学家来说，研究过程是对"田野"的深度进入，一次进入就可能持续18~20个月。这两个学科为各自的学术新手们展示了不同的未来发展图景（我们将在第八章再次谈及这个问题）。

支撑研究、构成"学科"的假设，也在学科间存在显著差异。新手研究者是学科更像是一种具有一般性的权力机制，不仅对知识和实践进行限制。学科具有生产性，他们不仅消除了不可想象的事情，而且使可想象的和可行的事情成为可能（Fujimura, 1997）。因此，学科及其范式为学者和研究人员提供了"可行的"研究项目和计划，学科允许研究人员个体和研究团队把他们的工作融入更广阔的、具有重要意义的框架中，学科通过建构传统、思想流派、研究项目等手段，将研究的过去、现在和未来连接起来；具体的组织形式和内容，各学科的做法各有特色。

学科也是通过特殊的认识世界的方式来定义的，学科是认知论的集合，每个学科都有自身独特的认识论风格、特色的话语模式和独特的学术组织模式。学科并不会对其成员实施强制，所以在一定程度上说，是不可能出现异端思想的。学科的相对稳定性和一致性，并不会妨碍个体或集体进行学术创新，无论是实验室科学还是像人类学这样的社会科学都是如此。但是学术创新，甚至是反叛，都是在已经被认为是理所当然的理念、正统观念和传统的背景下进行的。在一些学科中，特别是，但不仅仅是在人文社会科学领域，先锋派本身就是个性化的，但它也有其自身传统。如果说本研究的分析强调学科的连续性和稳定性，那么这并不是因为我们持有功能主义的秩序观，而是因为我们认识到文化的连续性是辨识创新的先决条件。而且，我们合作的绝大多数研究生和指导教师都致力于在明确的学科界限内开展工作。

本书接下来的章节都是关于学科文化和学科文化再生产的。书中阐释了博士研究生如何应对独立研究，甚至失败的原因，也说明了其指导教师如何理解研究生工作的特点，但更为重要的是，本书研究的是默会知识和学术知识的文化形式如何塑造学者身份。因此，从这个角度来看，可以将学科和院系视为以独特方式产生和维系的"社会世界"（Clarke, 1998）。学科和专业都不是静止的，它们也都有自身的兴衰成败，在学术共同体中，它们可能会在声望和地位上发生位移，可能会成为一时的时尚，也可能一时变得籍籍无名。虽然学科的形成和学科的地位变化等也是重要的研究问题（Abir-Am, 1982），但这并非本书的关注点。在我们研究学科和院系时，不得不给出关于它们的简单印象，我们的做法是根据对学者及其日常在社会、世界上进行的系统的社会学研究，对学术文化进行论述。

第二章

研究同行

> 过分接近真实与过分远离真实，都同样会构成通向科学认知的障碍。(Bourdieu, 1988: 1)

要研究博士研究生及其指导教师，就意味着要研究学术界的同行。对于科学研究和成果发表的同行评议，学者们是非常熟悉的，但是对于研究同行或被同行研究，则有些陌生了。在大学里进行科学研究并非易事：研究自己的同行，甚至是研究同一个专业的同事，都不可能直截了当地进行。在研究过程中，各种困难——实践上的、理论上的和政治上的困难——都会出现，这主要是源于对研究领域既陌生又熟悉而形成的张力，也源于超越学科边界所产生的张力。Bourdieu用"过分接近真实"来警示我们，在对学术社会化问题进行田野研究的过程中，会面临一种模棱两可的状况。研究同行，特别是还要涉及学术政策的重要方面时，比如博士研究生培养问题，通常是会遭遇困难的。虽然我们对于学术界相对熟悉，但是，不能认为自己对于所有的学术同行都享有同等的"亲密"，也不能认为"亲密"是一个单一维度。其实，亲密或疏远的原因有很多，且并非相伴而生。本章将探索一些预示我们研究的关键维度。(数据收集的更多细节详见附录一，附录一列出了田野研究的主要内容和实际操作的情况。)我们先从讨论学术同行开始。我们将简明扼要地介绍研究经历，这些简要说明概括了研究的协商过程以及我们与研究对象的关系，目的是勾画出更多分析主题。首要主题就是在博士阶段探索Bourdieu所谓的"过分接近真实"和"过分远离真实"之间的张力。

Masonbridge 大学校园最佳的拜访时间应该在夏天，那时能够欣赏到最美的 20 世纪 60 年代的田园风光。校园建设伊始，树木就已经成熟，很好地柔化了学术建筑物和行政大楼的刻板感觉。冬季，这些树木依然无法阻挡寒风横扫整个校园，道路变得湿滑，像今天这样寒冷的天，道路上已经结冰。在这样的环境下，粗心的参观者很可能在寻找道路的过程中陷入糟糕的境地。在苦涩而寒冷的 12 月的一天，这时本科生都已经回家过圣诞节了，Paul Atkinson 从公交站步行穿过校园，此行的目的是拜访人类学系系主任 Hurrell 教授。Paul 并不担心此次会谈，因为 Odette 已经与这个系的几位老师建立了工作联系，Masonbridge 大学的教职员工及研究生的数据收集工作也已经完成。因此这次会面更像是一次礼节性的拜访，而不像是一次正式的研究人员的准入协商。而且 Paul 的学术经历与 Hurrell 教授有重叠的部分，这使他有充分的理由期待会有一个令人满意的结果。他只是一时迷路了。所有大学的路标即使有也都是不充分的或者是令人迷惑的，这似乎是学术生活中必然发生的事实，至少一次错误的转弯是不可避免的，传达室总是会出现在某个地方。

终于见到了 Hurrell 教授，Paul 与他进行了一次富有建设性的会谈。他们讨论了社会科学中特别是人类学领域研究生学术训练的方方面面。Hurrell 教授还特别说明了自己学科在研究生培养方面的历史，表示英国的人类学学者们对于经济与社会委员会制定的有关研究生培养的原则和要求并不欢迎。Hurrell 教授谈到，人类学特别强调人类学家个人所具备的默会知识，但这种强调在当下对于研究方法训练的直言不讳的文化中显得十分古怪，他分析了一些在人类学领域存在的典型的悖论和张力。他说到，人类学是一个比较小的学科，专业人员之间有十分强大的个人网络。这个学科既是高度内聚的，同时在内部也是分裂的。一直以来，人类学者对于自己学科的一些基本特性是有基本共识的，但他们之间也存在一些尖锐的矛盾和对立。这两个看似矛盾的情况在学科之中却能并存：学者们进行着激烈的学术争论，正是因为他们拥有强烈的、共同的身份认同；对于人类学和人类学知识的某些当然的要素特征，他们是有强烈共识的，但也正是这些共识为晦涩难解的学术争论提供了背景。特别是，人类学者的共有身份有赖于"田野研究"的经历，而且通常是海外文化中的"田野研究"经历。正是田野研究及其产出的独特的知识，造就了人类学者的权威。这种个人权威是很难遭受挑战的，即使其他人类学者并不赞同其某些理论观点和特定的解释。这种特别的权威也使得人类学者们共同的自我认知变得合理，并使得他们认识到自己学科的独特性。但是，Hurrell 教授也指出，近年来，人类学者的此种权威遭遇到彻底的质疑和破坏，在认识论领域的争论已经动摇了现代人类学田野研究和人类学知识生产的基础。Hurrell 教授已经清楚地看到在人类学研究中的文献转向和危机，这说明在研究方式和学术写作方面都已经发生了范式转变。人类学知识的传统宝库——民族志专著——及其对他种文化的传统的描述方式都遭到了质疑。结果是，至少在一些领域，人类学遭遇到的危机是更加根本性的和更具有威胁性的，这次危机远比以往任何一次学术争论要来得猛烈（比如，之前有过关于结构主义或马克思主义的争论）。

Paul 和 Hurrell 教授的这次"会谈"变成了学术同仁之间关于人类学学科及发展史的讨论，这是由于他们对于社会科学以及学术知识拥有共同的知识背景。

Masonbridge 大学之行以及与 Hurrell 教授的友好交谈，包含了我们研究中的诸多主题，它们将以不同的形式出现在本书之中。尽管英国的大学数量和多样性都是可观的，但其实英国的圈子是很小的。Paul 与 Hurrell 教授相熟多年，他们对于某些学术问题有很多共同的看法。Paul 的学士学位就是在社会人类学领域取得的，他对于 Hurrell 教授谈论的很多学术问题都非常熟悉。而且，他还撰文讨论过类似的有关民族志研究的问题，他是从社会学的视角来讨论这个问题的，而非仅仅基于人类学的视角。可以说，Masonbridge 大学的这次会谈是学术同仁之间的一次基于共同学术背景的交流。Masonbridge 大学本身就与我们的"自家"领地——卡迪夫大学——非常不同。卡迪夫大学是一所"玻璃屋顶"大学，由不同院系组成，这些院系有着各自非常不同的风格和气质。各院系及其教师都有各自不同的制度安排，对于培养和指导研究生也是如此。虽然社会人类学的基本特征是相似的，但是它们在不同学术机构中的表现是不同的。结果就是，Paul 与 Hurrell 教授会面的过程是相似与差异的交织过程。特别是，Paul 既能够清楚地意识到学科的属性特征，也能够感受到存在的学术偏见，而这些偏见并没有得到广泛认同，也并不能说明英国的社会人类学者们都持排他主义的立场。

另外，人类学者对田野研究基础地位的强调，也造成了我们自己在田野研究中的不稳定的张力。在学者群体中，社会人类学者是最有可能认为田野研究存在问题的。比方说，在某大学的社会人类学系，Odette Parry 和 Paul Atkinson 与该系的全体教师共同出席了一个会议，这个会议是我们作为研究人员"准入协商"的一部分。虽然该系的系主任已经预祝我们研究顺利，但还是必须征得其学术同事的同意。因此，我们需要在教职工会议上做必要的沟通。在 Odette 和 Paul 做研究项目介绍的时候，他们几乎是遭遇了关于认识论、理论建构和方法论的拷问。在预料之中的是，该系的人类学者们认为我们的研究是细致的民族志研究，十分勉强地接受我们以深度访谈作为研究基础。这情形并不太像一般意义上的"准入协商"，反而更像是一场有多位考官的面试。这些社会人类学者对我们研究项目的理论基础和认识论基础表现出极大的兴趣。他们将我们的社会学视角与他们的人类学视角进行对比，并在一定程度上表现出对我们偏好的蔑视。在对我们进行拷问并使我们经历了这种"会商仪式"后，他们最终准许我们进入研究现场。事实上，这些人都是非常随和和愿意帮忙的，但出于他们本身对社会研究的学科兴趣，要求我们的研究项目有一个完整的合法性的进入过程。从某种程度上说，被全系教师公开拷问这件事情本身就反映出了社会人类学的院系文化和学科文化的某些特点。正如我们发现的那样，他们让自己的研究生也经历同样严格的和压力很大的考试与辩论。

由于我们双方的学科兴趣和背景比较接近，所以他们才对我们的研究方法、理论基础和认识论进行更为细致和严苛的审查，这与其他研究领域的学者对于我们的期待与要求不同。对于 Paul 来说，这几乎就在意料之中。对于人类学者间的辩论文化以及他们对社会学者的坏脾气，Paul 是习惯了的。某些人类学者仍然坚持认为，社会学者只做调查，而诸如参与式观察等研究技术是为人类学所垄断的，因此，当他们看到社会学者开展质性研究的时候，就特别爱发脾气。在进行准入协商时，我们似乎就对他们造成了双重侵入，即运用他们的研究技术来对他们及其学生进行研究。由此遭遇到盘问式的审查，就不足为奇了。但是对于 Odette 来说，这是非常新奇的。她在卡迪夫大学接受了社会学专业训练，但是那里没有人类学系。对她而言，人类学者间的"文化"是陌生的，人类学者们的自我表达也是新奇的。随着研究的开展,她会更加迷惑于社会人类学这个学科,并对其感到既熟悉又陌生。

研究对象对我们总是有所戒备。我们要经过严格的技术胜任力和伦理责任方面的审查。我们的研究对象从不直接表现出对于我们的敌意,但是他们始终是谨慎和小心的。比如,9月炎热的一天,Paul Atkinson 和 Odette Parry 被领进了一个小而杂乱的研讨间,借着缕缕阳光还能看到漂浮的粉笔灰尘,公告板上的海报卷曲着,黑板上留着已经擦掉一半的关于"考试复核"的通知。很显然,它是从 6 月遗留至今的。当时,五男一女坐在房间里,他们是 Boarbridge 大学地理学系一半的管理人员。他们并非充满敌意,但确实是有所戒备的。我们希望在访谈人文地理学系管理人员和博士研究生方面,获得他们的准许与合作。他们想弄清楚:我们到底会如何对待他们?我们真正想要什么?

他们十分了解我们对于质性研究的兴趣,因为他们自己有一个研究团队,也在运用类似民族志的研究方法对空间和景观做文化分析。然而,他们对我们的研究安排提出了尖锐的意见。他们认为自己是学科中的掌权人物,Boarbridge 大学本身也是地位很高的机构,坐落在英国大都会的"金三角"地区。在地理学系,至少一部分资深管理人员对于研究委员会所制定的有关研究生及其培养工作的政策是感到受伤的。他们可能认为,研究委员会强加的培养要求,实际上从根本上削弱了卓越所隐含的标准和学生所享有的精英学徒身份。同时,他们也认为研究委员会的做法颠倒了主次:大学培养的学生远比研究委员会资助的学生要多,而后者却对所有专业强加了统一的要求。Odette 和 Paul 就被要求说明自己如何看待研究委员会的作用。研究委员会是我们研究项目的资助方,而且也确实在研究生培养方面进行着影响深远的改革。Paul 和 Odette 不得不明确地反复保证,虽然研究项目受政策改革的意图所驱动,但本质上我们的研究是一项基础研究,并无意介入研究委员会短期的政策目标之中。公平的也是重要的,我们必须向他们保证,研究项目不具有院系评估的性质和作用。我们还必须严格保证,在研究中对院系名称及其成员姓名作匿名处理,对于收集到的信息严格保密。我们与政策制定者之间的亲密关系引发了潜在的研究伦理问题,因此我们不得不与他们保持距离。从某种意义上说,Boarbridge 大学的精英性质使得研究者和被研究者之间形成了一种特殊的关系，一方面，我们要平等地对待研究对象，另一方面，研究对象也不会傲慢地对待我们。但是他们对自己机构地位的认知以及自尊影响了他们起初对于我们研究项目的态度。最终，他们准许我们进入院系开展研究，并和其他所有学者一样，都是非常愿意帮忙和高度配合的。

对学科精英地位的认知以及所在机构所享有的学术声誉，使得 Boarbridge 大学的地理学者们以一种特殊的视角来看待他们的研究生及其学徒身份。这与我们在 Chelmsworth 大学城市研究专业所经历的准入协商，形成了鲜明的对比。Chelmsworth 大学是一所成功的多科技术学院，作为新大学，它有诸多成功之处。其发展历史表明，该大学在处理与原国家学位授予委员会的关系方面，拥有丰富的经验。在相当长的时间里，国家学位授予委员会掌握着很多基础档案和管理细节，这对于很多传统大学来说是不能够接受的。传统的多科技术学院习惯于明确地阐释自身的政策与实践，此种文化与 Boarbridge 大学和卡迪夫大学有着明显不同。在后者中，默会与内隐的标准被视为理所当然。因此，我们与 Chelmsworth 大学城市研究所负责人进行准入协商时，该负责人基于档案文献详细介绍了院系和毕业生的相关情况，档案中详细记录了培养计划中的各个模块及培养效果，还包括年度计划等。在过去的几年中，这种学术供给的方式得以更广泛的应用，已不仅限于新大学了。然而，作为传统和学术气质的一部分，这种方式与我们自己的组织文化相去甚远，与以 Boarbridge 大学为代表的传统大学的学术气质也相去甚远。在 Chelmsworth 大学，院系负责人对于我们毫无警戒之心。事实上，他看起来对于自己机构的成就非常自信，对于院系的学科文化也非常有把握。

上文已经提到 Bourdieu 关于研究中研究者与研究对象关系过度亲密与过度疏离的反差，这一点也反映在了我们对于教育类研究和其他社会研究的熟悉和陌生上（Delamont 和 Atkinson，1995）。上文已经提供了很多案例对这个问题加以说明。不同于简单的二分法，疏离或亲密的差异，就我们所进行的研究而言，要从几个关键维度上加以理解，包括地理的、学科的、制度的、方法论的、认识论的、个人的和经验上的差异与共性。

我们尝试在威尔士、苏格兰和英格兰地区的大学中收集数据，从地理距离上看，有些研究地点很近，有些则距离我们所在的卡迪夫大学较远。因此，对于一些研究地点来说，田野研究意味着要在当地驻扎一段时间以集中地收集数据。相对地，对于一些距离较近的研究地点，则有更好的观察基础，可以多次往返开展研究。当然，地理距离的远近是天然的，但对田野研究的可操作性有所影响，距离遥远的研究地点缺少短期参观或当天往返的研究基础。因此，从这个意义上讲，对于那些距离较远的大学，Odette 必须在那里驻扎一段时间，时间虽短但浸入程度要深。距离较近的大学可以更加便利地完成研究工作，无须打乱日常生活，无须去外地出差。与亲疏远近相关的，还有更为重要的一个方面，即大学及其院系的社会定位。正如前文所提到的，社会定位能够反映在其空间位置上，例如，精英大学处在英格兰的"金三角"地区和苏格兰的大都会中心区。同样地，"红砖大学"的社会定位和空间位置也是密切相关的，如同新大学的文化和地理位置一样。大学系统内的异质性很强，从某种程度上说，机构间的社会特质和差异也真实地反映在其地理分布上。我们的研究就是要试图捕捉各大学在不同维度上的差异。在个人关系上，有些大学是我们熟悉的，有些大学则较为陌生。对于有些大学，我们已经非常熟识：研究团队的成员已经作为考察者与大学建立过联系，或者因之前的研究项目有过合作或学术交往。对于另外一些大学，则倍感陌生：或者因为距离遥远而从未踏足过该校园，或者仅仅知道那里的某位学者，或者对其机构和组织了解十分有限。我们对于一些学科是很熟悉的，在这些学科里有朋友和同事，相对地，对于另外一些学科则是完全陌生的。当然，对于一些学科的熟悉感可能会成为"靠不住的朋友"，因为一个学科会在 20 年内发生巨大变化，个人间的友谊也无法保证对于学科及其发展能够有精准的理解。但是无论如何，之前的私人关系对于一个要进入全然陌生的学科领域的研究者来说还是有所助益的，它能够帮助我们确定研究的界限。

学科亲缘性与方法论或认识论的亲缘性并非完全一致。有些学科，或者某些学科的专攻方向，与我们社会学共享宽广的认识论基础，例如在认识论上，认为研究对象是解释性的、社会建构的，在互动理论的指导下对知识生产采取混合的社会学研究路径。这种认识论在社会人类学中是具有广泛共识的（这也是我们研究团队秉持的认识论），在人文地理学、城市研究、区域研究和发展研究中的某些方向上亦是如此。但是这种认识论在自然科学中则不被认可，自然科学坚持的是保持绝对的客观。举例而言，我们受邀到某个生物化学院系陈述研究计划，当时该院系的所有学术研究人员都到齐了，总体来说，他们安静而富有同情心地听完了我们的陈述，但是也直言不讳地质疑了研究的有效性，因为我们采用的是案例研究，且没有明确的评估目的，甚至都没有提出要验证的假设。这种质疑也是我们意料之中的事情。因为实验科学所主张的"科学的"研究方法——甚或至少是他们公认的修辞——与我们对于社会性的人和社会性的机构的研究与理解，是非常不同的。我们又一次在公开质疑中生存了下来，也能够冷静地处理任何公开的和并未言明的敌意。学术上的分歧与差异并未阻止研究计划的进行，学科间的文化碰撞也并不令人吃惊。确实，探索性的质性研究经常会遭遇到质疑，这是因为诸多研究领域缺少对问题的共同理解，因此这种质疑并不仅仅来自实验科学。然而，上述事例已经说明学科知识间存在差异，并足以提醒我们学术圈中的"同行"是多么地具有多样性。这也是一个十分深刻的提醒，提醒我们关注学科边界的重要性，正是这边界界定了学术差异和学科特质——体现在学术研究中主客体关系等诸多方面。

将研究生和大学教师作为研究对象，就是研究我们的同行：全英范围内各学术机构的各专业的人员。进一步说，我们的初衷是聚焦攻读博士学位这一特定时间段进行研究，研究这一时期间的组织工作和资助环境等比较敏感的问题。近来，研究委员会的培养原则被引进和实施，由此一些院系和个人感觉到为这一进程和结果所挫伤。（此项新近政策的内容概要见附录二。）而我们项目的资助方正是研究委员会下设的培养委员会，这一事实使得我们必须直面研究对象提出的种种疑虑。虽然我们联系的所有院系都同意加入研究计划，但是研究项目的资助性质可能对他们决定是否加入有很大影响。我们必须承认，有一些院系可能会觉得不得不加入，也并没有因为我们就研究目的和研究成果给出解释而彻底消除疑虑。

在与潜在的"被试"院系接洽协商的过程中，我们意识到独立研究的重要性。特别是非常有必要让院长或系主任等学术守门人相信我们的研究没有不可告人的目的，我们也不是代表研究委员会进行秘密评估或考察。我们要向院长和系主任介绍研究计划，令他们打消疑虑，使他们相信我们的研究并不是要影响政策，而是基于研究者基本的研究兴趣。

我们还要向被研究的机构和院系承诺，不泄露他们的机密，对研究资料作匿名处理。虽然这些承诺都是学术研究的标准动作（理应如此），但要研究同行，特别是在准入协商的关键时刻，学术伦理问题就显得尤其重要。由于我们的研究对象——院系及其个体成员——都了解学术伦理问题，兑现这些承诺并不容易。这是因为英国的学术共同体就像是一张紧密编织的网，在这其中要确保完全匿名和不泄露机密，绝非易事。虽然我们从未透露过研究地点，但是并不能阻止研究对象们的讨论。对于不同研究机构或院系的群体和个人来讲，很有可能通过对比研究记录就可以精确地推断出我们曾到过哪些机构开展研究。同理，如果院系规模比较小，成员之间也很容易确认彼此是否参与了研究，或者至少认为他们可能这样做了。举例而言，当 Paul 到 Rushberry 大学拜访 Borringer 教授时，就出现了学术伦理问题。Borringer 教授是一位在其所在大学非常资深的教授。Paul 写道："约好九点半见面，我稍微提前了一会儿到达。正当我在接待区等候时，Jeanne Tesiliko——卡迪夫大学商学院的博士，我曾经在她读学位的时候教过她——从我身边经过。她问我为什么会来到 Rushberry 大学城市研究所，而我也马上意识到她现在任职于此。我只能含糊其词，一边微笑一边回避她的问题。"对于一些人来说，公开自己参与了这样一项研究是相对容易的，考虑到这一点，我们已经尽全力做到对研究地点和研究对象给予保密。我们通过以下措施做好保密工作。每所被调研的大学都给了一个虚构的名字。如果在一所大学内调研了两个以上的院系，则会赋予不同的虚构校名。为了减少学者和院系自我泄密所产生的影响，研究团队特意模糊处理了每所大学被调研的院系数量。举例而言，当我们说在一所大学内调研了"不少于"两个院系时，意思是即使两所不同大学的院系知道自己是被调研的对象，或者认定自己的院系被调研了，他们也无从知晓在同一个学科中是否还有其他的院系也被调研了。事实上，在我们开展调研的同一时间段内，还有培养委员会发起的其他类似的调研项目也在进行中，这很好地模糊了我们的调研范围。同时期，针对斯宾塞基金会所支持的有关博士生培养的五国调研项目（Clark，1993），其英国的研究团队也在物理、历史和经济等学科中开展田野调查。

仅仅利用化名来掩饰研究对象是不足以解决研究伦理问题的，还存在知识地图和学术专业化的问题。学者是高度个人化的群体，他们有自己独特的研究兴趣和方向，每个人都是独特的社会个体，我们会分别记录他们如何看待自己的学术追求、研究趣味、学术背景、从业资格和职业发展路径。也正是因为这一系列描述，被调研学者的身份就很容易让人识别出来。为了保护学者个人，在本书及其他发表物中，我们都做了特殊处理。除了化名之外，编造学者个人的细节材料或者对其所从事的研究做合理改编，是特别必要的。在一些情况下，这样做是为了更好地使用数据开展分析。这些做法主要是为了解决研究伦理和保密的问题，而不是无端篡改，更不是为了使数据"符合"研究者的预设观点。

并非每次准入协商都会遭遇苛求和充满压力。事实上，大多数被选中的调研对象都是非常愿意让我们加入他们之中的，也愿意让我们在院系开展访谈。但这并不意味着每个人都对研究乐见其成。准许研究团队进入并非院系全体成员的愿望，他们中有些人会明确表达自己对于研究动机的担忧，特别是考虑到研究生培养的大气候以及项目资助方的身份。我们猜想，有些人同意接受访谈，主要是考虑到院系领导者的意愿而非出于自己本意。

不情愿的受访者会巧妙地表达自己的敌意。举例来说，Odette 在访谈一位资深指导教师时，询问她要求自己的博士研究生在攻读学位期间掌握哪些研究技能。这位指导教师回答说，她希望学生们能够成为称职的访谈者。她还逐条解释了所列出的技能，这些技能包括：在不友好的环境中开展学术研究的能力，处理好所遭遇到的对研究动机的不信任甚至是对隐匿动机的质疑；化解不信任和尴尬并使受访者感觉踏实的能力；能够提出好的问题，既不使受访者感觉到被冒犯，又非常切合研究问题；能够成功地捕捉到信息，特别是有些信息是受访者想要隐瞒的，至少是受访者回想起来并不觉得是自己透露的。这位指导教师进一步解释说，博士研究生必须学会以友好的、不具有威胁性的方式做到上述这一切，并能够顺畅地过渡到下一位受访者。她直视 Odette 并说道，"事实上，就是希望博士研究生能够具备你在访谈中正在应用的这些技能，Odette。"很显然，Odette 的受访者就是要让她知道，当下正处在"不友好的环境"之中，正在遭遇"隐匿动机"的质疑。此番含沙射影使得 Odette 倍感局促不安。

我们作为研究者面临的最大困难是，受访者认为研究结果可能会有损于自己所在院系与研究委员会之间的关系，或者有损于其个人与院系领导的关系。有些受访者怀有对于专业胜任力的不安全感。他们之所以有这样的担心，是因为他们觉得学术同行在监督和考察自己对研究生的指导工作，特别是其在读的博士研究生对于他们的指导工作可能会给出另外版本的不同描述。最难以访谈的是那些自己并未获得博士学位的指导教师，这种情况多发生于更加强调职业性或实践性的院系之中，诸如城镇规划、发展研究等。在这些指导教师身上有明显的防御倾向，这说明他们感觉自己由于没有博士学位而容易受到质疑。在访谈一位指导教师的时候，我们并未问及其指导能力，他自己就提出了这个问题，还长篇大论地进行了解释。在类似的论述中，博士学位作为研究经历或学习过程的价值，经常被严肃地质疑、削弱或消解。比如，任教于 Chelmsworth 大学城镇规划系的 Sopwith 先生在访谈中谈到，博士学位"并不是一个从业资格，特别是在实践领域，因为人们通常要问你做过什么项目，做过什么设计方案"。他并不是唯一一位对博士学位含蓄地表达轻视的受访者，这样的论述使得他没有博士学位一事变得合理了。那些对博士学位本身表现出敌意或自卫情绪的受访者，通常也是对于访谈抱有敌意的人，也许是因为他们认为，我们研究的主题与研究生培养的一般特点紧密联系在一起，从而隐含对他们个人学术资格的批判。不能否认我们确有这样的想法。事实上，我们故意选择了城镇规划这样的专业作为调研对象，目的是考察在职业与学术相结合的环境中博士学位的关联性。

院系中的新人也是比较难以访谈的人群，特别是青年教师，他们刚刚开始自己的学术职业生涯，在不久前才获得博士学位。初来乍到和经验不足，使得他们中的一些人在访谈过程中采用了防御策略，这对于数据收集来说，是非常具有扰乱性的。在一次访谈中，人类学系的一位女教师虽然接受了访谈，但是与 Odette 大谈自己的专业胜任力，这严重影响了被访者与研究者之间的关系，并使访谈过早地结束。

在研究学术界同行的过程中，运用比较研究方法使得我们受益很多，特别是，能够借此来把握不同学科间的差别，这差别或细微，或显著。研究者的任务包括持续地"与熟悉感作斗争"（Delamont 和 Atkinson，1995），换言之，也是 Bourdieu 所说的，挑战我们的"过度接近真实"。不能将自己所受规训的熟悉的学术文化视为理所当然。对于我们来说，从观察中获得新鲜感，始终是非常必要的；比如质疑我们原本习以为常的事情，或者研究有些奇怪的做法。具有讽刺意味的是，社会人类学本身的学科文化就认为对研究对象原生的熟悉感是危险的，Sara Delamont 和 Paul Atkinson 正是在这一学科获得的第一学位，对于学科文化特别熟悉。好在 Odette Parry 之前完全没有接触过人类学，通过研究她发现人类学这一学科非常有趣，虽然与她个人接受的社会学的训练在表面上有很多相似之处，但在诸多方面存在明显差异（Parry，1990）。与此类似，Sara Delamont 曾在一个人工智能方向的院系工作过很长一段时间，但是另外两位研究者对于这一学科则知之甚少，甚至全无了解。与此完全相反，另外一个极端的情况是，研究团队中所有人都从未直接接触过生物化学、城镇规划和地理学等学科和专业。我们对于学术生活的一般性理解，很有可能与不同学科的特殊性有所冲突。事实上，广泛地从不同学科领域采集数据，使得我们能够在分析上保持一定距离。当然，在不同大学间这样做也起到相同作用。我们对于自己所在的大学和院系当然是全面了解的，这就使得我们特别容易预先假定某些程序和实践做法，但从大范围的机构情况看，这些并非通用的安排和做法。通过研究不同大学的不同学科，我们得以对研究对象保持恰当的分析距离和批判视角。

在研究同行的过程中，因为遭遇到了一些"幼稚的"受访者，所以我们心中残留的对于研究人员的浪漫印象消解了。当然，我们的研究"对象"是机智的和完全有能力的，总体上也是善于表达的和博学的。但这也并不能保证，所有学者都比其他职业人群对于自身工作有更多的反思。问责机制的建立和近期在培养要求方面的变化就在研究生培养和指导方面引发了诸多问题。很多受访的指导教师并不是真正意义上的"反思性实践者"，但是他们肯定会对自己、对实践进行反思，也会反思自己当年作为博士研究生的经历。受访的博士研究生们则从不同的视角提出了一些问题。同样，他们也不是稚嫩的受访者，他们拥有精深的专业知识，有些还能够准确地对专业给予描述。但从性质上看，他们的陈述更具有传记性，但并非"原生的"个体经验。研究生和指导教师的陈述都全面受到其学科背景和学术身份的影响，他们都是在学术文化的框架之下叙述着自己建构起来的研究性质、研究内涵、知识类型和个体经历。

也就是说，受访者们都在各自学科的知识框架内适应接受了学科文化。博士研究生在不同程度上还处于"摸索门路"的阶段，指导教师的专业经验也是极具差异的。我们真的不希望暗示说，学科文化是高度建构的整体结构，事实也确实不是。但是，在我们所研究的每个学科之中，学者们和研究生们都对于知识构成、研究内涵的理解和认知有着共识性的框架。这当然不是完美的一致，其中也经常存在混淆或误解的可能性。在理解院系和更广泛意义上的学术生活方面，研究生们更容易表现出不同的成熟度和明确性：他们表现出不同的学术偏好，并且在选定的方向上有了明确要遵守的规则。

我们将在后续章节如实地讨论上述及其相关问题。此处需要指出给予关注的是，与其他专业和知识群体一样，我们的受访者已经高度建构出了语义框架和解释框架，并在其中形成了自身对于学术生活与研究工作的自传式的陈述与反思。在某些情况下，他们对于学术研究本身和如何开展研究，和我们一样老练，甚至超过我们。从这个意义上讲，我们的研究活动并不是和天真稚嫩的被试者进行简单的交易，整个研究过程更像是跨学科的碰撞，是我们的研究假设和趣味与研究生们、学者们的研究认知和趣味间的碰撞。

研究生受访者

到目前为止，一直谈论的是如何研究学者，即研究生的指导教师们。在此处将要转为谈论如何从研究生身上收集数据。一般来说，访谈博士研究生要比访谈学者容易一些，对于博士研究生的访谈而言，研究者本人的经历是特别重要的。Odette 是在 20 世纪 80 年代中期完成自己的博士学位的，她与那些还在为了博士学位而痛苦挣扎的研究生们特别有共鸣，因此她独自承担起对所有研究生的访谈工作。从年龄和专业地位上看，她比 Sara 和 Paul 要更加接近研究生们。Odette 反思自己所开展的访谈工作后认为，与学者们不同，研究生们并不会认为研究者会带给他们威胁，而是更多地将她视为一位同盟者，而非一位潜在的批评者或某项政策的鼓吹者。在访谈研究生过程中出现的问题大部分是操作性的。比如，很多学生难以取得联系（最初大部分研究生安排的都是进行远程访谈），特别是受访者本人也需要在其研究过程中开展田野调查。这个问题在人类学学科中表现得尤为突出。访谈地点也是一个问题。大部分研究生无法提供一个私人空间用于接受访谈，这就要求院系要为访谈提供一个场所，但在学期中找到这样一个不被用于教学的场所也并非易事。一旦这些操作性问题得以解决，研究生们就很愿意和研究者谈论他们的研究工作。总体来说，研究生们在访谈中表现得很开放，也相信研究者不会对外泄露他们的隐私。虽然他们很想知道指导教师如何评价自己的学术能力，但是他们也能够接受认为这是一个不合理的要求。

然而，Odette 和博士研究生们所产生的共鸣和信任关系，也并非全无坏处。当指导教师和研究生对于同一件事情或同一个人做出截然不同的描述时，问题就出现了。这种情况时有发生，举例来说，研究生对自己的研究工作会有一个概念化的理解，但可能与指导教师的理解大不相同，这在方法论上和理论上是可以接受的，而不是仅仅归因于研究生还处于论文准备的不同阶段。这种情况还时常发生在联合指导中，如果研究生有两位联合指导教师，而这两位指导教师对于研究问题有着非常不同的认知，那么问题就会出现。但是这种问题也会在指导教师与研究生以为双方已经达成共识的情况下出现。上述问题对于 Odette 来说，在心理上是非常难以应对的，因为受限于研究者的职责，她并没有权利出面干预。

下面介绍一个师生不和谐的极端例子。一位为人成熟的、非全日制的博士研究生，在提交学位论文送审前不久接受了访谈。在各自的访谈中，这位研究生及其指导教师都表现出相当的信心，认为这篇学位论文已经很成熟了。可是三个月后 Odette 接到了这位研究生打来的电话，他说学位论文没有通过，他将被授予哲学硕士学位。这位研究生还给 Odette 传真了一份指导教师对论文的评审意见。在文件中，指导教师完全同意评审专家的意见，认为论文并未达到博士学位论文的相关要求，并提到自己之前已建议学生暂缓提交，而且指导教师也同意不再给予这位研究生再次提交论文申请博士学位的机会。为了这件事情，Odette 特意找出了自己的访谈记录，从中确实能够看出，这位指导教师明显地在论文送审失败后改变了自己对于该学位论文的意见。

管理人员与研究生的说辞不一致的情况也发生过，如一位院系负责人说他们院系保持了一个百分百成功的记录，即所有学位论文都在四年注册期内完成。因此，经济与社会研究委员会从没有对该院系实施过处罚。然而，受访的研究生们透露说，院系负责人强迫学生们在四年内提交论文，无论他们是否准备充分，如果论文还不成熟，也会被要求限期作出修改，不可以申请延期。在一些情况下，这种建议很显然会引起学生们的反感，甚至适得其反，因为学生们都不希望论文如期提交却不能通过评审。可以理解，研究生们对此事的感觉并不好，他们并不是自愿提交论文的，而是屈从于院系的规定不得不这样做而已。类似的事情也给研究者施加了一定的压力，我们既不能给学生也不能给指导教师反馈信息，而有些信息对于他们却是至关重要的。进一步说，在有些时候，处在对比使用访谈资料的位置上，对于某些研究对象的"内疚"情绪会引发研究伦理问题。

从研究生身上收集数据还引发了关于亲密与疏离的另一方面的问题——经验上的亲密或疏离，这里特指研究生的成功和失败的经历。对于学生来说，攻读博士学位是一个高风险的行为——为了并不确定的成果要投入三年甚至更长的时间。Odette 成功取得了两个研究性学位——一个哲学硕士学位和一个哲学博士学位；Sara 和 Paul 都拥有哲学博士学位。因此，相比于那些深陷麻烦的研究生们，我们三人更接近那些成功的研究生们，其共同点是在数据收集方面是富有成效的，论文写作也进展顺利。我们必须了解那些经历失败或潜在失败的学生们的感受，体会研究进展不顺利的研究生们的困苦与担忧。当然，没有哪个人的博士学位研究是一帆风顺的。我们要经常基于个人经验与正在奋战中的学生们保持共情——无论他们最终能否成功地取得博士学位。绝大部分学者都曾在研究生阶段经历过困苦。确实，很多受访者都提到，他们正是基于个人对攻读博士学位的记忆和经历，才知道要如何对自己的研究生进行学术指导。这一内容就是本书第八章的主题。

作为指导教师，学者们在其职业生涯中也要面对失败或失败的可能性。我们自身就经历过研究工作取得突破时的欢欣鼓舞，也体会过陷入困境时的悲伤。Sara 和 Paul 都是经验丰富的研究生指导教师，他们很了解学生们的心态，比如研究生受访者所提及的对失败的担忧和其他一些问题。因此，基于这个研究项目的所有经历，我们提出了熟悉和陌生相交织的问题，我们不断从自身经历和学术生涯中抽离出来，保持距离地进行审视。

最后，我们必须承认，在研究过程中也存在一些悖论。我们三个人都非常清楚该如何进行民族志的研究和写作，这种研究特别强调参与式观察。理想的状况是，花费更多的时间在更少的研究对象身上，对各院系、研究团队和实验室的学术亚文化进行更为细致的民族志式的田野调查。我们应该更多地去观察各院系的研究团队的学术讨论和其他学术活动或社交活动。相应地，我们应该更少地依赖对受访者的访谈。在相当大的程度上，该研究的整体架构是由我们开展的第一个研究项目——关于社会科学学科博士研究生的研究项目——形塑的。这个项目是更大研究计划中的一部分，由经济与社会研究委员会下设的培养委员会资助。资助方强烈希望该项目能够覆盖更广泛的学科、更多数量的大学，在更多院校类型上具有代表性。为了满足他们的上述要求，我们不得不放弃精细的田野研究，转向通过访谈广泛覆盖各方利益相关者。我们对于第二个研究项目——关于自然科学学科博士研究生的研究项目——拥有更多的自主决定权，也因此能够挑选更少的研究地点，聚焦研究他们，而不求覆盖面广泛。但是学术研究的一般形式还基本上是由我们最初的研究设计决定的。研究团队的三个人全部都写作过写作方法和学术伦理方面的论文（Hammersley 和 Atkinson，1995；Delamont，1992；Parry，1983），详细叙述了数据收集、数据分析和文本写作的过程，以接受更大范围的监督。但是，如果把我们的研究方法太过仔细和清晰地描述出来，就有可能泄露研究对象的信息，而他们更容易因为学术言论"被发现"而受到批评，这比其他背景信息的泄露更容易造成恶劣的后果。在本章写作中，我们已经尽力掩饰受访者的身份以保护他们，特别是那些研究工作进展并不顺利，或是那些不愿意参与我们研究甚至抱有敌意的受访者。

我们有意地以一种非常朴素和直白的方式写作此书，以及写作与此项目相关的学术论文。虽然深知对于社会学者、人类学者等来说，可以采用多种多样的表达方式和写作风格，但是我们还是没有尝试任何具有实验性质的写作手法。唯一具有创新性的表达方式可以在 Coffey 和 Atkinson（1996）的论作中看到，一位受访者关于哲学博士学位的论述被写成了一首诗歌。因此，事实是，尽管我们有着自己在研究方法上的趣味和偏好，但本书并没有完全反映和代表我们自己的趣味。

第三章

探索的本质

一个人视为荣耀的事被另一个人看成耻辱,这种刚好被颠倒的事情提醒我们注意这样一个事实,即大学校园跟其他领域一样,是一个有论战的场所,论战的目的是确定合法级别与合法身份的条件与标准。(Bourdieu,1988:11)

就像Bourdieu所说,学术生活中是存在竞争的,要为获得合法性而斗争。本章试图呈现不同学科的博士研究生的目标是什么、指导教师的目标又是什么。博士学位是成为学术界合法成员的徽章,只有那些接受指导教师帮助并通过考核的学生才有资格佩戴这徽章。我们要研究的是研究生如何看待这个探索的过程,指导教师怎样看待博士学位,以及评审专家对于合格博士研究生有何期待与要求。本章不会讨论导师指导的过程,因为这是第八章的关注点,也不会讨论博士研究生的日常生活,因为这要留到第九章。在本章中,我们关注梦想、探索、愿景、圣杯——甚至诸如芬兰民族史诗《卡勒瓦拉》中的"三宝",以及探索过程的终极考验。

对于当代的博士研究生来说,"三宝"是一个不错的隐喻。"三宝"是芬兰民族史诗中的故事核心,是从传统民歌里收集而来的,并由Lonnrot在1835年和1849年出版。在这部史诗的英文翻译版本,Bosley(1989:xxxix)不逊地将故事概况为:"三宝"是虚构和骗人的;故事包括一个婚礼、一场谋杀和一堆抱怨;农奴战死沙场,"三宝"也被毁坏,芬兰却最终获得了胜利。(由牛津大学出版社授权许可)

学者们对于"三宝"到底是什么有着不同的看法：它可能是虚构的，它也许被偷走了，也可能在战争中被遗失了。对于"三宝"的猜测众说纷纭：一粒魔法豆、一座金矿、一个受人尊敬的偶像、一堆宝藏、一棵圣树、一个被偷走的拜占庭时期的铸币，甚至是一个宇宙模型。Bosley 说，不管究竟如何，"三宝"总归是一个"神秘的东西"。在史诗的第十章中，铁匠 Ilmarinen 多次尝试制造"三宝"。起先他锻造了一个弓弩，然后制造了一艘船，接着又造了一头金牛，后来又造出了一个金犁。在真正神秘的"三宝"出现前，他所锻造的所有东西都被摧毁，并被来自北方的女巫 North 当作战利品掠夺走了。Ilmarinen 在锻造神器过程中的辛劳、多次尝试未果的历程这样的故事对于我们描述博士研究生的探索过程是一个极好的隐喻：在当今英国要获得博士学位需要进行大量的艰苦工作，更有意思的是，没有人能够准确地说出这些辛劳到底是什么。

在本章开头，我们先讨论这个探索过程的终点，也就是评审专家的评判标准。在访谈中，我们问指导教师们是否评阅过博士学位论文，如果评阅过，那么评判的标准有哪些。有些被访的指导教师还没有做过博士学位论文的评审专家，有一些则评阅过很多。我们将评判标准展示出来的时候，就会明白 Bourdieu 所说的合法成员这个概念是一个多么恰当的说法：评审专家真正考察的是学生加入学术共同体的试图和努力。他们使用的评判标准就是 Jamous 和 Peloille（1970）提出的"技术与素质"相结合的标准，这与大多数职业和专业的选人标准相类似。Atkinson 等人（1977）和 Atkinson（1981，1985）对于医学专业的研究，以及 Delamont（1989）关于自然科学专业的分析，都说明了这一点。技术和技能是必要的考核内容，也必须在博士学位论文里充分体现这一点，但除此之外，还有一些重要素质是评审专家们能够识别出来却难以准确描述出来的，这是因为有些素质具有不确定性，他们很难精确解释它们。这些不确定的素质主要反映的是被考核者具备的文化资本，在博士学位论文中，评审专家能够从学生已经习得的学科惯习中识别到。我们的访谈材料能够充分说明这一点。接下来将引用来自城镇规划、城市研究和发展研究等跨学科社会科学院系或专业的访谈材料，在这些院系和专业中，对于优秀学位论文的标准的看法是一致的。

评审专家的观点

我们问受访者他们在评审博士学位论文时主要的关注点是什么。从他们的回答中，我们得到了一些关于博士学位论文标准的明确想法。例如，Portminster 大学城镇规划专家 Paget 教授说道："我评审过很多博士学位论文……要考察很多方面的问题。论文的内容当然是最重要的，论文的内容必须是丰富的，但内容丰富并非长篇累牍。我的确看到过两卷本共 800 页的学位论文，说实话，我觉得那是噩梦。当然论文的题目也是很重要的。也要看论文的整体情况，包括对于文献的理解、对于研究方法的理解，以及对自己研究局限性和优长之处的理解、研究方法的具体使用情况等。我看过的最好的博士学位论文，整体呈现得非常完美，论述严谨，整体读下来令人感到愉悦，研究文献有的放矢，理论和研究方法适恰且有力。这样的学位论文表明写作者的态度是十分诚恳的。"

Ridgeway 博士来自 Rushberry 大学城市研究专业，他最近正要评审一篇博士学位论文，所以他给出了更加具体和明确的阐释："要评审博士学位论文，这件事情让我觉得有些……严格地讲，我对于学位论文的要求是原创性和有能令人兴奋的内容。博士生不必做出震撼世界的研究，但必须在理论上有所创新，并有令人兴奋的研究点……原创性是非常重要的。令人兴奋的意思是说这个研究能抓住你。学位论文不仅仅是一本论文和一项工作，其背后蕴含的东西能够显示出一个人对于研究工作的投入。"

从这两段话中，已经能够看到一些不确定的评判标准了。Ridgeway 博士说他要求的是"原创性"和"令人兴奋的研究"，总结来说，就是"可以抓住你的东西"。Paget 教授提到他想要诚恳且丰富的内容（内容丰富不仅仅指论文篇幅）。Paget 教授也提到了技术性的问题，例如"整体呈现完美"，研究方法适恰而有力，文献综述扎实，但这些都是具有不确定性的评判标准。他所说的文献综述要"击中要害"、论述要"严谨"，这些也都具有不确定性。我们也在其他著作中（Delamont 等，1997a：100-116）论述过，研究生最重要的任务就是学会如何训练自己的学术判断力，导师可以通过各种方式鼓励学生，以使其获得这方面的能力。

在接下来的访谈材料中，还将看到其他有丰富经验的评审专家对于博士学位论文评审标准的详细阐述，包括对技术性问题和不确定因素的阐述。在此先呈现四种不同看法，之后再挖掘其中包含了哪些标准。来自 Latchendon 大学发展研究领域的专家 Woodrose 教授在访谈时说："我想，这其中有一个最起码的水平问题。作为最低要求，我期待看到的是对于研究文献的理解力。然后，期望看到的是对研究方法在应用上的信心。接下来，我要寻找能令我说出'贡献了新知识'这句话的一切因素。如果让我说出更高层次的标准，我想应该是发表学术论文或出版著作。我希望看到一些有原创性的东西，对于知识有真正贡献的东西。这其实与博士研究生所接受的学术训练的范围有关，他们必须真的'咬住'了一些东西——或是将一系列研究方法应用于对一个新国家或新部门的研究，或是以相当独特的方式解决了问题。"

Portminster 大学的城市规划学者 Portland 教授给出了一个简要的标准清单："明确的研究对象，严谨的研究设计，好的文献综述，合理有序的结构，精确的思想表达，坚实的理论基础，合理的政策建议等；还包括良好的数据处理能力、好的写作风格和明确的研究结论。"

Wishart 博士来自 Latchendon 大学的发展研究专业，他表述得也同样精确，但他使用的是一些技术性词汇——这些词汇也是学生必须学会并在其学位论文中展示出来的："博士学位论文反映的是多种能力的综合运用。首先是研究能力，再次是分析能力，还有纯粹的写作技巧，把这些能力都放入你的论文中，才能保证参考文献和引用是准确的，才能确保论文的每个章节都是合理的。"Wishart 博士还将"切合实际"、"有批判性"、研究的"透彻性"和"一致性"作为评判的标准，即学位论文要说明整个研究是如何"建立"起来的；同时，他还提到，论文必须有"系统性的进展"。

Wishart 博士的同事 Wynyard 博士也强调了"一致性"这一标准："一致性就是要看，研究是否从明确的主题和明确的研究问题开始，是否将研究切分为一系列研究假设，而且是否使这些假设具有可操作性和可以被测量；同时，也要看是否将这些假设和之前的研究文献连接了起来。接下来，还要看田野研究的情况：

是否运用了计划中的研究方法?是否解决了田野研究中一定会出现的一系列问题?能否将数据清晰地呈现出来并将数据分析与研究假设相结合?"

这4位学者在Paget教授和Ridgeway博士所提到的内容上增加了一些新的标准,但仍然是强调了评判中的不确定因素。Woodrose教授强调了原创性,但也增加"论文有发表潜力"的标准。Portland教授提到了"好的写作风格"。Wishart博士的是比较技术性的,其中包括了准确的文献引用和恰当的论文标题,但他提到的"分析能力"和研究的"一致性"却主要基于个人判断。Wynyard博士也说到了研究的一致性问题以及要求学生具备"解决问题的能力",这些都是典型的不确定性素质(人类学和定性发展研究领域,对这些素质有着特别高的要求,我们将在第五章拓展这部分内容)。

尽管多次提及原创性是博士学位论文非常重要的评判标准,但到此为止,6位评审专家都没有明确引述或解释原创性的具体含义。接下来的这位受访者强调了"新颖性"这一概念。Savanake博士是一位来自Chelmesworth大学的城市规划学者,他提道:"在一篇博士学位论文中,应该能够看到超越现有文献的对于理念、方法和概念的发展,或者进入一个能够令评审专家和导师感到兴奋的以及学生感到自信的新的研究领域,这样的学位论文能够在某种程度上延展评审专家本人。"在这里,Savanake教授说出"原创性"和"令人兴奋的研究"的另外的内涵:扩展评审专家的知识。

对于社会科学研究者来说,论文的原创性往往被看作一个能否对研究做出理论解释或者提出新理论的问题。在一篇好的博士学位论文中,能够看到学位候选人对于学科的理论发展有所贡献。Ramilles博士——来自城市研究中心的一位社会政策研究者——的观点是:"在评审博士学位论文时,要看研究框架是否得到了合理运用,是否聚焦于某个特定研究问题,是否对于理论的稳健性进行了检验。如果能够在论文中看到对理论的验证或者对理论有所贡献,我会感到非常高兴。如果论文还对已有文献做了很好的综述,既有理论分析也有实证分析,并借助田野研究进一步进行理论阐释,那么,在我看来,这就是非常好的博士学位论文。"Ramilles博士强调了论文的理论研究工作是论文成功的关键,当然,理论研究工作的充分性绝对是一个具有不确定性的评判标准。

到目前为止，都是社会科学领域的受访者，在讨论自然科学学者的看法之前，还需要说明评价中的这些不确定性因素可能会使学生们感到评价标准模糊，甚至不透明。论文篇幅看起来是一个非常简单明确的标准，但事实上，论文篇幅也并不是那么容易把握的标准。我们将引用 Rowlandson 博士的话来说明这个问题，他与 Ramilles 博士一样，来自 Rushberry 城市研究中心。Rowlandson 博士说他希望在博士学位论文中看到："一致的论述。我要看他们是否已经完成了研究计划，是否进行了与论点相关的合理扎实的实证研究，以及实证研究能否支持研究结论。我也会看其中是否包括一些原创的火花，而不是单纯地将文献综述和实证材料堆放在一起。不一定是完全的创新，但是要有一些原创性的想法。我觉得简洁这一点也很重要：如果一篇学位论文的篇幅超过 8 万字的话，就不够简洁或者不够经济，我觉得不需要写那么多。"

在 Rowlandson 博士的访谈中"论文简洁"是一个亮点。这也对应了之前 Paget 教授所说的"噩梦"般冗长的论文。对于指导教师和研究生来说，合适的论文篇幅——既不是噩梦般的冗长，也不太过短小不足，是一个典型的两难。来自 Kingford 大学人类学系的研究生 Colin Ives，是我们在研究过程中遇到的最感到"迷茫"的研究生（参照 Miller 和 Parlett，1976；Eggleston 和 Delamont，1983；Delamont 等，1997a）。他抱怨说，关于论文篇幅问题缺少指导，更不知道什么是探索的本质。然而，有经验的指导教师和评审专家都"知道"特定的论文要有合适的篇幅——不能太短，也不能太长。但像 Colin Ives 这样的新手却"不知道"所谓适当篇幅这种并不明确给予规定的标准是什么。正如 Colin 自己所说："我犯的很多错误都是因为我没有向别人请教，或者因为根本没有人告诉我什么是对的，他们默认为我是知道的……我不知道博士学位论文是要阐述观点的，就像 Durham 博士所说的，在学位论文中你必须说点什么。我原来以为学位论文就是一种老派的专著，就是把信息和材料堆在一起。当我还是一个本科生的时候，我以为学位论文就是《人类》（皇家人类学研究会会刊）上的那些论文或者类似的文章，差不多有 1 万字左右，我原来一直以为'这就是博士学位论文'。"

Colin 开始了解什么是博士学位论文，并不是通过在 Kingford 大学图书馆阅读，而是"有一天我碰巧在读一本书，是关于学校章程的，然后看到有关 10 万字的要求，当时心里就想'这可真够长的'，但从没有人告诉过我"。请注意，Colin 没有问过别人学位论文篇幅的问题，而是等着"别人"来告诉他。他既没有在图书馆阅读最新的文献，也没有得到过明确的指导。他接受我们访谈时，已经是研究生三年级了，但当时，他对于如何写作博士学位论文还一无所知，对于论文评判标准中的不确定性因素更是如此。他既不知道技术性的评判标准，比如论文篇幅，更不知道如何通过自己对于突尼斯朝圣者的研究来获得自己在学科共同体和大学共同体中的合法身份。

并非所有人都意识到了不确定性标准的存在，还有一些人像 Colin Ives 一样从未审视过这些。Chelmsworth 大学的城市规划学者 Silva 博士在回答"什么是学位论文的本质"这一问题时，给我们读了其所在院系的管理规定，而这个管理规定是仿照国家学位授予委员会的相关规定制定的（Chelmsworth 大学是国家学位授予委员会批准的多科技术学院）。他会以这种方式回答问题，可能是因为他并不愿意接受我们的访谈，但我们更倾向于认为他还没有认识到，博士学位论文的评审标准绝不能简化为一些明确的书面规定（前文所引述的那些有经验的评审专家说的话，就是证明）。然而，Silva 博士并不是唯一一个强调技术因素的教师。他的同事 Snow 博士也总结了类似的技术标准："首先，必须看他们是否在时间内完成了足够的工作量，还要看文献研究的水平如何，是否贡献了一些有意思的想法，以及研究工作是否完整。" Snow 博士还列举了一些明显带有技术性的标准："研究生在三年中是否努力了？"这是国家学位授予委员会旧有标准中的一个说法。当然，不能仅仅从字面上来理解这一标准，这其中蕴含着评审专家们非常微妙的评判。

在转向自然科学学者之前，我们还在社会科学学者中找到了另一个具有迷惑性的看似简单的标准。Gaisbrook 博士是 Gossingham 大学发展研究方向的学者，他在访谈中说道："在博士学位论文中，我寻找的是对于特定研究领域知识贡献的学术谦逊。写作者应该深刻理解社会科学研究的不足和局限，在此基础上愿意给出探索性的结论，知道通向其他答案的可选择的研究路径，深知数据存在的不足——学位论文中的这些内容，要比其他内容，更加令我印象深刻。我也要求论文写作流畅，表达和论述清晰，特别是要说明与现有理论体系的关联。""谦逊"

又是一个具有迷惑性的标准。像 Mulkay（1985）在他诺贝尔奖获奖感言中所说的，"谦逊"在学术修辞中绝非那么简单。显而易见，如果一篇博士学位论文太过谦逊和含蓄，那么就会显得无足轻重，其评审结果很可能是不予通过。

在社会科学学者的评判标准中，既有技术性因素，也有不确定性因素，但以后者为主。自然科学学者也提到一些完全相同的标准——原创性、合理的数据采集，以及与既有知识的适度关系。例如，Ottercombe 大学环境科学系的工程师 Mandrake 博士谈到了他评阅过的最好的博士学位论文："从论文开篇就知道这是一篇优秀的博士学位论文。它的研究问题具有基础性，研究中发展了新技术，挑战了两三个不同的理论，这就是一项原创性研究工作。"

自然科学学者唯一不同于社会科学学者的一点是明确区分了研究生获得博士学位应该达到的水平以及学术发表应该达到的水平。这种明确区分是我们在社会科学学者那里没有看到的。Baynecholme 大学的 Gantry 教授对此总结道："需要看到研究成果。科学与工程研究委员会希望看到研究成果，并对此有明确要求。在一个理想世界中，研究结果不显著应该也是可以被接受的，也可以把这样的结果作为博士学位论文的内容，但是没有人会愿意发表研究结果不显著的文章。把论文内容进行发表是非常重要的，如果不能发表，就很不好。"

同样，Ribblethorpe 大学的 Dewry 博士谈到了一位在读博士研究生的情况："你必须学会应用多种技术，为写好博士学位论文做好充分准备。他写了一篇学术论文。写论文是非常重要的，因为学位论文评审标准之一就是是否达到了可以发表的程度。还有什么比发表了其中一部分更能说明论文的水平吗？"

因此，虽然有一些技术性的标准是必须考核的，但是评审专家的真正作用是评判学生是否已经掌握了那些具有不确定性的技能技巧，而且是否在其学位论文中很好地展示出了那些具有不确定性的素质。下一节将聚焦指导教师的观点：在指导过程中他们对于研究生的要求和设定的目标是什么。在很多情况下，指导博士研究生其实是指导教师自身角色和行为的反映，第八章将对此进行探讨。在接下来的一节中，我们主要报告和讨论指导教师希望研究生达到何种水平，但并不会论及具体的研究技巧，因为那是第四章、第五章和第六章的主要内容。

指导教师的观点

Brande 教授是 Hernchester 大学以定量研究见长的地理学家，在谈及指导教师的责任时，他说："我认为，作为指导教师，要做的最重要的事情就是真正地给予研究生爱，我知道'爱'这个词听起来有些古怪，但我认为这是正确的说法。同时还要让研究生更积极一些，因为研究是一项特别孤独的事业。"Brande 教授是全英国最杰出的学者之一，他的话特别好地说明了社会科学的研究生所面临的学术孤独感，也准确捕捉到了本书中"探索"这个隐喻的核心。Mardian 教授是 Ottercombe 大学的一位环境科学家，他对于现代学术探索做了一个生动的比喻："这其实有点像在高速公路上开着一辆没有刹车的车……如果你有一位博士研究生，你就必须激励他们，希望他们可以按时提交质量达标的论文。"他的同事 McQumpha 博士是一位海洋生物学家，他回应了 Brande 教授的说法："理想地说，我们希望博士研究生能愉快地度过三年时光，在这期间能够掌握科学知识，能够成功地收集科学数据，能够很好地开展实践工作并完成研究。这是最理想的状况……他们还应该学会怎样确定研究问题……学会作为独立研究者开展创造性的研究工作。"McQumpha 博士还说明了研究生培养过程中的一个关键问题，即如何培养他们的学术判断力："如果数据不正确，那么数据质量再高也没有意义。研究生需要学会鉴别要提出什么样的研究问题。"

指导教师要培养研究生使之具备良好的学术"品位"（Bourdieu 和 Passeron，1977，1979）。而研究生也必须发展和提高自己的学术判断力，学会判断实验是否有效、分析是否"正确"、文献是否合理、原假设是否要被证伪，等等。

有经验的指导教师们都谈到了，博士阶段的研究如何检验研究生是否已经具备了学术鉴别能力，想要成为某一研究领域被认可的学者，就必须具备这种能力。成功的研究生就学会了如何对自己的研究工作和他人的研究工作进行学术鉴别，具备这种学术判断力是成为被认可的专家的重要因素。作为一名生物化学家，Spender（化名）在与 Gilbert 和 Mulkay 的访谈中说道："如果你做一个实验，你就应该知道什么是重要的、什么是不重要的。"(Gilbert 和 Mulkay,1984:53)同样,Gumport 访谈的一位物理学家在谈到指导博士研究生时也说:"我试着教会他们一系列技能。最重要的一项能力就是知道自己是否正确。对于研究生来说,犯错而不自知是普遍存在的问题。经过一段时间后,他们就能够自己意识到错误,后来就部分地变成直觉了。"(Gumport,1993:265-266)在博士研究生的指导过程中,学术判断力是非常重要的问题,研究生与指导教师双方都需要不断提升学术判断力。研究生必须在三年的时间里学会以能够独立从事学术的标准来评判自己的研究工作,而不是停留在本科生的水平上。而指导教师必须学会的,不仅包括如何评判研究生现阶段的工作,还包括如何评判研究生的发展潜力,同时还要帮助研究生提升研究能力。

这是一个复杂的领域,复杂的主要原因是它需要处理某一特定学术领域内不确定的、默会的和隐性的因素。相比于那些不确定性因素,教会学生技术性的、显性的东西要简单得多。在职业社会化,特别是专业社会化的文献中,对于医学领域工作者(Becker 等,1961;Atkinson,1981,1984,1996)、护士(Olesen 和 Whittaker,1968)、律师(Granfield,1992;Phillips,1982)、学校教师(Atkinson 和 Delamont,1985),甚至音乐家(Kadushin,1969)的研究文献都明确地指出了这一点。然而,我们并不完全了解学术新人是如何具备其研究领域或子研究领域中必备的学术判断力的,也不完全知道那些成熟的学者是如何在研究工作中训练自己的学术判断力的。相关的学术文献(如 Ashmore 等,1995;Becher,1989,1990;Bourdieu,1988;Evans,1988,1993;Latour 和 Woolgar,1986;Lynch,1985)并没有给出学术判断力如何发展的简单的可转化的"模型",这样的模型当然也是不可思议的。就像一位美国物理学家所说,大多数学者都是在职业生涯发展的过程中,在没有明确指导的情况下,"学会"了如何评判自己领域内的研究和论文。

我们访谈了两位来自 Ribblethorpe 大学的生物化学学者,一位是资深的生物化学家,一位是博士后研究人员,他们表达了与此相同的观点。以下是对这位博士后研究人员 Morton Stayman 博士的访谈:

Odette:所以,你是说,博士学位更多的是一个学会多种技能的过程,而非完成一项工作吗?

MS：是的，既包括学会如何设计实验，也包括学会如何在实验室掌控自己，以及学会如何完成实验和怎样写学术报告。

与此类似，Ribblethorpe 大学某实验室主任 Dewry 博士也说道："一个问题能否成为一个研究问题，取决于它的研究价值。如果我们发现这个问题很无聊，那么就要转移关注点；如果得不到任何研究结果，也必须改变研究方向。博士阶段的研究应该提供新颖的数据，也应该对相关技术作出调整。并不是所有方面的工作都必须这样，因为如果你希望自己的博士阶段研究各个方面都有所创新，那么你可能会陷入一事无成的危险之中。"如果说博士阶段的探索是一个孤独的过程，那么指导教师需要做的就是选择"好材料"，即具有成功必备素质的研究生。例如，Forthamstead 大学的生物化学家 Quayne 博士这样描述其心目中潜在博士研究生的特点："如果你想知道我会挑选什么样的博士研究生，那么，首先，他们应该是聪明的，其次还应该具备一些品质，包括学术热情和持久力，因为我认为博士学位百分之九十靠的是勤奋，百分之十靠的是主动性。" Quayne 博士强调了毅力、学术热情和才智的重要性。Durtham 博士，一位来自 Kingford 大学的人类学者，在此基础上又增加了两个特质："博士研究生要在很多不同方面都表现优秀。我们都喜欢能够做田野研究和进行学术写作的研究生。比较难以应对的是那些本应该周三就完成工作但周五还没有完成的研究生们，因为这说明之前的指导并没有起作用。"接下来，他以 Giselle Dumont 作为"非常优秀的"博士研究生的例子，说道："她的田野研究做得非常棒，有很多一手素材。她工作特别努力，阅读也非常广泛。她之前的确在如何将整个论点概念化的问题上遇到了困难，有时也会为如何准确表达而苦恼，但她对待研究工作极为认真，是一个非常好的工作伙伴。她现在正处于能力快速提升阶段，她的每一步工作都比之前的要好。"

相比于 Giselle，对于我们之前提到的"迷茫的" Colin Ives，Durtham 博士评论说："他必须开始写点什么，然后我们才能知道下一步该怎么做。" Durtham 博士是在怀疑 Colin Ives 是否具备那些"好的品质"，以及怀疑他最终能否获得博士学位。Kingford 大学另一位人类学者 Fitton 先生在描述成功的博士学位候选人应具备的特征时说，他希望研究生能具备"清晰的视野"，要对研究工作有"明确的思路"，并"能够理解理论问题的复杂性"，同时还希望研究生能够克服"表面的障碍"。他还希望能够找到"可以进行愉快对话"的学生。

在人类学和其他一些需要长时间做海外田野研究的领域，指导教师们都特别看重研究生独自存活的能力。正如 Drummock 博士解释给 Odette 的那样："研究生必须能平衡孤独感和个人的独特视角。"之后他以英国著名人类学家 Mary Douglas 所做的田野研究举例："她将田野研究中的孤独感当成一名人类学家必经的训练，因为在田野研究过程中只能依靠自己。她认为这是一种过渡仪式。在田野研究过程中，研究者要经历一段边缘时期，也正处于职业发展的边界，同时也是卷入一个团体的时期。"对于很多指导教师来说，说明什么是博士学位及其所看重的研究生应具备的特质，最简单的方式就是讲述那些失败的例子。他们在访谈中讲述了没能完成论文写作或没能通过论文答辩的学生的例子，但我们并不会在此展示这些材料，所有指导教师也都要求我们对这些信息严格保密、不能公布。在比较小的学科领域，失败的例子是非常容易被识别的。Drummock 博士说他最初的几位研究生"完全是灾难"，他记得"当时如何费力地指导他们"，而出现这种情况的部分原因是这些研究生缺乏学术热情，这也使我们明白了 Drummock 博士是如何看待探索的本质的。对于 Drummock 博士来说，那些"（对学术研究）情绪低落的"研究生，或者是被"非学术事务"转移了视线，或者对学术研究"提不起兴趣"的研究生，他们大都不可能完成博士学位。

Pierre Bourdieu 提醒我们关注学术领域的竞争性问题。指导教师的责任就是培养自己的接班人，即培养那些在未来可能会超越自己的人。有两位科学家在访谈中表达了当他们看到自己的学生取得成功并成为独立研究者甚至成为自己的挑战者时欣喜的心情。Ottercombe 大学的环境科学家 Maitland-Maine 博士说道："最让人有成就感的教学就是对博士研究生的教学，因为这是师生关系的最后阶段，理想情况下，这种关系即将被打破，即将变为平等的同事关系。他们不可能在所有方面都平等，但至少在学位论文研究主题的领域内是平等的。特别是在毕业时，研究生应该以平等的关系离开。"他以一位来自沙特阿拉伯的研究生作为例证。这位研究生之所以会来到 Ottercombe 大学，是因为他觉得"沙特阿拉伯的学校和大学不能为他提供科学研究的训练"，在毕业时他说道"我学会了飞翔"，所以这真的是太棒了。

　　同样地，Ottercombe 大学的 De Manuelos 博士也说道："在有了最初的指引后，研究生们就可以开始奔跑了。他们将形成和发展自己的想法，并最终超越我之前的想法，否则我将不得不自己去完成。这就是我们期待的原创性。"在阐述研究生们的看法之前，还必须提到指导教师们的一个特别观点，在其中也嵌入了我们自己的隐喻。在童话故事中，那些进行探索和抗争的英雄人物一定拥有一些神奇的工具或特殊的技能。在卡勒瓦拉中，Vainamoinne 和 Ilmarinen 要借助一把神奇的宝剑和一艘会说话的船去偷"三宝"，在此期间他们还拥有了第一把康特勒琴（一种弦乐器）。对于博士研究生来说，与此相对应的应该就是拥有研究方法上的良好基础、娴熟的写作能力，以及问题线索意识。

　　在英国，关于博士研究生培养发展趋势的讨论（详见附录二），近期的一个重要主题就是：要为研究生的独立探索配备哪些工具？对此，我们会在第四章、第五章和第六章中进行更详尽的探讨。关于这个问题，一个重要方面是不同学科的学者们在多大程度上同意学生在学术探索的过程中需要进行专门的方法训练，以及在多大程度上要"被教会"——之前的分析已经提到，在学术研究中有些素质是技术性的和显性的，而有些素质是默会的和个体性的。

　　特别有意思的是，在更多使用质性研究方法的人类学和人文地理学学科中，无论指导教师还是研究生，都认为质性研究方法是个体技能和不确定性素质的一部分，而不是靠课堂讲授就能够学会的技术性能力。这就像是童话故事中的女英雄，那个勇敢的伐木工家的女儿，想要从女巫的城堡中救出熟睡的王子时，不肯接受仙女给她的七双飞靴、魔笛和会说话的猫。这些初学者在开启探索之旅时也拒绝认为有人能够教会他们任何有用的技能，而他们的指导教师也拒绝认为这样的技能可以抽象地被传授。

　　只要博士研究生相信自己必须独立完成所有这一切，那么就准确地反映了其所在学科的文化——因为他们的老师也认为研究技能不是教会的——但同时他们也使自己的探索过程变得更加有难度了。在人类学、发展研究、质性人文地理研究领域，要成功地融入其学科文化之中，就必须相信，质性研究者要在没有外力帮助的情况下独自学会和掌握"手艺"。这其实是本书第五章的主题，所以在此只引用两位人类学专业研究生的话。Southersham 大学的 Howard Creigton 说:"我完全不认为能够教会一个人如何开展田野研究,也许可以从某些特定经验中学到一些东西,或者老师们可以告诉我们要阅读一些什么材料。"Southersham 大学的 Janet Lundgren 对于人类学研究的实践性和个体性给出了坦率的看法:"人类学的田野研究所需要的就是走出去和去做。"

我们现在要转到研究生们的观点上来,看看他们是如何看待探索这件事情的:他们正在做什么,以及他们为什么被鼓励去做这些事情。我们从地理学科的研究生们开始,因为他们是最热情奔放的一群人,也是最难定义其愿景的一群人:地理学真的就像"三宝"一样让人着迷。

研究生的梦想

大部分研究生受访者都将博士阶段的探索视为一个追求自己所爱学科的机会:在三年的时间里全职地做"他们"学科的学徒。其中一些研究生转入了新学科——其硕士阶段学习的是其他专业,但大部分人都是自成年起就一直在一个学科中。对于后一种情况,地理学科的研究生们的例子是非常具有说服力的。当被问到为什么要攻读博士学位时,Boarbridge 大学的博士研究生 Rick Moliner 首先说道:"我知道这听起来有点儿愚,但我是因为热爱地理这门学科才读博的。"来自同一所大学的 Jason Ingersoll 也表达了相同观点:"我从开始读书时就非常喜爱地理,我想一直从事这方面的研究,能做多久就做多久。"

探索的动力部分来自对学科的热爱:因为热爱,他们想要推动学科的发展。地理学科的人似乎是最钟情于这种热爱的,在我们研究过的所有机构的地理学专业的研究生都对学科表达了热爱。Jason 在访谈中继续说道:"我想不到比研究地理学更能让我感到享受的事情了,我喜欢任何类型的地理学。"来自其他大学的研究生也都对自己所在的地理学科表达了同样的热情。例如,来自 Tolleshurst 大学的 Sam Verney 表示说他发觉研究地理学是他真正想做的事情,而这让他决定成为一名博士研究生。同样认为读博是一件非常享受的事情的还有 Murray Upton:

"我发现这是一个非常享受的过程，读博是到目前为止我人生中最让我享受的事情。"

这些地理学科的研究生都是从小学起就开始学习这门学科，他们所有人在本科阶段的主修课也都是地理学，他们的履历说明他们对于这个学科的热爱超过了10年。相对地，几乎所有人工智能专业的研究生受访者和大部分人类学专业的研究生受访者（23人中有14人）都在硕士阶段转了专业，他们的第一学历都是其他专业的，后来他们才发现自己喜欢人工智能或人类学，他们对新的学科领域充满了热情。

Illington是世界知名的人工智能研究中心之一，吸引着世界各地的学子，在这里学习可以获得理学硕士学位。Odette访谈过的很多博士研究生都深情地谈到这里的课程如何改变了他们的命运。Celestine Mallory的第一学历是在生物科学领域获得的，但在毕业几年之后他选择来到这里攻读理学硕士学位。"这里的课程是集中和高强度的，但到了期中的时候，我意识到自己真的非常享受这一切，然后我就想为什么不选择做这个专业的博士呢。我对于兴趣的理解是玩儿一些有趣的东西，所以我想要做机器人研究。我想这太有趣了。"Ted Kanelos也有相似的想法："我选择人工智能，是因为这门学科非常有趣。我做的是智能研究，还需要做一些与生物学和心理学的交叉研究。"Fran Pendleton也是来到Illington学习人工智能的，他说："当我开始学习之后就非常喜欢这门学科，所以我决定留下来。"Salvatore Ianello在理学硕士阶段学得不错，并决定继续在人工智能领域开展研究："我继续攻读博士学位，是因为我一直都对科学感兴趣，我想继续做科学研究。"Virginia Kaltenbrun谈道："我知道自己对机器人研究感兴趣，也知道这个领域还有很多东西需要挖掘，攻读博士学位是让我进入这个领域的很好的途径。我非常渴望进行这方面的科学研究，我很想成为博士研究生。这是一个自然而然的发展。"

有两位受访者Julie Kylie和Wilma Ross表示，人工智能研究不仅能让研究者获得智力上的满足，还能满足研究者的情感需求。例如，Julie Kylie说："这真是太棒了。我来到这里之后，就很快意识到真庆幸自己没有去美国，因为这里的课程真的太有意思了，这里真的很棒。所以，是的，我觉得自己找到了立足点，终于找到能够真正让我开心的事情了。我爱人工智能研究，是因为这真的是一个跨学科的研究领域，它让我把我人生中很多的线汇成了一股。"Wilma Ross 同样表达了对这个研究领域的热情："我在这里完成了我的理学硕士学位，这让我感觉很棒，我很享受。这真的是对我智力的启迪，而且身边的人也都非常棒……我很享受写硕士论文的过程。我觉得那是我离开大学之后最美好的一段时光。所以我就决定在博士阶段继续做能真正激发我兴趣的事情。"

那些转换过专业的人类学研究生也是对学科充满热情的。Louisa Montoya 原来学的是哲学专业，她解释自己换专业这件事情时说："对人类学的兴趣是从对哲学的兴趣来的，我一直对不同的信仰系统感兴趣。我意识到自己虽然热爱哲学，但并不满足于坐在书桌前只做思想研究，我还想要做些实践性研究工作。我就是那种认为田野研究非常重要的人。"Giselle Dumont 说："我在 Hadleigh 读了一些地理学的书，并且在最后一学年决定从事学术研究。我的本科学位是在 Venezuela 完成的，我过得特别愉快，并且想要再多做一点什么。我知道自己对于农村发展方面的问题和研究很感兴趣……所以决定转到人类学方向学习。"Janet Lundgren 是从 Southersham 大学的社会学专业转到人类学专业的，他说："我觉得自己更适合人类学。"

上述访谈让我们看到研究生们是多么热爱自己的学科，也说明了攻读博士学位是自我实现的情感探索和智力探索的过程。但如果仅从这一个角度来理解这件事情，就未免太过天真了，因为有很多研究生也同时将读博看作职业资格认证——他们想要成为大学讲师或专业研究员，很多人也将此作为逃避日常乏味工作的途径，甚至有些人借此再次逃回到大学校园中。也有一些人是希望通过读博来到某座城市，或者在获得其他收入来源之前先拿到博士学位的资助。然而，即使在很多方面会面临困难，但大部分研究生的读博动力依旧来自对于学科的热爱。

探索是有步骤的：制订计划、收集数据、分析数据、开始写作，每一步骤都有各自的挑战和乐趣。Eunice Lester 正在经历博士学位的最后阶段，她告诉我们："我经常感到惊讶，因为在每个研究阶段都会有人对我说这是整个研究过程中最坏的阶段了，从确定研究问题到现在，一直如此！同时，也会有人跟我说他们感到十分遗憾，因为这真的是最令人泄气和倍感孤独的阶段。诸如此类的话我听了很多。我承认，这的确是一个孤独的过程，其中总有起起伏伏，中间也有几次我生病，不愿意再读自己的论文，甚至觉得坚持不下去的时候。但是此刻，我是非常积极的。"Eunice Lester 可以代表处于最后阶段的博士研究生们。然而，就像本书接下来的章节所展示的那样，不同的学科文化会让各自的研究生在不同的发展阶段有不同的经历和体验，做实证研究的研究生所遭遇的问题，与做理论研究的不同。

最后一个可以覆盖所有学科的主题就是将那些成功的研究生和不成功的研究生进行对比。此处的例子来自社会人类学专业，因为在这个专业里，Odette 有机会追踪访谈一名正面临失败的研究生，在其他学科和专业中我们还没有遇到如此令人不开心的例子。然而，在社会人类学专业中，探索的不确定性格外凸显，下面的引述就异常重要。我们首先访谈了两位正确理解了社会人类学博士学位内涵的研究生，这两位都成功地取得了博士学位，并找到了教职。用 Bourdieu 的话来说，他们两位都取得了合法的成员资格，是得到了"三宝"的人。他们所说的话与 Colin Ives 的沮丧形成鲜明对比，后者认为自己是符号暴力的受害者，是学术领域竞争的牺牲品。Kingford 大学的 Harry Kettering 认为博士学位有两方面的含义："首先，它能够说明你具备研究能力、组织收集数据的能力和诠释数据的能力。这也是经济与社会研究委员会所提出的目标之一；但此外，我认为，如果可能的话，它也说明你能对知识做出原创性的贡献，因此，它既是博士阶段的结束或其他一些什么的结束，但同时也是你继续追求的学术事业的开始。"Louisa Montoya 也认为博士学位包括两方面的内容："一方面，它是一个简单的头衔；另一方面，它意味着可以从事学术工作。你完成了田野研究，然后回来获得这个头衔，这个头衔使你能够继续自己的学术事业。"这两位成功取得博士学位的研究生，一位是英国男士，一位是来自海外的女士，他们都成功地被英国社会人类学的学科文化所濡化。他们如实的陈述正是成功濡化的写照：探索结束之时正是学术生涯真正开始之时。相比之下，Colin Ives 依旧挣扎在他已经逾期的博士生涯中，体味着自己的失败，经受着那些施加在博士研究生身上的符号暴力："我确定自己在被考验着，我能意识到自己在经历着些什么，而且我必须以正确的样貌走出来。"Colin 并不享受他田野研究的过程，也不怎么喜欢他的研究对象们，他甚至都不想待在人类学领域，因为"我已经越来越多地意识到一些东西，比如课程。我来自工薪阶层的家庭，我是家族中第一个上大学的人，我从来没有想过课程是如此重要。但随着我开始做研究，我才意识到有多少潜在知识是需要中产阶级背景的……我已经知道自己来自哪个阶层。事实上，还有很多事情是我应该知道却并不知道的，只是因为想维护好的形象而没有完全说出来……所以继续从事社会人类学研究并成为人类学者——这是一个完全不同的世界——那并不属于我"。

独立探索

第三章聚焦博士学位，从学者和研究生的视角探究了一系列问题。显然，对于博士研究生的独立探索，很难形成单一的定义，事实上，我们也不期望会有唯一的答案。很明显，博士阶段的研究是学术社会化过程中的一部分，这个过程本来就是冗长而复杂的。如何评判原创性、如何评判学术质量等，绝对不属于单纯的"技术性"规范的范畴，科学知识和学术也并不是建立在一种纯粹机械的定义和要求之上的。

我们并不认为这说明了博士培养和指导中存在根本的不足，我们探讨这些问题也不是为了引起对于学术质量保障的恐慌，学术质量是可以通过更多程序性的解释、预期成果和评价标准来保证的。但显然，科学知识和学术并不能依靠这些来创造和评估，其中有很多重要而默会的、不确定性的因素，学术社会化的内涵远比单纯地、技能性地完成一件学术工作要丰富得多（这与当代对于英国高等教育"质量"的探讨方式和路径有关，它们总是将默会的文化知识当作危险的残留物尽力淘汰，而不是将其作为知识生产的内在特性来看待；对于这个问题的详细论述并不是本书的研究范畴）。

同样，学术社会化本身也远不止博士学位的攻读过程和成功完成。博士研究生的经历也是社会化学习的一部分，是被某个学科或子学科的文化濡化的过程。而且，"知识"本身就具有高度学科化和专业性的特质，每个学科都会通过不同智力活动和独特的社会关系对知识进行生产和再生产。接下来的三个章节将继续研究不同学科文化的独特性。我们将探讨知识生产的三种不同方式，这些反过来也能说明学科文化的共同特征。首先将聚焦生物化学学科，讨论实验室科学的运作和社会关系；接着以社会人类学和人文地理学科为例，探讨田野研究的特质；再转向人工智能和自然地理学，讨论建模和计算科学研究的特点。每个学科都会在学术组织方式和知识生产方式上展示出特点，每一个学科也都有自己根深蒂固的方式，用以再生产和表现自然世界或人类社会。通过学术文化的濡化过程，博士研究生浸淫在各自学科的特征中，从而习得独特的认知方式和行为方式。

第四章

科学实践：实验室科学家在成长

> 科学立下的抱负就是要把特殊时刻重新放进由普通事件构成的序列，在那些事件之中找出对特殊事件的解释。(Bourdieu, 1988: 161)

本章要探讨生物化学学科中的社会化问题，也会涉及其他以实验室为基础的自然科学学科，如自然地理学和环境科学，主要在自然科学学科中讨论社会化的制度环境，以及博士阶段的知识生产问题。为此，我们将研究在生物化学学科中科学知识是如何被定义的，在学术社会化的过程中知识是如何被生产和再生产的，以及知识是如何具有学科特征并进行传递的。之所以深入研究这些问题，是因为目前还鲜少有对于"如何成长为科学家"这一问题的民族志研究（Delamont, 1987; Ashmore 等, 1995）。

我们对英国大学中生物化学院系的学者和博士研究生进行了民族志式的访谈，共计37人次。其中，有8人次是对实验室或研究团队负责人的访谈，他们都是这个领域的博士研究生指导教师；其余的29人次访谈包括生物化学博士研究生和博士后研究人员。此外，还对某些实验室的技术人员进行了访谈。除了访谈外，我们还基于现场观察做了田野笔记，既有对实验台上和实验室里研究生的观察，也包括对指导教师领导下的研究团队和团队成员的观察。除非另有说明，本章所引述的所有受访者都来自生物化学学科。在本章中，也会稍稍涉及自然地理学和环境科学中以实验或田野研究为主要研究方法的学者，这些受访者都会明确注明（对于自然地理学和其他学科中主要以计算机建模技术为主要研究手段的学者，将在第六章中予以讨论）。

本章的重点是，自然科学领域的研究生是如何适应和接受实验研究的变幻莫测，同时又不抛弃信念的——自然科学研究在很大程度上是具有高度稳定性和高度聚合性的活动。本研究的出发点就是基于这种"稳定性"。我们对于"稳定性"的理解就是，总体来说，科学的发展是渐进的而不是突发革命性的，大量的科学研究工作是在解决现有研究框架内出现的问题，其解决问题的方案也来自现有的研究框架（Fleck，1979）。尽管人们热衷于批驳和变革，但大多数的科学活动的结果是产出大量相对稳定的知识、设备和实践。在论述这一问题时，本书选择了科学知识社会学的观点。建构主义的科学知识社会学也有不同流派（Hess，1997），我们无意列举和辨识不同流派的理论和认识论立场，而是综合多位学者的观点并运用科学知识社会学的基本立场，具体包括 Collins 和 Pinch（1993，1998）与 Clarke（1998），及 Hacking（1992）的观点。Hacking 为科学知识和实践的相对稳定性提供了一种解释，他认为这种相对稳定性源于科学是一种"自我证明"的活动，只有当一门科学在内部发展了相互适应的理论、设备和分析模式后，才趋向成熟。在科学活动中，不同组成部分之间是相互依存的，理论是需要被检验的，而检验理论的正是与之共同发展和进化的设备；要按照程序进行数据分析，而这些程序与它们所支持的理论和设备又是不可分割的。由此，科学工作产出和孵化研究工具和设备，同时，科学工作也是这些工具和设备的产物，因为科学工作要经过这些工具和设备的检验并借此向前发展。即使是在取得进步的时候，科学工作也无法摆脱其成熟的、智力的和实验的框架（Clarke 和 Fujimura，1992）。

虽然大量的科学活动是不具有变革性的，但也经常出现拒绝某种科学传统、偏好某种传统的情况。当这种情况发生时，传统的技术和信仰就会遭到抛弃，新的技术和信仰会取而代之。这就引发了一个问题，如果说科学活动的根基是对一套信念和实践的承诺，那么一种研究范式是如何会突然地被另一种研究范式排斥的呢？Kuhn（1977）所提出的"基本张力"就抓住了这个问题的矛盾之处——只有严格限定在现有科学研究传统中的研究，才有可能打破这个研究传统。这一矛盾问题显然已经引起了科学知识社会学领域学者的关注（Pickering，1992），但要将其完全论述清楚，则超出了本章的研究范围。然而，我们的研究兴趣确实与"基本张力"所反映出的问题相关，即学术新人早在他们博士研究生期间就遭遇到了这一矛盾。很多时候，博士研究生所进行的科学工作的结果是不可预测的，或者是根本没有确切结果的。从这一点上说，已经与本科生的经历大大不同了（Delamont 和 Atkinson，1995；Tobias，1990）。博士研究生们发现他们的实验总是出错，他们希望得到的是成功的结论而非单一进程的结果，而获得成功结论的路径只有一条，就是使理念、工具和实践活动相互调适。

此处分析很大程度上得益于 Hacking（1992）关于科学实践的观点。Hacking 认为，科学文化是由多种要素（物质的、概念的和社会的）组成的，且彼此之间并不存在单向的关系，多种因素交融才可能使科学实践有所产出。通过观察多因素的作用过程，他解释了科学研究范式转化的问题，他的理论颠覆了科学知识社会学之前的共识。在此之前，科学知识社会学认为，科学文化是一个单一且统一的实体，或者是一个"打开的构念网"，此"网"中没有任何东西能够决定未来会发生什么；由此导出的结论是，研究兴趣决定了"网"的闭合（Pickering，1992）。

Hacking 拒绝接受"构念网"理论，他强调文化中因素的多样性，除了研究兴趣之外，其他因素的组合也都可能导致"网"的关闭。他认为，虽然任何一个文化要素都可以被无尽地扩展，但是各种扩展的相互调适或者要素的组合不是无尽的。将各种要素集合统一，需要通过成功的工程才能做到，工程本身可能决定了未来的科学实践的样子。Hacking 认为，科学实践的相对稳定性和连续性源于三个原因：首先，源于对之前的科学工作的集体重构，当代人改写了之前的研究工作，使之与当代的科学实践相一致。这种对历史的回溯和重新解释总是倾向于创造研究工作的稳定性，而不是让人觉得研究出现了断裂；其次，他认为可以将科学实践比喻成"多股的绳子"。在任何给定的时间里，都有许多传统在共同发挥作用——理论传统、实验方法、现有设备环境等，这些都是相辅相成的。即使其中的一个要素被破坏，整个系统也不会遭到彻底的损害；再次，他谈到实验技术的"黑箱"，出于实用的目的，连续几代人可能都会将前辈们的创新和手段视为理所当然。

上述所有论述都与对学科的"教育的连续性"有关，比如生物化学。研究生继承和相信前人留下的知识和研究问题，所选择的研究项目是以前人研究为基础的，因为研究团队的研究主题是经由几代人传接下来的。在接下来的章节中，我们将基于收集到的数据，呈现生物化学博士研究生被科学实践活动社会化的过程。研究主要集中在博士研究生所经历的由"基本张力"所带来的矛盾，而"基本张力"是实验性科学研究的本质特征。通过分析研究生及其指导教师的访谈资料，在生物化学学科内来探讨科学训练如何能够维持"教育的连续性"，进而在博士研究生阶段就实现有效的社会化。在适当的地方，也会谈及地理学和环境科学学科的实验室。

认识不确定性

Getzels 和 Jackson（1963）及 Tobias（1990）等学者认为，在进入博士阶段学习之前，科学教育强调的是聚合思维和评价，并通常是以牺牲发散思维为代价的。似乎直到研究生阶段，学生们才做好了开始独立开展研究的准备，在此之前，既不期待他们尝试地去做具有创新性的研究，也不会让他们接触他人所进行的原创性工作（Kuhn，1977）。从这个意义上说，刚刚进入某一科学领域的人将受到严格的限制，这另一方面也在很大程度上保护了新手们免受科学不确定性的变幻莫测的影响。在卡迪夫大学举办的英国科学促进会 1998 年年会上，保守派记者 Simon Jenkins 引用了 19 世纪法国医学家 Claude Bernard 的话："科学是一个极好的令人眼花缭乱的大厅，但可能只有经过了漫长而可怕的厨房才能到达"（Jenkins，1998）。当然，这是一个充满了时代气息的比喻——只有中产阶级白人男性才可以避开楼梯下的辛苦工作而轻易地享受大厅的辉煌，但它也抓住了一个关键问题，即科学研究领域的新人们受到保护以免遭人类劳动的现实之苦，但后者正是科学发展的基石。

因此，在作为研究人员进入实验室之前，许多研究生都感受过科学教育的稳定性。这些早期的学科学习经验致使他们期望：实验目标是可以实现的，科学的结果是确定的。然而，正如 Delamont 和 Atkinson（1995）以及 Collins 和 Pinch（1998）所指出的那样，作为教育和学术训练常规组成部分的实验，解决的是已知答案的问题，做实验的目的也是复制那些成功的结论。作为科学世界的新人，博士研究生们发现自己正在经历"现实冲击",那些引导他们顺利完成本科学业的保护伞突然消失了。也许是本科最后一学年在实验室项目中的实践经验给他们带来了信心,很多研究生对实验研究的变幻莫测缺乏准备。与他们之前的经验相反,实验可能而且确实会出错,事情并不像预期的那样发展,结果也非常不确定。在博士阶段的研究与之前的科学教育之间存在不一致,指导教师们认为其中的原因首先是本科生对实验室工作接触有限,其次是研究生们已有的极少的实验室经验具有欺骗性。来自 Ribblethorpe 大学的指导教师 Dewry 博士解释道:"在本科阶段的训练中,他们获得的实验室经验太少了——只在最后一学年有一个项目,让他们有了一点感觉,仅此而已。在本科阶段,实验都被设计成必然会成功的,这也是挑选这些实验的原因。有人曾经说过,如果你把一年中实验室里所有成功的事情拿出来,可能只是实验室中两周的工作量,是很小的部分。"

在本科阶段,学生们期望自己的实验能够成功;在研究生阶段,他们就不会有这样乐观的期许。在访谈中,研究生们承认自己对于博士阶段的研究工作缺乏准备,并坦诚地说出,当实验不断失败时,他们会感到沮丧甚至惊慌。正如 Baynesholme 大学的 Garnette 所说:"我想这就是讨论会最有益的方面,人们在思考为什么它不管用。我认为,生物化学学科中的每个人都必须接受它就是这样……如果你花费的全部时间是 100%,那么在 85%的时间里事情的进展都不顺利,只在那 15%的时间里可能会奏效。在你得到一个 15%之前,可能要花费很多个 85%,这时就会产生挫败感。"Ribblethorpe 大学的博士后 Morton Stayman 也向 Odette 解释说:"你要学会接受实验室工作十有八九不顺利的事实,如果你能处理好这个问题,就没有问题了。有些人需要更长的时间才能意识到这一点,这是一个非常令人沮丧的过程,大家似乎都认识到了这一点。实验室中的一些人正在经历一个可怕的时段(他们在做 DNA 测序),他们已经这样做了一年多了,并没有成功,但只有一个可以前进的方向。如果失败,他们将不得不停止实验以减少损失。"同样,来自 Ribblethorpe 大学的 Lucinda Asmara 也说道:"事实上,现在主要是在实验台上日复一日地工作,而我在本科阶段学到的一切都与现在在实验台上做的这些事情完全无关。在我看来,没有任何方法能够让你从本科阶段的实践中直接变得胜任实验台的工作。"

由于认识到实验室工作的结果具有不确定性，随之而来的是，博士研究生们觉得博士阶段研究工作的成果难以预计，能否按时取得博士学位也没有保障。这时，惊慌的情绪就开始出现了，博士研究生们承认"这突然变得非常真实""这完全是没有期限的"，以及"没有任何保证"。他们也同样会意识到三年期限的意义，用他们自己的话来说，三年的工作"很容易就泡汤了"。鉴于他们在此之前缺乏实验室经验，他们在结果产出方面所经历的最初困难并不令人惊讶。事实上，（实验者们）将科学错误和实验不精确经常归咎于"非科学"因素（Gilbert 和 Mulkay，1984）。换言之，那些成功的实验被认为是对自然的再确认，而那些不成功的实验则被归咎为人为错误（Collins，1985；Barnes，1974；Bloor，1976）。

结果就是，如 Dewry 博士所说，指导教师们都强调了选材的必要性，他们希望选择那些"有实验室智慧"以及很擅长"去做一些事情，而不是思考事情"的博士候选人。"善于在实验台上工作"被认为是做好实验研究的必要前提，然而，虽然这其中有十分明显的逻辑关系，但不管新手变得如何熟练，终究还是"实验十有八九进展不顺利"。无论付出多少努力去控制实验发生的条件，都很难保证有成功的结果，而且一次成功根本无法保证在以后的任何时候还能够再成功。我们还了解到，一旦一个特定的实验成功了，"那么在大多数情况下，它总是行得通的"，但是有时也会出现这样的情况："你第一次做一个实验，没有任何条理性可言，但它竟然做成功了，可是再重新做的时候，又不行了。"（Ribblethorpe 大学的 Danberry 博士）。

尽管已经认识到"研究结果难以预测"，但生物化学的博士研究生们依然期待着，而且最终确实从实验中得到了结果。Baynesholme 大学的 Scott Wenzel 说："在最初的 15 个月里，我一事无成。尽管这很令人沮丧，但我没有惊慌失措，因为每个人都给予了我很多安慰和支持。它总是在最后出现——每个人都这样告诉你，结果也确实如此。"尽管要经历这样的挫折和困难，但研究生们依然期待能够完成自己的博士学位。这就引发了一个问题：如果科学研究工作在本质上是如此的变化无常而且难以预测结果，那么博士研究生怎么会预测自己的研究取得成功呢？

学位论文的建构

实验科学工作是难以预测的,但是博士研究生(及其指导教师)都期待成功的结果。一般认为,所有的科学活动都是为了追求研究发现,而且需要开放性和长期投入,但与此相对的是,攻读博士学位并不是无限期的,它必须以确保最终成功的方式来建构,或者至少尽量减少失败的风险。正如 Knorr-Cetina(1981)所说的那样,博士研究生们不能让自己踏上目标未明的旅程,而是要像经验丰富的从业者一样,"选择一个明确的目标,这样他们不仅会按时抵达目的地,而且会先于他人抵达"(Knorr-Cetina,1981:59)。

建构可行的研究问题是以一个事实为基础的,即"不是所有的科学活动的对象都是自然本身"(Latour 和 Woolgar,1986:243),研究对象是通过对自然现象表现和描述的操控来建构的现实。因此,博士阶段的研究工作包括掌握那些建构现实的必要条件,这就是 Fujimura(1997)所说的建构"可做的"研究问题。建构研究问题不仅包括掌握设备使用和实验操作的技术规范,还包括掌握更为复杂的时间管理和资源调配等方面的技能,还要学会像研究团队成员那样阐释自己所做的工作,以及对研究过程抱持一种信念。Fujimura 谈到她对致癌基因科学家的研究:"实验室基础科学的学术训练强调的往往是实验技术,而不是学术表达。要明确教会学生们如何克隆基因和培养细胞,也要教会他们哪些材料在何种用途上更容易操作,哪些仪器设备可以处理哪些任务,甚至还要教会学生如何进行理论问题的设计,尽管这通常是通过案例来学习的。而对于学术表达方面的训练就非常少了。"(Fujimura 1997:185)

博士阶段的研究要确定一系列现实目标,这些目标必须能够在限定的修业时间内完成。在受访的博士研究生中,没有一个人是自己确定其最初的研究课题或是研究整体框架的,这一任务都是交由指导教师来完成的,后者对于确定课题和筹措资金负全责。博士研究生或者被吸引进入某些院系,因为那里有他们感兴趣的研究领域,或者被吸引到某位指导教师门下,因为他能提供合适的职位。尽管很多研究生受访者都声称自己在每天的工作中有合理的自由时间，可以由自己安排，但现实是他们从一开始就有一个相当严格的研究工作日程表。本书第九章将更详细地讨论这一问题，阐述不同学科中的博士阶段研究的社会关系。

为了成功获得学位，博士研究生需要得到理想的实验结果。我们了解到博士研究生的研究工作如何在追求结果的过程中不断发生变化。一位指导教师解释说："如果实验不成功，我的态度是'不要白费力气了'。对一些显而易见的东西做些调整，如果还不奏效，就换另一种实验。例如，如果他们必须对酶进行纯化，那他们可能就是做不到。他们需要再做一次调整来获得结果。总之，他们需要得到一些结果。"

实验结果是研究生受访者们最关心的问题。研究生们学会了在日复一日的工作基础上，对他们的研究工作进行组织和重组："我一天的大部分时间都在实验台上工作。我总是在早上八点到八点半之间开始工作，在实验室工作的时间长短取决于我的工作量。通常我都待上一整天，有时甚至更长。你很难提前做太多的计划，因为你可能开始做一个实验，而实验并不顺利。所以我不能计划下周要做什么，因为我的计划要根据实验的进展情况而调整。如果我有一个积极的实验结果，我可能会改变接下来要做什么，那意味着我得改变我的工作计划。"

在研究过程中，指导教师和研究生都必须做出一系列会影响结果的选择，抉择过程可能会引起一些研究生的"讥讽"，他们会认为自己的研究是被"选择正确的实验和知道什么时候该放弃"这样一种能力所决定的，就像一位受访研究生告诉我们的那样。我们访谈的多位指导教师也解释了理解实验本质和取得成果的重要性。例如："我们已经讨论了很多成功的和不成功的实验，但从某种意义上说，每个实验都是有意义的。如果他们弄掉了试管并且摔碎了，那么实验已经奏效了。我的意思是，在一个非常愚蠢的意义上，你知道，当试管撞击地板时重力起了作用，所以它被打碎了。没有任何一个实验是完全没用的，这几乎就是我们对科学的信心。如果研究生做完实验来找我说'实验没有效果，我要重新做了'，那么我肯定不让他们再去做。我们通过一个实验来验证一个假设是因为它曾经做成功过。研究生们的意思是实验没有给出他们预期的结果，而这是非常非常重要的。我认为所谓的失败实验往往要比符合你预期的实验更加重要。"

博士研究生必须明白，尽管他们被鼓励在实验中得出成功的结论，但失败的实验在科学上既有趣又有效。在博士研究工作的最初阶段，明白这些道理对于未能得到预期研究结果的研究生们来说，本身就是一种解脱。诸如"你不需要得到结果来获得博士学位"以及"所有的结果在科学上都是重要的"的说法，给沮丧、焦虑和幻想破灭的研究生带来了安慰。然而，不用说，生物化学博士研究生的目标当然是每次都能得到可用的、有意义的实验结果。

与"问题"和解

做好失败的准备，是博士阶段学术训练的重要组成部分。博士研究生们知道他们不能乐观地期许实验会成功；事实上，他们知道在大多数情况下实验都不会成功。只有当博士研究生们开始在实验室里取得成果时，他们先前的担忧和不安全感才会减弱，沮丧的情绪才会让步给坚定的信心——他们的实验终将成功："实验没有取得成功，是令人非常沮丧的事情。我刚来到这里开始工作的时候，我特别渴望成功，我已经想好了要做什么，并期待获得很多成果。但是，在最初的几个月里，一无所成，我真的很担心。但是当实验开始奏效时，你就会非常兴奋，可能会比你得到第一个结果时更加兴奋，真的会感到非常开心。慢慢地，你会接受那些不起作用的东西了。"（Suzanne Deladier, Baynesholme）一旦研究生接受了科学研究的不可预测性，它就成了他们研究工作中的可控因素。当他们刚刚开始设计实验时，"总是基于一切都会成功的想法，但是当然不会是这样"。一段时间之后，他们学会了用可能的结果来将失败合理化："第一次尝试做，成败的概率是各占 50%，这已经是非常不错的概率了。"从长期来看，失败的实验要多于成功的实验，博士研究生们渐渐理解这是实验室经验的一部分。这时，他们不再将实验的失败归结为个人的不足："当事情没有按照预期的方式进行时，博士研究生们会感到受挫。他们看不出哪里出了问题，也没有获得任何结果。他们中的大多数人都意识到这确实发生了，而不仅仅是针对他们。"（Duval 博士，Ribblethorpe）

实验室的工作时常令人感到沮丧，因为一开始时"你难以让事情进展得很顺利"，而且"你要聪明地"放弃让一些东西奏效的试图。博士研究生们在不断的努力中，逐渐产生信心，他们学会接受这样的事实："一切都出了问题，但你必须记住，不会总是如此。"当实验"奏效"时，研究生们逐渐对自己的能力产生信心，他们开始意识到自己拥有良好的个人技能和默会知识。

在早期阶段，博士研究生们痛苦地意识到自身缺乏实验室经验，而他们知道经验对于其成功完成学业是至关重要的。"擅长实验工作"被认为是取得研究成果的决定性因素，然而研究生们也认识到，实验技能和他们正在研究的现象一样难以捉摸。比如，它们都是不可能通过讲授就学会的技能。从本质上讲，它们无法被写成标准的公式，而是需要被掌握和被直觉感知，同时也需要"指导和把握"，二者缺一不可。因此，很多学术新人谈到实验室工作需要把学习经验和卓越的"天赋"结合起来："你要通过实验台上的工作形成对实验研究的真实感受。你要有信心解决问题，你必须克服犹豫。'要擅长实验工作'，这是一个众所周知的说法。那些在实验台上表现出色的人会拿着一个方案，摆弄它，然后让它运转起来。相比之下，有些人真的很笨拙。做实验需要技巧，而这技巧几乎是不可能被教会的。一些人特别擅长做实验，但其他事情却做得一团糟；而另外一些人其他事情做得都很好，唯独实验做不好。我们这里有一位公认的行事莽撞的人，但他的实验总是很管用。"这段叙述来自一位博士后研究人员，他的这一说法让人相信，由于具有"变化无常的"和"默会的"性质，科学知识的传递很少是直截了当的。掌握"默会"知识取决于运用技术的能力，即使他们无法清楚地表达是如何完成的（Polanyi，1958：67）。与"默会知识"相对的，是那些可以明确写成公式的知识，以及那些可以用"粉笔和演讲"来讲授的知识。"默会知识"（"文化濡化"模型）的获得依赖于社会技能，而"运算"模型则通过正式的讲授进行知识传递（Collins，1985）。前文已经介绍了一对互补的概念：不确定性和技术性（Jamous 和 Peloille，1970；Parry，1994；Atkinson 等，1977；Coffey 和 Atkinson，1994）。

技术性知识要经得起文档、惯例和公式的检验。相对地，不确定的知识是个体的和默会的，无法转化成技术、技巧和公式。技术性知识适合进行正式讲授，而不确定的知识则不可能被直接传递。因此，不确定的知识应该是"被理解的"，而不是"被教会的"，即要通过个体经历而不是系统讲授进行知识传递。

学科的特点是在默会知识和技术性知识之间存在基本张力，前者是所有科学工作的重要组成部分（Collins，1985；Pinch 等，1996）。也有人认为，一门学科中的默会知识的典型程度，决定了这一学科的知识传递的方式（Parry，1992）。对于知识传播的已有研究表明（Collins，1985：56），科学信息流动最好的地方是，与有成就的实践者保有私人关系的地方，这已经是被检验过的结论。科研技能的习得并不能仅仅靠阅读课本或研究论文，就像 Gilbert 和 Mulkay 解释的那样："方法给人的印象是，方法的应用是一种高度程序化的活动，几乎没有个人主动权和变化调整的可能性。然而，科学家们强调，做实验是一项实践活动，需要具备技巧、微妙的判断和直观的理解。他们谈到某些研究人员对实验室工作具备'良好的手工技巧'或'感觉'。"（Gilbert 和 Mulkay，1984：53）

Spender 是一位杰出的生物化学家，在与 Gilbert 和 Mulkay 的访谈中，他解释道："你要对你读到的东西形成真实的感受……X 博士不是实验者，也不再做实验。如果你是一个实验者，你要知道什么是重要的、什么是不重要的"。（Gilbert 和 Mulkay，1984：53）

既 定 知 识

在实验室科学中，博士研究生的工作是完全建立在既定知识的基础上的，"既定知识"是 Hacking（1992）提出的。科学研究由思想、材料和技术组成，所有这些都记录着既定知识。通过实验室工作，博士研究生得以接触和学到这些既定知识，它既包括科学理论和具体的知识——这些提供了提出和解决研究问题的环境和背景，也包括广为认可的科学方法和科学工具，还包括完成研究任务的具体方法（Galison，1987）。

在生物化学学科中，博士研究生的社会化过程是通过实验室的工作安排来完成的，这既为研究生提供了接触经验丰富的实践者的机会，也将研究生定位在现有研究的环境中。再次重申，是指导教师而不是研究生本人来负责确定研究课题，以及为研究提供框架。在生物化学领域，博士指导教师认为"为他人（及其所做研究）创造可能的条件，并努力把控事情的方向"是他们的主要职责，而研究生所需要的日常指导和协助则另有途径。正如 Baynesholme 大学资深科学家 Gantry 教授所说："好吧，谈谈我喜欢和研究生们一起做的事情。当我在实验室做博士后的时候，我喜欢自己做很多事情，因为这很适合我。所以我鼓励其他人也这样做，我让他们自己思考。因为数量的原因，我不可能总是看着他们。如果他们需要日常帮助，那么可以找其他人并从那里获得帮助，比如实验室里的博士后。我倾向于给研究生一些具体的建议，因为他们都有各自确定的研究项目。我不会在实验室里告诉他们该如何使用仪器设备，这样的问题他们可以问其他人。"

实验研究通常是围绕一位指导教师或研究负责人来进行的，博士研究生和博士后研究人员都在他或她的研究领域中找到相关课题开展研究。指导教师或研究负责人往往同时有几名博士研究生，实验室的工作要以"团队合作"（Becher，1989）的方式进行。在日常指导研究生如何实践的过程中，指导教师通常是"后补"的角色，研究生们更倾向于依靠那些在研究上更为成熟的博士后研究人员和其他博士研究生。以下这段对 Giles Perrin 的访谈摘录就说明了上述关系：

Giles：……似乎做了很多实验室工作……他总是在旁边。我们每周至少谈一次，我们所有人都各有一天，在这一天单独与教授谈话。

OP：所以你每周见他一次？见面时是你一个人？

Giles：我们是自己去见他。我的意思是我们总是在实验室里谈话。关于具体的技术问题，很幸运，我们有很有能力的博士后研究人员，他们在这方面都有很多具体的知识。所以你只要去问他们就行了。你不会只依靠一个人。

OP：那你们有每周例会？

Giles：是的，我们有每周例会。

Hernchester 大学的自然地理学家 Barsington 教授负责了一个由 9 人组成的研究团队，其中有 6 位研究生、1 位博士后研究人员、2 位技术人员，这个研究团队同时在进行 2 个项目，他们共享一套"计算模型"。研究生们要互相帮助，并依靠技术人员得到日常指导。Barsington 教授认为，把特定的研究问题分配给研究生们，是"对学生们的保护"，因为研究生们都希望能够在他的研究团队中按时完成论文。他用"连环信"和"接力赛"作为比喻来形容在团队内部如何传递研究问题："这就像接力赛中的接力棒，真的就像是一个接力棒，传递给下一个研究生。为了保持知识的连续性，还必须有重叠的部分。"

在这个传递的过程中，博士后研究人员和经验丰富的技术人员是关键的中间人，他们通过监督实验室的日常工作，确保了知识从一代顺利地传递到下一代。博士后研究人员会把指导研究生视为自己职责的一部分，并在此过程中复制了他们自己接受学术训练时的情况。他们会认为，自己的经历使他们有资格指导研究生们，并声称自己有能力"辨别什么能奏效、什么不能奏效"。

实验室的研究工作奉行的是互惠原则，因此研究团队的成员们对彼此的研究活动都有积极的兴趣。与此同时，成员们也有各自要追求的目标，并认识到博士研究生的兴趣与博士后的不同："我不太去区分它们，尽管你必须记住研究生一定要在最后写出一篇连贯的论文。但我想，研究生确实不如博士后有经验，但每个人都以团队合作的方式在工作，如果博士后做得好，那么博士后就会激励研究生，也会帮助照顾研究生，并在适当的时候获得赞扬"（Ribblethorpe 大学的 Quayne 博士）。

我们对指导教师组织的团队会议进行了观察，观察也证实了实验室成员们（指导教师、研究生和博士后研究人员）通过分享经验为彼此提供帮助和支持。接下来我们会摘录一段对于 Gantry 教授研究团队的观察笔记，其中，Charles Albright 是一名博士研究生，他在汇报自己前一周所遇到的一个特殊问题。观察笔记简要记录了团队成员间的互动，并以间接引语呈现：

指导教师问 Charles 他研究的细胞进展如何。

Charles 说他的细胞还可以。然后他解释说，他每天都把它们从母培养群移到子培养群中去，它们已经开始生长了。他一直在取样并在显微镜下进行观察。然而，他不得不动用另一个子培养群，因为他认为没有足够的细胞。

指导教师问 Charles 这些细胞是否都凝结成块了。

Charles 确认确实有很多聚集的细胞。

Elissa Tyrone（博士研究生）说为了解决这个问题，Charles 应该试着用针穿它们几次，让它们通过注射器五次，然后再数一下。

Fouteaux 博士（博士后研究人员）询问 Charles 是否用过悬浮介质来阻止它们

结块:"我们总是使用 BSA 来阻止凝结结块。"

指导教师强调让细胞增殖和分裂的重要性。

Ian Angelworth(博士研究生)解释了凝结结块的标准,因为 Charles 的目的是要避免细胞趋向稳定。

指导教师同意存在新陈代谢改变的危险。

Charles 谈到另一个实验有着完全不同的结果,因此他不确定这是否是一个例外。

Ian 询问培养群处于什么阶段。

Charles 说处于同样的阶段。

指导教师询问复制物是否相同。

Charles 确认相同。

指导教师解释了这是几个月后再次做实验的麻烦。他说,结果就是 Charles 可能要再重复这个实验。

Ian 说 Charles 应该检查一下标准。

指导教师表示同意 Ian 的说法。Charles 必须把方法整理好。然后他问 Charles,这是不是他论文的最后一个实验。

Charles 确认是。

指导教师说"这是墨菲法则!"

在这一过程中,研究团队的成员们共同来解决 Charles 的细胞凝结结块的问题。他们向 Charles 提供了自己处理类似问题的方法和建议,帮助 Charles 克服他所经历的困难。他们又接着讨论了 Elissa 的实验。

团队指导的方式为博士研究生提供了一个陷入孤立之地的缓冲,甚至在师生关系破裂的时候,还可以帮助研究生完成博士学位论文。科学家们谈到了"齐心协力""救自己于水火""在严重缺少指导时的集体生存"(Earl Mohr, Ribblethorpe)。在不太极端的情况下,当博士研究生由于最初的实验困难而感到沮丧时,研究团队的其他成员可以提供支持。接下来的一段仍然是观察笔记的摘录,也就是前述笔记的 10 天之后,Charles(博士研究生)表现出忧虑,因为他实验的培养群被感染了:

Charles：我的悬浮培养物被感染了。

指导教师：所有都被感染了吗?

Charles：不，从周五开始有两个。

指导教师：当你打开容器时，它们就有可能被感染。

Garnette 博士（博士后研究人员）：这是一年中最糟糕的时候。

指导教师：这也是特殊的培养群。

Garnette 博士：温度是多少?

Ian（博士研究生）：浑浊吗?

Charles：有一个浑浊。

Ian：可能是玻璃上有些东西掉下来了。

Garnette 博士：我以前常遇到霉菌问题。

研究团队的其他成员为 Charles 提供建议，并保证这些问题通常是简单、可处理的，有时是因为出现了研究生无法控制的情况，其他成员也经常遭遇类似问题。我们并不是想通过这两个例子说明 Charles Albright 是一个可怜的研究生。正如我们一直指出的，对于研究生们来说，在操作设备和做实验的过程中出现问题是"正常的"。

除了经验交流，在实验室工作过程中，成员们还在材料、技能和设备等方面相互支持和共享经验："我们都在同样的领域工作，用到很多相同的测试方法和材料……我做出来的许多东西也会被其他人使用。如果我发明了一种更容易的方法，他们也会使用它。"实验室工作的一个重要特征是实践的连续性，因此，技能、设备和研究选题也要从博士后研究人员传递到研究生手中。博士研究生们描述自己的研究是"走得更远"和"建基于"他人工作之上的。博士研究生往往熟知这些博士后研究人员的情况，因为他们可能就是在此完成博士学位后被聘用在实验室工作："传递的具体方式是，有人对一种酶进行了纯化并描述了其特征，这就完成了他自己的工作，然后由下一位研究生接着做。我一般不会让两个人研究同一个酶，做同样的事情，一个人可以做常规的纯化，一旦纯化工作即将完成，另一个人就可以做进一步研究。让两个人做同样的事情，会造成他们间的对立，因此我们在任何具体领域运行的都是系列项目，而不是并列项目。"（Forthamstead 大学的 Quayne 博士）

然而，依靠既定知识可能是存在问题的。"旧"技能和仪器设备的传承，意味着"新"科学的产生在一定程度上取决于对"旧"仪器设备和技术的掌握和复制。尽管仪器设备和技术已经被"测试"和"证明"过了，但博士研究生在再生产研究成果方面仍面临相当大的困难。最初，可能会花上几个月的时间，但在某些情况下，尽管使用了相同的材料、仪器和方法，也要花费"博士阶段的大部分时间"去得到与前人相同的结果。他们遇到的困难反映出了在科学研究中经常遭遇的不确定性的问题。与常识或预期相反，实验结果的复制远非那么简单明了。即便是在特定的科学共同体中，独自产生相同结果的实践者也会招致同事们在专业上的怀疑。（Traweek，1988；Collins，1985；Pinch，1981）

当然，博士研究生们要借鉴前人的研究成果。正是在这个"被接受了的"科学中，理论传统才得以发展，方法才得到认可，未来的研究才能找到起点。因此，学术出版成为科学探究的焦点，尽管其重要性的动力本身存在争议。学术发表已经被解释为科学研究的"规定动作"（Hagstrom，1965），它促进了学术交流，研究人员既"阅读"同行，同时也为同行所"阅读"。Bourdieu（1975）认为，"规定动作"是科学活动的结果，而不是原因，这就从资源积累和投入的角度解释了学术交流。根据 Bourdieu 的观点，社会活动的真正原因是投资者所采取的一套策略，用以使他们的象征性权威得以最大化。然而，这两种观点都不足以说明为什么科学家要被迫阅读彼此的作品（Latour 和 Woolgar，1986），而且这两种观点都因为没有论及科学价值生产的问题而遭受批评（Callon，1986）。本书赞同另外一种观点，这种观点认为，学术出版是具象化过程的必要组成部分，其中所包含的默会技能、材料和设备（通常是巨额拨款的产物）可以成为其他实验室和工作可借鉴和接受的工具。正是这个具象化的过程使得科学活动得以持续和拓展。（Latour 和 Woolgar，1986）

博士研究生自从事研究的第一天起就浸淫在既定的科学之中。他们要解决的研究课题或研究问题已经牢牢地定位在科学传统之中，并成为科学传统的产物。学术出版是科学传统的内在要素，学术论文生产是科学研究活动的重要组成部分（Myers，1990）。实验室的成员们，包括博士研究生在内，都被期待着在其实验结果的基础上进行学术发表："发表对于争取研究资助至关重要。我所在的实验室每年大约发表 4~6 篇学术论文。博士研究生发表得比较少,因为他们还在接受学术训练的过程中,但他们在最后一年可能会发表几篇论文。产量最高的是博士后研究人员。"(Ribblethorpe 大学的 Duval 博士)由于实验室的成员们在论文发表上进行了合作,使得"发表或毁灭"的压力在一定程度上得到了缓解。研究生既与指导教师合作发表,也与博士后研究人员合作发表。发表被视为一种共同的责任,发表为那些尚缺乏经验的人提供了实践的机会以及"把他们的工作发布出来"的机会:"我们已经发表了一篇学术论文,还有一篇在过程中——我已经写完而且得到了 John(指导教师)、Clive(副导师)和 Chris(博士后)的认可。在这个项目里,我们还没有发表过任何东西,但是 John 愿意让我们去参加生物化学学会的会议并以张贴海报的方式发表论文,我们的发表可以从这里开始。"

博士研究生的学术发表可以先从这里开始,即在学术会议上以张贴海报的方式发表论文(Whittlesea,1995)(与人文或社会科学相比,在自然科学领域中,张贴论文海报是一种更为常见的学术发表方式)。参加学术会议也是博士生学术训练的重要组成部分,参会的经费要么包含在博士研究生的津贴中,要么是由院系或生物化学学会提供给研究生。毫无例外,所有博士研究生受访者都参加过学术会议或者正在计划参加会议,其中有许多都是国际会议(第九章将对此展开详细论述)。指导教师们认为参加学术会议是非常重要的,"科研工作者应该在职业生涯的早期就去参加会议",以培养和建立职业联系,并了解研究领域的最新进展。在学术研讨过程中,研究生们还会接受同行评议。例如,在 Gantry 教授组织的一个研讨会上,Charles 解释了他遇到的困难,Gantry 教授建议"先把培养群从橄榄油培养群中提取出来",并询问是否有人以前做过这样的培养群。Matt Ferguson 说:"是的,我有一篇关于这个问题的论文。"Gantry 教授回答说:"啊,就是这个论文,要以怀疑的态度看待这篇论文。"大家都笑了。在这里,研究生们可以窥见科学知识个人化的一面,而不是已发表论文中呈现的去个人化的陈述(Gilbert 和 Mulkay,1984:59-60)。在研讨会上,研究生们会见到其他实验室的成员,也会了解到科研世界中"真实发生的"、个性化的,甚至有时是"令人内疚的"知识。

成长为科学家

我们研究了实验室学科中的博士研究生是如何适应科研工作中的不确定性和不可预测性的,并且强调了这一适应过程中的重要方面:在刚开始的时候,研究生们会经历"现实冲击",因为他们的实验在开始阶段总是失败,后来慢慢地学会将不确定性和不可预测性融入他们对科学的理解之中。我们借鉴了Hacking(1992)"教育的稳定性"的观点,聚焦研究了知识生产与再生产的社会关系,还强调了科学研究的代际传递和学科文化的濡化过程,以及诸如博士后研究人员这样的中间人物所发挥的作用。研究发现,博士阶段的研究工作对于维持学科科学研究的稳定性发挥了重要作用,主要体现在研究的连续性和相互支持两个方面,这两点在生物化学学科中十分明显。通过运用 Hacking "多股的绳子"的类比,我们得以看到在一个历时的过程中,研究团队成员的利益是如何相互交织在一起的,并由此决定和发展了每个人的工作。

博士研究生社会化的一个重要因素是以既定知识为基础来维持教育的连续性。博士学位论文的选题既出自现有的科学理论体系和知识体系,也在该体系中得到解决。博士研究生的工作要以前人的研究成果为基础,并期望反过来通过发表自己的研究成果来贡献新知识。他们被鼓励参加学术会议并向会议投稿,以此跟上科学活动的最新进展,并发展出未来的职业联系。此外,他们使用的仪器设备也都是已经在科学界得到开发和测试的。

科学知识的不确定性和默会,影响了实验室里知识和技能的传递。博士研究生通过与其他实践者的密切联系,以及研究团队内的共享和支持,来获得研究技能。团队成员们共享他们的材料、设备、技能和经验,并且在事情不如预期顺利的时候,营造一个相互支持的环境。正是这些因素共同组成了科学研究,并在博士研究阶段共同产生影响。我们还研究了研究生如何开展那些艰难的和具有不确定性的创造性工作,如何将仪器、现象和分析融合在一起,如何生产和再生产科学知识。从这个意义上讲，我们把社会化的经历看作一个要素，它本身就对科学的稳定性再生产有所贡献。对稳定科学再生产和增强科学共识来说，研究团队、实验室和科研工作的代际交流，都是强有力的社会机制，它们同时也是学术文化濡化的最有效的具体手段。

第五章

田野研究

使他们自己甘愿为隐含的标准体系所指导……（Bourdieu，1988：137）

引　言

在一些学科中，田野研究是非常重要的数据收集方式。当然，在不同的学科中，田野研究的含义各有不同，本书也不认为只有一种"田野研究"的方法。由于田野研究对社会人类学这一学科具有非常特殊的重要性，因此本章聚焦研究在人类学学者的社会化过程中田野研究的意义。其实，具有基本相似特征的田野研究对于其他学科来说也同样重要，至少对于人文地理学、发展研究和城市研究等学科和领域的研究生来说是如此。本章的内容也涉及除了人类学之外的其他学科，但除非有特别标注，所有引述均来自人类学学科。本章中的田野研究工作与前一章中的实验室科学家的工作形成了鲜明对比，但在独立研究过程中的个体经历及智力挑战方面，无论是在实验室里还是在"田野"中，都存在一些共性和连续性。

对于社会人类学来说，田野研究绝非仅是数据收集的手段，而是学科传统的组成部分，也是人类学者个体成长的关键要素。Kuper曾对英国的人类学发展进行过概述，他说："英国的人类学不仅仅指英国的人类学学者以及在英国接受学术训练的人类学学者所开展的研究工作，这个词包括一批学者、一些民族志式的区域特征、一系列重要的民族志专著、一种独特的流程模式，以及一系列特定的理论问题。"(Kuper，1973：227)民族志的田野研究工作是"独特的流程模式"中的一部分，其重要的文本形式就是民族志专著；人们通过它研究了很多区域特征问题。(Jackson，1987；Fardon，1990)田野研究提供了一种学术研究方式，这种方式与自然科学学者的实验室研究工作一样，具有独特的学术特性。

人类学有一个鲜明的学科特点，即在其学者和研究生中都有非常强烈的学术忠诚感，这在学科成员及那些中途转专业进入学科的人之中最终形成了突出的学科认同感。之所以在这里使用"转换专业的人"这个词，是因为之前也提到过，很多博士研究生是在其他学科获得第一学位后才转入人类学的；这一术语同时也体现了许多研究对象的强烈感受——他们经历了向社会人类学的个人"转变"。在本章接下来的几个小节中，我们研究了人类学研究中的哪些部分形成了"人类学身份"，以及我们的研究对象——包括著名学者和研究生——是如何在其中完成学科认同并形成自己的学术身份的。田野研究实际上是成为人类学学科成员的必要条件，正如实验室工作是自然科学学者学术社会化的理所当然的一部分一样。田野研究和实验室工作这两个过程都培养了独特的学术知识和独特的个人能力。为了推进实验、运转实验室，自然科学的学者们要与难以捉摸、不可预知的自然现象相伴，而从事田野研究的学者们则必须理解复杂的社会世界；自然科学的学者们可能更加强调实验技能以及一些具有不确定性的技艺知识，而人类学学者们则有可能更加强调那些能够满足田野研究需要的个人特质。虽然实验室工作和田野研究在研究形式和工作内容方面存在明显差异，然而两者都要求将个性因素和智力因素相结合，也要求正式的研究技能与默会的个人能力相结合。

田野研究与学术身份

无论是纯理论的社会人类学还是应用性的社会人类学，其学科都有着坚实的实证基础并依赖于田野研究（Grillo，1985）。人类学中田野研究的象征价值和个体价值都远远超出了"研究方法"和"数据收集"的意义（Fardon，1990）。一般来说，田野研究被认为是人类学研究工作的精髓，由此将人类学与社会科学的其他学科区分开来。接下来的两段引述，其一来自一位学者，其二来自一位博士研究生。"人类学的主要特点是几乎全部都建立在对异域文化的田野研究之上，这是人类学与社会学的根本不同。"（Kingford 大学的 Feering 教授）"我认为，最重要的事情是让人们回答人类学为什么与其他学科不同，以及他们认为人类学有什么特别之处。在一名博士研究生看来，人类学的确有其特殊之处，其中田野研究就是它与其他学科的核心差异。"（Southersham 大学的 Douglas Travers）由于人类学是一个比较小的学科，学科之中的很多人彼此非常熟悉，加之许多受访者都强烈反对实行新的强制性的方法训练，因此在本章中我们会特别小心地隐匿学者和研究生的真实身份。

在我们看来，有趣的是，受访者们一直在说明人类学的独特性，也在说明民族志田野研究的典型特征，同时也在不断地重申人类学与社会学之间的本质区别。尽管在过去的 20 年左右时间里，质性的民族志研究已经在英国的社会学学者间获得了显著的优势，但是我们所访谈的人类学者还是一致地强调了田野研究在人类学中特殊的甚至是独一无二的意义。事实上，田野研究似乎构成了界定人类学学科的最清晰的象征性界限，而社会学学者的研究主要是以调查和定量的数据分析为特征的，这是两者的不同。

当然，田野研究并不是"随地"进行的。社会人类学不仅建立在一般的研究方法基础上，还建立在独特的区域研究传统之中（Fardon，1990）。社会人类学者的学术身份的一个重要特征是区域专门化。在受访的 24 名研究生中，所有人都有明确的区域研究方向，即使是那些尚未开展田野研究的人，也已经确定了自己将在世界的哪个区域开展研究。总体来说，人类学田野研究的模式是非常传统的：大多数英国本土研究生都前往第三世界国家，而海外研究生则研究本国社会的各个方面，几乎没有人打算或曾在英国开展田野研究。尽管近年来人们对"国内问题"的兴趣不断提高（Strathern，1981；Cohen，1982；Jackson，1987；Chapman，1992；Rapport，1992；Cohen，1992；Douglass，1992），但研究生们仍然坚定地远离对英国本土的研究。我们所访谈的一位已经成名的人类学家是在英国国内进行的博士研究，他说明了人们对于"国内"田野研究的态度："我的博士学位论文是在英国完成的，这在当时的人类学中是非常不寻常的。我当时之所以这么做，也是因为我对这个学科的理论基础感到不满，想作为学术界的新人笨拙地做一些探索性的尝试。于是，我选择在英国开展田野研究工作，毕竟我有一个非常强烈的想法，那就是人类学只做海外研究是不够的。鉴于当时我只是一名人类学学士，我的学术资历意味着我无法带着我的批判走很远。现在回想起来，我觉得自己确实受到了束缚，这束缚并不是那么多地来自学科的理论假设，而是受限于学科的方法论假设。所以我研究了 Ayrshire 地区的一个农村社区，完成了一项现在被视为民族志的研究——虽然我当时特别想进行一些分析上的创新——以民族志的方式研究了亲属关系、阶层和其他一些问题……我也做了很多理论工作，如用何种概念来确切地描述社会进程，以及说明所谓"社会结构"的内涵。因此，这篇学位论文的内容是非常丰富的。在我完成了在英国的田野研究之后，我很快就意识到——我想大多数在英国进行过田野工作的人都会意识到——在英国的人类学中这样的工作不会被视为正规的人类学研究。所以我觉得这件事并没有达到我的目标——把自己融入这个专业。我确实是做了一件很有趣也受欢迎的工作，但事实上接受它的仅仅是我的外部评审专家，而我无法将它嵌入人类学学科之中，因为这在英国的人类学中一直都是非常边缘化的。"（Masonbridge 大学的 Herrick 博士）

Herrick 博士自传式的描述说明了一个问题，即在英国开展人类学田野研究并不那么合适，可能会破坏学术身份的确立。对于那些完全不进行人类学田野研究的博士研究生来说，这个问题就更加严重了。Nigel Barley（1983）曾经为聪明的外行人写了一本好笑的书，叫作《无辜的人类学家：小泥屋笔记》，他在书的开篇就阐明了这一点（同时嘲笑了这种观点）。Barley 通过在图书馆里的文献工作完成了自己的博士学位论文："这个专业充满了忠诚的田野研究者，他们的皮肤暴露在炎热的气候中，因要长期与那些对人类学毫无兴趣的当地人打交道，他们费尽唇舌。我们这些通过在图书馆进行文献研究得到博士学位的'新人类学者'觉得田野研究的重要性被夸大了。曾在帝国时代服务过的老一代教职人员……当然要坚定地捍卫和保持田野研究的文化：他们曾遭受过沼泽与丛林给予的磨难，忍受过贫苦，因此认为没有傲慢的新人类学家能够走捷径。"（Barley，1983：7）我们的受访者 Masonbridge 大学的 Gideon 博士说:"这就是人类学,它有强大的实证研究传统。可能有人会在图书馆里做论文,但我不会这样。"

紧张的田野研究工作——很可能持续很长一段时间——给予研究生的实质意义甚至超过了博士学位本身。这是英国社会人类学的典型特征,但在其他地方也有着类似的重要意义,例如在美国,Clifford 认为,"人类学的田野工作和人类学学科的历史紧密相连,并且将继续作为进入该专业领域的一种仪式和标志"(Clifford,1997:61)。Clifford 还表示,他的大多数同事都不认可那些不开展传统田野研究的博士学位论文研究(例如撰写自传体小说,或通过互联网进行深入和持久的研究)。田野研究之所以在学科中具有如此重要的意义,尤其是在博士研究生层次,是因为博士阶段的研习提供了一段时间,使某个人置身于一个特定的社会中进行选择和探索。这一过程为研究者带来丰富的知识和经验,并使人类学者在他的职业生涯中走得更远。例如,John Campbell(1992)在 1954—1955 年对希腊北部的迁徙牧人进行了研究。他在牛津大学杰出的职业生涯,及其在联合国教科文组织中的声望,都源于这项田野研究。他还在 1992 年发表了著名的学术论文(在第八章我们还将谈到这一点)。由此可见,博士阶段的研究工作能够为人类学者们奠定其职业生涯发展的专业化基础。对田野研究的时间投入和个人承诺,能够转化成为人类学者在未来岁月中可使用的文化资本。一位学者明确表示:"人类学者只深入地了解一种文化。你要为将来更好的 10~15 年投资……攻读博士学位就是在获取这项文化资本。"(Kingford 大学的 Feering 教授)

我们接触过为数不多的没有田野研究经验的人类学者,他们都感到自己在学科中被边缘化(Barley,1983),这其中包括正在完成或已经完成理论研究论文或文献研究论文的研究生和指导教师。成功地完成田野研究意味着可以获得这个学科的成员资格,因此尚未完成田野研究的研究生们也不认为自己是人类学学科的真正成员。接下来这位人类学者的访谈就描述了自己的研究因缺少实证基础致使研究工作的价值遭到贬低,他谈到了向一位人类学评审专家介绍论文内容的经历:"当时的情况相当糟糕,因为 Tim Scott-Windlesham 作为评审主席始终认为这不是真正的人类学研究,而且认为我就应该坐在市场广场的某个角落,否则不可能获得足够的材料。"(Masonbridge 大学的 Gilchick 博士)

尽管人们对于非实证性研究工作的态度有所不同，但一般都会认为这是例外而不是通行的规则，给出的意见也最多是容忍而非赞美："确实有一些有影响的人类学家是做文献研究的而从未做过田野研究，我想如果你喜欢的话，这门学科中还是会给伟大的别有风格的学者留有空间的。也有一些很糟糕的、无聊的论文被评审通过，只是因为研究者去了一个之前没有人去过的地方。我认为这两者需要平衡。在我看来，不开展田野研究的论文之所以不被鼓励，是因为做这样的研究难度更大，因为当你有了新的一手研究数据的时候，完成一项具有原创性的研究是更容易的；但当你研究的都是已经写好的文献时，则很难在它们上面留下原创的印记，但我不会拒绝这种研究方式。"（Southersham 大学的 Talisman 博士）但总体而言，对于大多数人类学者来说，成功完成一项基于田野工作的民族志研究，是学科对于其成员身份和声望的重要要求（第三章中所引用的地理学科的博士研究生也持有同样观点）。

这并不意味着田野研究会导致实证研究脱离理论关切，但是理论确实很少被单独提及，它总是与实证的田野研究直接相关。民族志田野研究要求个人投入和智力投入，其中就包括强调研究者要具备理论基础。一位人类学者解释说："近年来，研究工作受到了人类学理论发展的影响，理论提供给我们的是思考和写作的语言概念。但另一方面，最好的研究、最好的文本依然源自扎实的田野工作，贫乏的田野工作是致命伤，无法克服。"（Kingford 大学的 Fustian 博士）这一观点同样出现在指导教师的访谈中，例如："在人类学系，我们总是会为自己的理论进步感到自豪，然而说到研究生撰写学位论文时，就会强调田野研究。"（Kingford 大学的 Fitton 博士）。

在少数几个非实证研究的学位论文案例中，我们发现指导教师都要求他们的博士研究生明确说明该研究是如何与人类学学科相联系的："在评语的最后，我会写上：'我能够看到它和人类学的联系，这很好，但你还需要让这联系体现得更加清晰'……Viv（那个研究生）所做的不是严格意义上的田野研究，我想让她着重强调和说明通过她的这项研究也能够以一种特殊的方式来表达人类学的理念。这也是田野研究被人类学学科如此尊崇的原因。"（Kingford 大学的 Fitton 博士）

鉴于受访者都强调田野研究的重要性，我们很有兴趣找出人类学研究的本质特征，即人类学与其他学科的根本不同。要求受访者对人类学进行描述是一个合理的研究路径，因为我们本身都不属于人类学领域。例如，有博士研究生用一个实证的例子来描述人类学的研究工作："以养猪为例说明这件事情，就非常容易理解了。农业学家或经济学家也会研究如何养猪，但田野研究者则以不同的方式看待此事。我们来看看人类学家是怎么研究养猪的，人类学家必须对养猪这件事情做更进一步的理解，而要理解他们为什么要这么做以及做这件事情的方式，就是要研究养猪的理由以及饲养模式。即使研究相同的问题，其他学科也不会像人类学这样做。人类学对某个事物的理解确实要超出事物本身。"（Southersham 大学的 Louisa Montoya）人类学的独特性和田野研究的独特性一直被受访者反复地强调。例如，一位研究生提道："这是一个独特的学科，你有时要到格拉斯哥的中心地带去，有时要到索马里去，有时要去位于两者之间的某个地方，独自在那里待上一年或更长的时间，独立开展研究……这情形很像是，在离开之前你被当作小孩子看待，但是当你回来的时候已经可以像大人一样对话了。你已经走过了初始阶段——嗯，经历过了——之后你还会弄清自己是否真的完全通过了这个阶段——但无论如何，这都是能够与人类学者对话的最重要的事情。这是一个很奇特的学科，在这个学科里你必须做田野研究。"（Southersham 大学的 Douglas Travers）本章多次引用了 Douglas Travers 说的话，之所以这样做，并不是因为他的观点与众不同，而是因为他特别能够代表许多同行所持有的观点，包括同一大学或其他大学的学术同行们。

由于田野研究本身是人类学"入门"的重要内容，因此在攻读博士学位期间，田野研究前和田野研究后这两个阶段有着明显的对比。研究生们在田野工作中必须证明自身，否则他们在这个学科的成员身份以及获得博士学位的资格都难以成为定论。"人类学"这个词汇本身，就有"加入的仪式"的内涵，包括加入前、过渡中和加入后，这些内涵都是人类学者们经常提到的，就像第三章中有一位指导教师引用了 Mary Douglas 的话。以东非的年龄分段体系作为类比，博士研究生在进行田野研究前被称为"在这里"，进入田野工作状态时被称为"不在这里"，结束田野研究后被称为"回家"，这样的说法在人类学者中很常见。

从田野中回来，可能会产生混乱和分裂的感觉。从田野研究的状态转变回到大学里规律的学术生活，会遭遇一些问题。例如："在转变的过程中确实有一种感觉，特别是那些从田野回来正在进行学术写作的人以及那些青年教师们，他们的感觉尤为强烈，从田野工作的状态中回归确实是一个奇特的体验。你会感到一种迷失，你要重新开始学术工作，面临艰巨的学术写作工作——不过仍能获得多方支持。我们的青年教师在这种时候特别能发挥作用——有他们在身边真是太好了。"（Southersham 大学的 Douglas Travers）Douglas 继续讲着他对"回归"过程的感受，他一方面强调了这一问题的个体性，另一方面也强调了研究生和指导教师共同应对这一问题的必要性："从田野返回后，要面临一些心理问题和想法上的改变，我想这些问题都很难通过某种课程或者团队辅导来解决，你真正能够依赖的是指导教师的善意和理解，以及他或她处理个人问题的能力。"（Southersham 大学的 Douglas Travers）

尽管田野研究具有实际意义和象征意义，但在以前，研究生的社会化过程却很少涉及实际的现场工作经验。例如，不会要求研究生们承担小型项目以便为在这一领域的长期工作做好准备。第一学年的工作通常包括高级课程研修、语言学习和研讨会等。田野研究本身被视作具有不确定性——因为开展田野研究主要依靠经验而非显性的研究技能——因此具有不可预知性，因此不被作为必要的学术准备和要求。当然，人类学田野研究的核心要素——在特定的环境中进行参与式观察——通常是作为必要要求的。事实上，对于进入田野，准备工作未必有帮助，反而可能是一种阻碍。Douglas Travers 解释了这一点："通常的情况是，在到达现场之前，你根本不知道自己将会做什么……我认为，如果你完全做好准备再去做田野研究，可能会适得其反，你可能会沿着自己设计好的路线前进，然后变得不那么乐于接受田野中发生的很多事情。带着明确的计划把自己长时间地沉浸在一个社会里会造成困扰，相反，你真的需要灵活应对自己的工作。如果你准备得太充分，或者计划使用太多的研究方法，或者将时间规划得太过细致，你可能会因为在田野中心态不够开放、不能更好地接受田野中的各种信息，而最终把研究工作搞砸。"（Southersham 大学的 Douglas Travers）Douglas 与其他研究生一样，都强调了田野研究需要"沉浸"，这意味着"你要进入，并且尽可能地参与到那里的社会生活中，进行深入的观察"。

人们都相信，在通往人类学理解的道路上，并没有显性而确定的技术和方法。无论是指导教师还是博士研究生都在访谈中强调了默会知识和共同理解，而不是显性的标准。人类学的研究客体可能是无形的，人类学者们对客体的理解也是基于个人解释，例如"作为一名人类学学者，我主要关注那些无形的东西……关注人们是如何产生想法以及如何沟通想法的"（Southersham 大学的 Louisa Montoya）。

Masonbridge 大学的 Geodrake 博士曾经指导过一名非常优秀的研究生，名叫 Rowland Walworth，他在谈及指导过程时表示，自己必须明确要求学生在数据分析和写作时"做得更像人类学学者"。自从 Rowland 获得了学术职位后，他在教学时要比自己在写作时更像是一位人类学学者。在这样的陈述中，"人类学的"含义仍然是不明确的。

研究生和指导教师都谈到了这种不明确对评价人类学研究产生的影响："在英语世界中，有很多东西是散在的，人们所使用的标准也更多的是文化性的，相比于客观的学术标准，使用更多的是那些无意识的、文化性的标准（Masonbridge 大学的 Jannerat 博士）。Kingford 大学的 Giselle Dumont 声称："我认为人类学这个学科极大地依赖个人观点和解释，而与既有的方法论没有太大关系。因此，要评价他人的研究，除了你个人的看法之外，没有任何评判标准。"

大部分人类学学者——包括研究人员和研究生——认为，田野研究带有强烈的社会人类学"传统"形象的意味。田野研究的情况及在田野研究过程中所遭遇的独特的个体和智力挑战，都能预测研究者的理论贡献和学科身份的变化。人类学的博士研究生们也会抱怨缺乏准备，下面的访谈就反映了他们对田野研究的前期准备不足："我非常强烈地感觉到理论上的偏见阻碍了我。如果你上了几门研究方法课——完全都是课本上的内容，例如如何提出诱导性问题等诸如此类，那么作用不大。而我真正想知道的事情是'到了那边之后到底会发生什么'。我问了两位指导教师，可他们都没有给我答案。下了飞机之后，我到底要做些什么呢？没有人告诉我，因为我感觉他们都认为我必须自己去了解。既然我长途跋涉来到这里，我自己就一定要了解。实际上只有当我真正到了那里的时候，我才会知道。很幸运，我设法加入了突尼斯的一个研究所，那里的负责人恰好是一位人类学家，他对田野研究感兴趣并告诉我该做些什么，包括参加朝圣活动、做访谈、与他人交谈，并做好人物和事件的记录。在去之前，我完全是一无所知，我不知道应该怎么样安排田野中的生活，是应该和一个家庭住在一起，还是应该在旅馆里住上几周，抑或其他。从任何人那里都无法得到真正的答案，即使是最为直接的问题，也会得到一堆理论空话。"（Kingford 大学的 Colin Ives）

在其他学科中进行田野研究的研究生们也因缺乏准备或学术训练遭遇了类似问题。确实有一些研究生报告说他们是做好了准备才进入田野工作中的，但另外一些人则因为缺少技巧和经验而遇到了很大的困难。Portminster 大学城镇规划专业的 Glen Madson 就是一个例子，他在访谈中说道："第一学年我要做一项研究，是关于一家公司与其工会关系的研究，研究过程简直一团糟。如果我之前接受过相关训练，情况就不会是这样了。我所犯的错误虽然是无心之失，但引发了严重的误解，并且彻底阻断了我进入那家公司开展田野工作的可能。我真的很想研究那家公司，它对于整个研究来说真的很重要，所以我倍感沮丧。我花了六个月的时间才得到一点儿机会，但被我全搞砸了。好吧，这是常识，但是常识也是必须学习的。想要在一个机构或组织里开展研究是很困难的。回想起来，当时我的做法确实太草率，那是因为我没有接受过任何训练。"

田野研究与不确定性

我们的受访者在谈论田野研究时，特别强调了许多与研究技术和训练有关的问题。首先就是文化差异会对田野研究的准备工作产生影响："人类学所使用的质性研究方法是有其独特性的，这是因为人类学的研究环境和提出的研究问题与其他学科不同。你可能会在自己的文化中开展研究，但更可能要进入同一文化中的不同社会群体之中，要接触完全不同的社会阶层，甚至要进入一个迥然不同的社会之中。"（Southersham 大学的 Louisa Montoya）人类学研究方法的特点是极大地依赖于研究环境，研究策略"主要由田野中的限制所决定，因为当你作为人类学者进入田野并选定研究对象时，你并不是总能找到与你原本的生活圈相似的地方，而且你也不是总能把这些调整成为方法论的一部分。"（Kingford 大学的 Barry

Loomis）我们所访问的所有院系都鼓励灵活变通，并且将其视作"优秀研究生"的基本素质。一名优秀的研究生要对在田野工作中遇到的人和事保持一种开放的心态，不断适应新的变化。同样地，好的研究选题也是在田野研究的过程中发展形成的，而不是一开始就预先确定的："这就是我所说的好的研究选题，它是需要在田野中被激发和形成的。这在人类学研究中很典型。"（Kingford 大学的 Drummock 博士）

灵活变通是准备进入田野研究的博士研究生们都应该具备的素质，不仅限于社会人类学学科，还包括采用质性研究方法的人文地理学、发展研究、城市研究和地区研究等学科和领域。我们可以对比一下下述评论，第一段评论来自一位人类学者，另外两段则来自一名地理学博士研究生及其指导教师。

"我们有专门的关于田野研究的方法课程。方法课程我上得不多，但我也不认为自己错过了很多内容，因为人类学的田野研究、民族志研究都是很难教的。事实上，在很大程度上，我对讲授田野研究方法本身有所质疑。你只要到那里去做就行了。"（Southersham 大学的 Douglas Travers）

LF：Challoner 博士是我选择来这里的原因之一，因为她对质性研究方法很擅长。

OP：在这方面安排了有组织的教学吗？

LF：没有。但说实话，我认为在这方面不需要太多的教学。如果你想知道要从哪里着手，那就去找你的指导教师商量。（Tolleshurst 大学人文地理学者 Lewis Frome）

"通过与指导教师的互动，研究生们逐渐认识到自己需要具备哪些技能。做博士论文研究是一个富有创造性和想象力的过程……我希望我的研究生们能够发展自己的人际交往能力——这就是他们研究工作的根本。"（Lewis Frome 的指导教师 Challoner 博士）

基于这个观点，Challoner 博士完全反对进行质性研究方法的训练。与大多数人类学者一样,她把质性的田野研究方法视为一种个人能力,属于默会知识,而不是通过明确讲授而获得的技术技巧。

　　人类学者对田野研究的信念极大地影响了他们对学术训练的看法。他们反复强调田野中实践经验的重要性和习得默会知识的重要性,而这与在数据收集和分析方面给予学术训练毫无关系。例如,Kingford 大学的 Fustian 博士说道:"所有这些训练在我看来都是错误的,因为这些能力都是要通过实践获得的。就好像要教会人们什么是音乐,就不能不使用钢琴,只有听到钢琴演奏他们才明白什么是音乐,我认为田野研究也是如此。"如果仅以字面意思来理解,那么 Fustian 博士的类比就意味着,音乐只能通过"耳朵听到的"演奏来学习。尽管这是一幅非常不准确的音乐教育的画面——在音乐教育中,理论和技术都是非常重要的——但这不失为一个好的类比,可以表明人类学者们的坚持:田野研究几乎完全是一种即兴创作。Talisman 博士说明了过去几年此类观点的发展和变化,但他也同样将田野研究与不循规蹈矩的艺术创作过程联系在了一起:"我感觉自己成长在一个田野研究具有神秘感的年代,它就像是一场严酷的考验,是之前从未经历过的。当你在田野中的时候,沉没还是学会游泳,这是一个问题。虽然田野研究也在发生改变,但是传统就是你要去经历它。如果你没有这样做,你没有站在它的前面,那么你就无法解释自己是如何被研究对象所接受的那些细节,无法解释你在田野里的处境,也无法解释你如何离开或在其中工作的。这些都是轶事,也是你需要写明的数据收集的细节。当然,近年来,我们看待数据的方式发生了一场革命。它现在能更多地被识别,也更多地依附于你所审视的研究对象和浸淫其中的特定环境。所以非常有必要去说明我们是谁、研究对象认为我们是谁,以及我们是如何收集数据的。但是刚开始你很难解释所做的田野研究工作,这比解释如何在自行车上保持平衡还要困难。你要学着如何去做,学着保持身体直立,然后你通过实践和练习最终学会。我还是想说,这一切过程有点儿像学习如何进行创造性写作……在我看来这似乎有些自相矛盾,因为你可以教如何创造性写作。同样,反常的现象是去教如何进行参与式观察,教如何感知环境,教如何不引起社交麻烦,教如何变得对问题敏感。因为所有这些都是与特定文化相联系的。"(Southersham 大学的 Talisman 博士)

Elizabeth Bettman 是 Kingford 大学的一名研究生，她批评了自己所经历的社会化过程，特别是田野研究之前缺乏必要准备这一点：

EB：我认为这是一种非常消极的培养方式，没有人给我任何有用的建议，他们只是说："出去走走，看看你能遇到什么。"

OP：在开展田野工作之前，你们有没有做过研究方法方面的准备？

EB：我们去上过几门课，但都是毫无用处的。课上教了怎么做问卷调查，课程也基本覆盖了主要的那些研究方法，但通常不鼓励使用，除了参与式观察之外，老师们常鼓励我们使用其他研究方法……他们应该有一个更具实际操作意义的方法，使我们更好地进入田野研究之中。

上述观点以及其他类似的观点，突出地反映了年轻的人类学者们在学科文化濡化的过程中遭遇的悖论：有一些研究方法是通过开设课程给予明确指导的，比如调查设计、抽样和问卷设计，但是这些方法通常又都是被贬低的；相反地，那些被赞赏的研究方法又明显具有不确定性，因此没有列为学术训练的内容。

人类学者们还谈到了在田野研究过程中难以预料会使用到何种研究技能，他们声称，这些研究技能超出了其他学科的正常预期："人类学研究需要什么研究技能？你需要一些很难想象得到的技能。比如，在开展我的田野工作之前，我需要了解如何戴呼吸器潜水。有时候，你并没有太多东西可以教给人类学者，因为你不知道必须教些什么。"（Kingford 大学的 Feste 博士）Gossingham 大学的 Godlee 博士也谈到了人类学者在开展研究工作过程中会遭遇各种各样的问题："在开始阶段，我们也会试着定义一个研究问题并找到相应的研究方法，但是当研究生们进入田野开始收集数据时，总是会出现各种各样不同的问题。"同样地，Gossingham 大学发展研究领域的专家 Harcourt 博士说道："我喜欢与人类学者们一起工作。"他谈到了田野研究的不可预测性："在英国，坐在办公室里是很难规划田野研究工作的，甚至都难以决定研究假设是什么，因为当你在田野中面对现实情况时，你不得不改变整个研究计划。"

受访的博士研究生们也显然赞同这些观点。"与社会学相比，人类学的要旨是，你事先不知道要问哪些问题，这需要你到田野中去寻找。这就是你在深处跳跃的模样，它意味着你要开始有自己的想法和思考，这本身就很有价值，这也是为什么在田野研究前不进行太多训练的原因。你可能会看到不同的人类学者在同一个田野研究的基础上写出了完全不同的东西，有一些甚至是田野研究工作完成了 30 年或 40 年之后才写出来的。这并不是说在写作和分析之前必须积累足够的经验，但这确实是一个基本的前提。在进入田野之前不可能把要做的事情完全安排好，因为你事先想好的研究框架事实上并不合适。"（Kingford 大学的 Harry Kettering）田野工作的不可预测性以及研究过程中可能出现的种种意外——甚至是研究问题的改变——使得人类学者们不同意甚至拒绝对研究生们给予具体的研究训练。他们看重的并不是那些可以训练的具体的研究技能，而是更加看重开展田野研究的默会能力和选择研究环境的"人类学感觉"。例如，在一些案例中，博士研究生从田野中回来后才发现自己收集的数据不充分或不适当——这时就会强调田野工作的前期准备不足："我认为，在很大程度上存在着对讲授田野研究方法的偏见。有个观点是你只要走出去做就行了，通过阅读人类学书籍和文献就可以找到自己感兴趣的问题，每个人都必须找到自己的研究方式，所以他们为什么要告诉你呢？"（Kingford 大学的 Nina Yeager）一位受访者讲述了一名研究生已经研习了四年却还在艰苦地进行写作的故事："她觉得自己的田野研究做得不够好，无法支持整个论文写作，并且把这归咎于得到的相关训练太少了。"（Kingford 大学的 Emily Coughlin）。

受访的指导教师们也谈到那些失败的研究生通常会把失败的原因归于自己没有能力开展田野研究，他们没能从田野中带回数据，自然没有办法完成学术写作。一个外行人在阅读上述访谈引文时，可能会赞同 Emily 的朋友是因为学术训练不足而遭遇痛苦。事实上，指导教师指出了这名研究生的不足之处：如果一名研究生认为自己需要接受显性的训练，那么他本身就不具备成为人类学者的素质。大多数受访者都认为人类学中质性的民族志研究方法是不可能被教会的，这种方法与定量研究方法有非常大的不同："我想说的是，参与式观察不是一种可以在课堂上教授然后就直接能够应用于田野的研究方法，而统计学方法却可以在课堂上教授并且应用于实际。当然，很难把参与式观察作为一种研究方法，我认为它是必要条件，是只能通过实践才能学会的。"（Southersham 大学的 Trevithick 博士）将定量研究技术的显性训练和参与式观察的默会能力两相对比，是人类学家向外行人 Odette 解释人类学特殊性的典型做法。具体的研究技能是可以传授的，但研究经验的核心仍然是个体的学徒式学习和默会习得。研究者个体对于田野工作的投入是特别重要的："有些人说'我想做人类学研究，我想做田野研究，我想我能做'，也许这些人都是有能力做到的，但这并不是一个可以轻易做出的决定。在研究过程中，他们会遇到一些根本不是学术问题的问题。我告诉那些在学习我方法论课程的研究生们，你们必须能够在一个非常基本的水平上与所有人相处，你们必须能够应对孤独。尽管孤独从来都不是一个主要问题，但是任何做过田野研究的人都知道孤独是存在的。你们还必须非常自信，因为你们会尝试做很多次努力却看不到工作的成效——但保持信心，总有一天一切都会是有意义的。有时候你们还会担心收集到的数据质量。但无论怎样，当研究者抱有信心的时候，他们就将成为优秀的田野研究者；同时，研究者也需要不断自省。"（Kingford 大学的 D'Urfey 博士）

在我们访问的人类学院系中，没有一个院系为研究生们提供了参与式观察的训练，这反映出这种方法是不可教的普遍看法，它与定量研究技术不同的是："我确实觉得很多人在学校学习人类学的时候都觉得被数字打败了，他们颇反对计算，甚至有点厌恶使用计算工具。因为它只是一种技术，而不是一种能够激励他们的理念。但研究生们可能会在田野工作中突然发现我们教授的定量研究技术与他们自己的研究的相关性。"（Kingford 大学的 Drummock 博士）即使学者们愿意引入相关的研究训练，对照他们自己攻读博士研究生时的经历，仍然会对质性研究方法和参与式观察之外的其他研究方法持保留态度："如果研究生们能得到调查技术和问卷设计等方面的学术训练，会使用计算机软件，那么这是有好处的。他们掌握了 20 年前我没能学到的技能。"（Masonbridge 大学的 Geodrake 博士）

由于他们对参与式观察的可教性持保留态度，因此在我们所访问的院系中，所提供的田野研究前期准备工作都是分散的和经验式的，他们不会讲授具体的研究技能技巧："你把研究生们送到完全不同的地方，他们在完全不同的背景和环境中，面对的问题也大不相同。我认为，在研究生们进入田野之前，找机会让他们讨论可能面临的问题是非常重要的，但是这种讨论必须以非常具体和敏感的方式进行。我无法想象有任何预先设计好的教学大纲能够满足所有研究生的特定需

要。"（Southersham 大学的 Throstle 博士）

与学者们对田野研究事前训练持怀疑态度相反，一些受访的研究生却对田野研究前的训练抱有更大的热情，特别是那些在田野工作中遭遇过种种困难的研究生们。他们再次强调缺少田野研究方法的具体训练，并将数据收集中存在的问题归咎于缺乏相应准备。例如，"有研究方法方面的训练肯定是很好的。我的意思是，基本上对于我来说，访谈和收集信息都是漫无目的的，全靠在田野工作中积累经验和摸索"（Kingford 大学的 Emily Coughlin）。"对于要在课程上投入特别多这件事，我保留意见，但是我本可以准备得更充分。在我看来，需要的是一种……让你知道你要做什么，以及帮助你寻找可能需要的方法。因此，对于我们来说，面面俱到地讲授各种研究方法的课程并不会有太大的帮助，但是更多的指导是有用的。"（Kingford 大学的 Nina Yeager）"有一些事情对准备开展田野研究的人来说是非常有用的。有一些大学擅长在这方面提供专业指导，而另一些大学却不是。例如，语言学课程是有用的——我说的不是语言课程，教授如何开展调查和进行数据统计等定量研究方法也是很有用的，因为有些人确实不会。我在 11 岁的时候，还在小学时学习了如何做调查，对此还有一些模糊的记忆，还保留着一个指南针和卷尺。直到我去索马里的时候，才又重新开始尝试做调查，我发现困难重重。我希望近期能有人给我做相关演示，因为我的 11 岁已经是很久以前的事情了，我已经搞不清楚如何测定具体的方位了。调查技术和数据统计技术也是一样。在社会学中，做调查是很常见的，但我从来没有被教过任何关于问卷调查的事情——这也许是我自己的错误，确实没有阅读过任何相关材料。但是有这样的基础课程总是好的，因为你至少可以选择上或者不上这门课。"（Southersham 大学的 Douglas Travers）由此再一次看出，研究生们对研究方法的训练是比较渴望的，但也只针对田野研究中的调查和问卷调查等方法。

参与式观察的训练并没有在访谈中被提及。值得注意的是，一个还没有做过田野研究的研究生，在谈到可能需要的研究准备时也有非常类似的说法。谈话从她要对切列米斯山人开展田野研究开始（切列米斯山位于俄罗斯北部，那里的人讲两种与芬兰语有关的方言）。"切列米斯山语是一种口头语言，它不用于写作，写作主要是用俄语。这是一门很难学习的语言，不容易掌握。它特别依赖于语言环境,所以我在那里会学得更快。虽然已经掌握了当地的语言,但我觉得我还没有做好充分的准备。本科时我做过一些语言学方面的研究工作,那与现在要做的研究完全是不同的领域,当时主要研究的是如何学习语言或语音的问题。这是第一学年和进入田野前在研究生中普遍存在的问题,但我想到最后这只是个时间问题。我觉得,对于语言学习的基本训练以及一些研究方法方面的训练,是会有所帮助的。我的意思是,我必须测量菜园的产量,必须做一些调查,但从来没有人教过我要怎么做这些事情。关于这些应该有一些简单明了的教学内容,这样无论我什么时候要去开展田野研究工作,都不会觉得缺乏准备。当然,对于田野研究来说,这些并不是最重要的,因为这些数据和信息只会被用作支持性证据,这些也不是我要做的主要工作。我非常清楚,信息本身用处不大,关键是它必须被解释,而用来解释的概念和术语则来自其他地方。"(Southersham 大学的 Louisa Montoya)。再一次,研究生们说明了研究方法方面的训练可能的有用之处。所收集到的数据本身价值有限,对其进行真正理解才是最重要的,而真正的理解来自"其他地方",与具体的研究技术无关。真正的理解来源于通过参与式观察获得的不可言说的和具有不确定性的体验。大多数受访研究生都认同人类学的这个"正统观念",大多数人坚信,在沉浸于田野之前,参与式观察是难以被教授或学会的。

强调田野研究全靠个人习得,或许是英国独有的现象。一位受访者对比了英国的人类学与他在美国的经验:"有一个问题我认为是英国特有的,那就是有些研究技能会理所当然地被研究生们掌握。但在美国,研究生们在本科阶段就学习了统计和数学,或者上过社会学的一些课程,如果他们是人类学专业的,他们还会上一些写作课程,学会使用文字处理器。不能觉得这些技能都是研究生们理所当然就会掌握的,特别是英国的本科教育系统是在三年的时间里做这些事情。我认为在英国存在一个问题,研究生们会获得四年的资助,其中一年是做田野研究,他们还需要连同掌握这些研究技能,而这些技能对于在美国接受训练的研究生来说是早就储备好了的。而且我有点儿担心——经济与社会研究委员会希望我们能在第一学年给研究生提供一些研究项目,而我觉得研究生们要做的事情实在是太多了,他们还要阅读文献、进行田野研究前的语言学习,特别是要学会如何做统计和开展田野研究，这是非常不容易的。相比之下，在美国，研究生们可能在本科阶段的课程上就做过一些小型的田野研究了。"（Kingford 大学的 Feste 博士）在 Feste 博士接受访谈时，经济与社会研究委员会——博士研究生的英国政府资助方——正在准备首次推出研究生培训原则（ESRC，1991，1996），原则中就包括要在全国范围内强制开展普适研究技能和学科特殊研究技能的训练。

相比于人类学，在与之相近的学科中，田野研究的开展地点要距离更近一些，因此前期的准备工作会更加可行，也更符合学科的特点。Evan Cooper 是 Hernchester 大学的一名地理学研究生，他的指导教师建议他先做了一些初步工作，因此他很有信心地认为田野工作能够顺利完成："6月和7月进行了一个初步调查，看看我是否能从人事公司的主管那里得到我想要的信息。如果我得不到，也可以趁这个时机来决定是否换其他方式来做。"正如 Evan Cooper 所说的那样，从"知情者"那里获得内部信息可能是开展田野研究的一个有效途径："显然，我的指导教师给了我一些关于如何接近该机构的建议和鼓励；同时，我还联系上了一位对我非常有帮助的人，他在一个由经济与社会研究委员会资助的大型项目中担任研究助理，出于某种原因，他也在和一些大型的金融机构打交道。我和他交流过，他真正帮助到了我。"

在人类学中，对田野研究的个人投入和智力投入，意味着在独立、孤独和迷失方向之间存在着微妙的界限。"田野中的"研究生们要能够离开指导教师，独自开展研究工作。Southersham 大学的 Teague 博士这样描述研究生的海外研究过程，仿佛这是一件研究生个人的事情："我认为，不应该干涉研究生的田野研究，这真的是一项独立的工作。如果研究生一面应对田野中所有棘手问题，一面担心能否让自己的指导教师感到满意，那是非常难办、尴尬和令人恼怒的。"因此，指导教师不应该干涉研究生正在紧张进行的田野工作。Drummock 博士也就田野研究过程中指导教师的适当角色给出了类似观点："我个人的感觉是，研究生必须足够独立，形成自己的判断，做出自己的决定，因为指导教师不会总在旁边帮助做决定。这可能意味着，在田野中时，他们的研究兴趣会发生巨大的变化。在出发去田野时，他们可能想要研究的是与亲属关系相关的土地所有权问题，因为文献表明这是相当重要的研究问题。但当他们进入田野后，可能会突然发现自己对这个问题一点儿都不感兴趣,但这个问题或许与他们真正想要研究的问题相关,这时他们必须做出决定。在我看来,对研究生来说很重要的是能够说出'我的研究问题是什么',因为如果他们不知道,他们就无法收集到正确的数据。对我来说,这是研究的关键所在——带着一系列问题走出去,而且问题会发生变化。作为一名人类学者,你必须应对这个问题,并决定何时采取行动。因此在我看来,对田野工作进行指导,不应该对学生说'你应该这样做',也不应该替学生做决定,而是帮助他们后退一步思考'这是我真正想要做的吗?这是我在进行学术写作时准备用到的东西吗?'"(Kingford 大学的 Drummock 博士)Drummock 博士强调了数据收集的重要性,他建议研究生们应该试着问问自己,当他们开始写作的时候是否会对自己收集到的东西感到满意。本章的后续部分将谈到更具体的学术写作问题。

社会人类学的研究生们自己也意识到了在田野中独立开展工作的重要性,这种独立性能够帮助他们在孤独的田野工作中取得成功。对于那些认为自己还没有做好准备的研究生来说,这当然是一个令人感到担忧的问题,他们会感觉自己就像是被卷入了一场游戏,而游戏规则(如果确实存在的话)却不适合于自己:"我确定自己在被考验着,我能意识到自己在经历着些什么,而且我必须以正确的样貌走出来。而我一旦回来,就会得到很多积极的回应,我将会被当作成人一样对待。"(Kingford 大学的 Colin Ives)

社会人类学的学术训练在很大程度上被界定为一个人独立完成事情,这一点不仅会影响那些到世界遥远角落去开展田野工作的研究生们,也会影响那些留在当地开展田野工作的人。那些在离学校不远的地方开展田野工作的研究生们也很少见到他们的指导教师,甚至比那些远离本地的研究生更少。这样一来,即使是在当地开展田野研究也可以复制传统田野研究工作的典型特征了。Kingford 大学的研究生 Nina Yeager 在访谈中谈到,事后想起来,这种"传统的"做法并不能将自己的优势最大化,毕竟与其他同学不一样,她在数据收集期间是有可能接受定期指导的:"因为我就在格拉斯哥进行田野研究,所以在开展工作期间可以经常见到他们(指导教师)。但当时认定自己'正在田野研究之中',现在回想起来那是一个错误,我当时应该更经常地去找他们。"另一名研究生即将在欧洲某国(她来自那里)开展田野研究,她说明了在"院系"和"田野"之间有明确的界限而且有禁令："当你在进行田野研究的时候，是不允许去院系的，因为你应该待在田野中。"（Southersham 大学的 Beulah Wyston）Southersham 大学的 Janet Lundgren 生动地总结了自己的经历："尽管我就在这里做了田野研究，但我觉得我已经在国外待了一年，因为我完全在这里失去了联系。"从某种意义上说，即使是在当地或在附近进行田野研究，研究生们也应该感觉自己像在国外工作了一年一样，只有如此，他们的研究才能接近真正的海外田野研究，从而具有合法性。

通常，从依赖到独立的过程并不那么顺畅，不管对一方还是双方来说这一过程都显得有些笨拙和难以令人满意；最常见的两种情况是：不愿放手的指导教师和拒绝离开的研究生。如果研究生过于依赖指导教师的指导，而客观因素或主管因素又使得指导变得不可能或不可行，那么这个时候问题就不可避免地出现了。仍然以社会人类学为例，因为在这里最容易发生这种现象。Fitton 博士给我们讲述了一名博士研究生的情况，她在国外进行的田野研究，她需要比现实所允许的更多的指导，Fitton 博士觉得她可能一开始就不具备必要的先决条件："她花了几年的时间去做田野研究，最后发回了一份关于当地的地理和其他事情的田野研究报告，而且搞不清楚是否是在那个村子里写作的。她不停地写信说自己很挣扎，我也一直给她写信给出一些着手开展工作的建议，但她似乎并没有接受。她确实是一个脆弱的学生，她需要别人为她写报告，但即使我们愿意的话，她也无法提供足够的原始数据来做支撑。"（Kingford 大学的 Fitton 博士）

转入田野研究的工作状态，可以类比于传记内容出现了中断。研究生们会用迷失方向来形容"离开"和"进入田野"时的情形，他们不知道接下来如何继续。一名研究生这样描述自己的经历："我对人类学有另外的看法。有个观点是你只要走出去做就行了，通过阅读人类学书籍和文献就可以找到自己感兴趣的问题，每个人都必须找到自己的研究方式，所以他们为什么要告诉你呢？最终你都会找到自己的做法……当我到达田野时我完全不知道自己应该做些什么，这就像是'你到底要从哪里开始？'。我开始做一些显而易见的必须做的事情，比如收集家谱，比如做一些家庭调查之类的事情，它们看上去似乎都是实践性的。但同时，你知道，还应该做很多工作，包括坐着和别人聊天。这样的实践才是真正的参与式观察，这才是田野工作的根本：尽可能地进入和参与当地的社会生活，并进行细致观察。所以，真的，我当时并不知道自己在那里应该做些什么。我也还没有为在索马里收集数据做好准备，表现之一就是我没有与近期去过那里的人们交流过。我不认为 Tenderton 教授从 20 世纪 70 年代以来就一直待在那里。所以我确实还没有准备好去索马里或开展田野研究。我进行田野研究的地方，之前没有一位人类学者在那里工作过，而且它以暴力闻名。我的研究兴趣就包括帮派争斗和部落战争。所以我有点儿担心个人安全问题和那边发生的事情。从这个意义上讲，我真的觉得自己进入了空白区域。这也是不可避免的，因为是我自己选择的研究地点以及我想要的工作方式。"（Southersham 大学的 Douglas Travers）

学 术 写 作

田野研究本身并不是终点，不管它在人类学者的学徒期中是多么重要。学术写作是将田野研究工作——带着它所有的复杂性和不确定性——转化为文本的最关键的部分。"民族志"既是研究的过程，也是体现其结果的文本。所有的研究生都要面对"学术写作"的问题，而写作的特殊要求，如论文恰当的风格和格式等，都是学科文化和亚文化的组成部分。博士学位论文的写作是博士阶段整个研究过程的重要组成部分，这也是学徒成长的关键阶段。对于人类学者和其他从事田野研究的学者们来说，学术写作的重要性更为突显，要将复杂的、经常是混乱的数据转化为一个连贯的文本，这本身就是一个非常重要的任务。对于那些成功的研究生们来说，博士学位论文最终将成为正式出版的学术专著——学术专著是另一种重要的学术写作——因此是人类学者们"文化资本"的重要组成部分。并非所有的研究生都能胜任这项任务。

在田野研究之后，研究生们对于自己的怀疑和不安全感，从数据收集是否达到了要求转移到了如何完成学术写作。人类学中的受访研究生，大致可以分为两类：设法努力在写作的和并不努力写作的。对于那些没有努力写作的人——或者至少是让人觉得他们没有努力写作的人——来说，这种经历可能是一种强烈的痛苦："当我从田野回来的时候，我遇到了非常严重的问题，因为我觉得写作太难了。

我和田野中的人非常亲近，但我有写作障碍。我被逼着每两个或三个星期写出一个章节，但我写不出任何有意义的东西来，我找不到一个结构框架……我的初稿偏离了方向，对此我完全没有办法。"（Kingford 大学的 Elizabeth Bettman）学术写作似乎是对研究生们的进一步的入门测试，考察的依然是他们是否具备成为田野研究者的能力。在写作过程中感到痛苦的研究生们，会将问题归咎于自身，而不是归咎于欠缺某些具体技能。因此，后田野研究时期遭遇的问题并不被认为是缺乏写作技巧，相反，大部分都是个人的原因。Tolleshurst 大学的地理学博士研究生 Eunice Lester 正准备提交自己的学位论文，她谈到写作过程时说："这是一个孤独的过程，有起有伏。有时我对阅读自己的文章感到厌恶和疲倦，不想再做下去了。"

一些受访者促使我们注意到近期民族志田野研究的写作方式正在发生改变。近年来，在人类学和人文地理学领域，一直都进行着关于文本创作的辩论、创新和争论。在一部分人看来，这实际上是一种解放；而在另一些人看来，这是一种严重的认识论危机。Hurrell 教授（来自 Masonbridge 大学）认为，后现代主义使博士研究生们变得过于自恋了。他的同事 Galley 博士总结了这场争论："近年来，我们看待数据的方式发生了一场革命。它现在能更多地被识别，也更多地依附于你所审视的研究对象和浸淫其中的特定环境。"上述变化，换言之，就是在文本建构的过程中，学者的自我意识在增强（Clifford 和 Marcus，1986；Spencer，1989；Atkinson，1990，1992；Behar 和 Gordon，1995；James 等，1997），这使得一些研究生觉得写作任务变得更加难以完成了。批判地阅读其他人的论文可能是徒劳无功的，甚至还可能会阻碍研究生们撰写自己的论文："老师们教你如何批判和解构其他论文，但当你进入田野后就会发现这一点儿帮助也没有，因为它是一种完全不同的写作方式。"（Kingford 大学的 Elizabeth Bettman）

Fustian 博士对这个矛盾也发表了看法：一方面，理论具有复杂性；另一方面，对研究生学术写作的关注是相对缺乏的，它就像参与式观察一样，普遍认为是不可教的。

然而，一些研究生意识到了人类学学术写作的性质正在发生变化，并感觉到这对自己的论文写作产生了影响："总体来说，人类学正在经历一个变化的时期，人们期待博士学位论文发生一些变化，能和以前不一样。从某种程度上讲，已经不再强调论文必须是经验主义的了，在引言中就会写到一些主要的内容，比如统计工作和田野工作等，然后给出一个简洁的结论说明当地的人们是怎么样的。以前的论文更加强调经验性。人们试图在写作中纳入田野研究的经验性一面——对于真正的研究者来说，这是容易令人混乱的。这是一种更加反身的方式，但同时也不是"沙发上的研究者"之类的东西，是介于两者间的一种方式。学者们正尝试在混乱中找到一条道路。就我的情况而言，格鲁吉亚经历的巨大动荡使我的写作变得更加困难。那里真的有太多杀戮、动乱和不公正。因此，权力理论——人际权力和组织权力——已经不再是人们运用华丽的学术语言来解释如何获取权力的语义问题了；在格鲁吉亚，权力与枪炮的威力有关。所以对于我来说，这是一个机会，可以将正在发生的事情和把所有东西都变成文字而非物理现实的后现代运动结合在一起。"（Kingford 大学的 Emily Coughlin）

惯 习 养 成

尽管我们的研究显示人类学的研究生们在进行独立研究的过程中遭遇种种困难，但我们也发现在这一过程中研究生们内化了这个学科的精神特质。很多研究生表示明确赞同如下观点：要在人类学研究领域取得成功，尤其是在"田野研究"这个智力和个人投入的关键阶段取得成功，主要依靠研究者的个人素质；他们分享了学者们普遍阐述的观点：成功更多地取决于研究生的个人能力，而不取决于学会具体的技能和能力。对研究生进行社会化，使他们内化人类学学科的精神特质，这一点做得如此成功，即使是那些"失败"的研究生也赞同上述观点。我们的受访者中有一些研究工作并不成功的研究生——在他们自己和别人的眼里都是不成功的（所谓"不成功"，并不是指他们提交的论文失败，通常是因为田野工作"不够"，或者是因为没能写出令人满意的论文）。对于自身的失败，这些不成功的研究生可能会解释为自己没能"匹配"和具备成功的人类学者所需要的个人素质，在访谈中，会听到他们说"他们没有具备成为人类学者的特质"。一位受访者描述了"失败"研究生的典型特征：他们对于选定的研究题目感到"完全"后悔，因为他们是被说服去做这个题目的,而"不是真的对这个题目感兴趣",他们"无法获得想要的信息",并且"在尝试写作的过程中遭遇了严重的问题",或者因为他们带回来的数据不适合,或者因为他们"有写作障碍"。在这种情况下,读博的资助通常会过期,他们的财务状况很糟糕,自信心低落,尽管如此,他们仍然对学科抱有绝对的忠诚:"它很奇妙——我热爱人类学"。

事实上,在我们所研究的诸多学科和专业中,在使研究生内化学科惯习方面,人类学是非常突出的。研究生们对自己及其从事的研究工作的描述是相当一致的。虽然他们也会批判自己的学院和指导教师,但他们对于成功和失败的描述都遵循着学科主流文化的措辞。从访谈材料中,已经可以看出,研究生们在描述田野研究在其社会化过程中的作用时,其表达方式和他们的指导教师的表达方式是一样的。很明显,人类学在促使其"皈依者"形成强烈的学科认同感方面是特别成功的。许多研究生都明确赞同人类学者的成功取决于个人素质,尤其是在田野研究这个智力和个人投入的关键阶段;他们也都赞同学者们普遍阐述的观点:成功更多地取决于研究生的个人能力,而不取决于学会具体的技能和能力。成功包括拥有或者获得"正确的东西"。那些在游戏中获得成功的人——比如 Nancy Enright,她在 Kingford 大学取得了博士学位,并受聘为 Latchendon 大学的讲师——完整地经历了这些,并赢得了学术界的尊重。

田野研究是人类学者在学徒期间特别重要的工作,它能够帮助研究生建立独特的个人身份和学术身份。即便研究生是在一个能够被清晰辨识的传统中开展田野研究——比如在某一个有专门研究的区域中,或在一个理论视角下,或属于某一个学术思想"流派"——田野研究的经历也能造就出一部独特的智力传记。成功完成田野研究,并将这种研究经历成功地转化为一篇学位论文(之后是一本学术专著),是成为人类学学术共同体之成员的必要前提。成功经历田野研究过程是成熟的人类学者的标志。所有的博士研究生都深谙一个悖论:为了获得进入这个学科的专业通行证,必须在一个很小的研究领域中成为专家。在人类学这个学科中,上述悖论要比在大多数其他学科中更为凸显,因为对特定社会、文化或群体的独特理解使得人类学的一些研究生们成为学科的正式成员。大多数人类学者都认识到了自己学科文化的这一特点。并非所有人都以同样的热情来赞美它,即便承认它的存在及其象征意义。例如,一位知名的人类学家说道:"对于田野研究经验的争论,通过参与式观察来建构知识的方式,研究对象和研究者之间的互动——这个过程中的反身性——都应该在进入田野前接受训练……然而,这仍然有一定的神秘性。是的,为了能更好地完成这个仪式,你必须自己去完成田野研究,而不是带着伙伴或团队。我个人对此并不完全赞同。我是自己做的田野研究,但也带着我的妻子和家人一起工作,我知道不同做法的优点和缺点,我并不认为其中哪一个就比另一个更好。我认为,要成为一名真正的人类学家,你必须亲自去那里,自己去完成这个仪式,这有点神秘。"(Kingford 大学的 Dorroway 博士)Fustian 博士也提供了一个神秘主义的类比:"最终只有一条规则——必须追求自己感兴趣的东西——这适用于学术界的每一个人。必须把自己感兴趣的东西视为圣杯,把它当作光明去追随,否则你将永远无法到达任何地方。"

总　　结

正如我们已经阐述的,田野研究并不局限于人类学,它也是发展研究、城市研究和城镇规划等专业的研究生必须经历的,这些学科的研究生,在某些方面,与人类学学者和研究生们的经历有相似之处。在访谈中,所有谈论田野研究的受访者都谈到了田野工作的不可预测性,以及工作过程中要面对很多意外发生的问题。然而,不同学科强调的重点和学科惯习是不同的,并非所有学科都同样强调把田野研究视作学科中独特且典型的特征。人类学者们坚信田野研究对于自己学科的特殊意义,并且含蓄地否定了田野研究在其他社会科学中的地位,其他学科也确实没有给田野研究赋予像人类学科那样的象征意义和个体价值。

因此,我们并不认为本书的数据和分析适用于所有学科,以及所有开展田野研究的研究领域。我们强调的是,在我们所研究的这些学科和院系中,田野研究都被赋予了特殊的意义——田野研究不仅发挥传递个体知识和默会知识的作用,不仅是研究工作的实际操作过程,而且是建构个人学术身份的过程,后者具有更根本的价值。人类学的学徒们尤其要经历这种仪式,如果成功完成,他就会获准进入专业行列。博士学位是公众对成功结果的认可,但博士学位应该是田野研究的成果,由此前人所经历的社会化过程得以再现。因此,田野研究绝非一个研究模式,它本身就是强大的象征性的再生产机制。年轻的研究者们经历着智力和个人的双重"沉浸":一是沉浸于田野;二是沉浸于学科文化。不仅仅是田野研究要求个人和智力的双重投入,事实上,本书探索了博士研究生培养过程中不同学科的不同的信念表达方式。同样,在不同学科中,我们也发现了学术研究具有不可预测性以及博士研究生需要在各自不同的学术环境中学会应对这种不确定性。然而,在人类学和——在较小程度上——人文地理学中,研究的偶然性被视为学术社会化的基本特征还是挺特别的。

第六章

模拟现实

利用一切可能的科学手段将我们的社会对象化。（Bourdieu，1988：5）

在之前的两章中，我们探讨了研究生学会生产特定知识的两种主要方法，主要是基于社会人类学、人文地理学和生物化学等学科的细致讨论，在很大程度上，研究生如何学会进行知识生产是由特定的研究取向所确定的。他们的典型特征反映着各学科学术研究工作的主要类型：对社会人类学者或人文地理学者来说，田野研究造就了学科最重要的特征，而生物化学学者则完全依赖于实验室工作。对于每个学科来说，知识生产方式都是由研究方法和研究场所定义的——分别是"田野"和"实验台"。本章将转向第三种知识组织的方式，研究另外两个学科中的计算工作，这两个学科是自然地理学和人工智能。这两个学科的具体内容显然是不同的，但两者的共同特征是都依靠运用计算机科学来创建模型（当然，所有的学者都在生产自然或社会世界的模型和表达；这里特指的是研究过程中的具体研究手段和研究结果）。实验台旁的生物化学学者关心的是"我能使实验运行吗？"，田野研究者担心的是"我能挺过田野研究阶段吗？我能理解所有这些事情吗？"，而计算机科学的研究者感兴趣的是"这个程序能运行吗？"以及"模型能产生正确的预测结果吗？"。虽然他们的程序和模型最终目的是反映某个独立的现实，但这些研究人员们都特别关注计算工作的内部一致性，有时还会为此移除一些在"真实世界"中存在的现象和数据。

本章要探讨的是自然地理学和人工智能两个学科中的研究生和指导教师的独特经历，要研究他们如何使用计算机运算的研究方法来实现相关的研究目的：模拟物理现象以预测未来的结果，指挥机器完成一些通常要由人类来完成的特殊任务，复制人类的思维过程，表达专家知识以便提供更加智能的建议。尽管这些任务看起来各有不同，但它们有着相同的目的。后续的分析会说明，无论是给机器人编程，还是设计知识系统，抑或为物理现象建立模型，其共同目标都是映射和表达现实。当他们努力将"真实世界"的某些方面转化为计算机系统或模型的时候，都会经历不确定性。为了解决这一问题，他们形成了特殊的研究工作路径和工作组织方式。

Ottercombe 大学的自然地理学者 de Manuelos 博士的想法特别能够代表这类研究人员的典型学术梦想："希望我们最终能够得到一个功能齐全的先进的数学模型，它能预测多种情况下河流会发生什么，比如将河里的水全部抽出，或者加入很多水进去，或者用它来控制洪水。"本研究所涉及的所有研究生和学者们都处理过简化和表达的任务，其实，生物化学的实验和人类学者的民族志专著也都是实现类似分析目的的不同方式，因此在这个意义上说，计算机编程和计算模型的建构并非是全然不同的研究方式。然而，它确实是另外一种表达或建构现实的方式，也是一个学科全体成员共同身份的不同体现。人工智能领域的学者或自然地理学中的一些学者——与他人一起——在计算机模型中找到了他们个人和集体都认同的表达方式，其方式就是能够"运行"的计算机程序和有充分预测力的模型。

映射物理现实

为了映射现实，Illington 大学的计算机建模学者 Pilgrim 博士说明了首先必须做好的是确定需要表现的物理现象的关键参数，他特别强调易于识别的计算机模型和图像创造："就像一个工程图通常会从不同角度对物体进行呈现——一个从上面，一个从前面，一个从侧面——我们（人工智能）考虑的是将这些已经被看到和能够被识别的东西集合到一起，做成一个可以存储在模型中的三维展示。"自然地理学的博士研究生 Aaron Boatman，是 Hernchester 大学某计算机模拟技术研究团队的成员，他解释了自己所做的事情："在计算机模拟中测试物理定律，尝试提出对一个领域的概念性理解，并使这一概念实现可实际计算。"

Aaron 的指导教师 Barsington 教授是 Herncheste 大学两个自然地理学研究团队的负责人，研究团队包括 6 名研究生和 1 名研究助理，主要研究的两个领域和项目是滑坡预测和洪水预报。研究团队的组织性很强，在任何时候每个项目中都有至少 3 个人在工作。因此，需要维持一个"临界规模"，以确保团队成员之间的工作分工，同时确保研究问题和解决方案在研究人员中的代际延续。研究成本和资金限制都要求在两个不同的研究团队间和在时间安排上保持连续性。两个团队并不是在有限的时间框架内存在的独立实体；随着时间的推移，团队会随着老成员的离开和新成员的加入而发展和改变。团队成员间也有交叉，新成员会有 6~9 个月的时间熟悉环境和工作。团队的连续性使得研究思路和兴趣得以发展和持续。对于这个团队来说，连续性的核心是仿真模型，Barsington 教授生动地描述了这个模型，认为模型就像："接力赛跑中的接力棒，从一个人传递到下一个人，知识已经被编码到计算机代码中。这就是为什么交叉的部分是如此重要。如果没有交叉，那这些就仅仅是代码，它们能表明什么呢？要保持知识的传承，就必须有交叉，交叉的内容是非常重要的。"因此，他强调了教育连续性的重要性就在于能够紧密地将研究生个人的研究项目与整个团队的研究工作联系在一起。这反映了一种强烈的知识生产的团队倾向，知识生产的责任既是集体的，也是个人的，集体的投入与个人的投入同样重要。

Barsington 教授的研究生们对于此种研究工作方式都深有体会。例如，Peg Conroy 既不希望也不愿意建构或开发她自己的独立的研究项目，而是希望继续发展团队的既有模型，所有团队成员都十分熟悉该模型了："在这里，模型是在团队中传递的。我们中的两三个人都很喜欢这样做，因为这个模型已经经过几个人的手了。"

然而，正是由于模型是由别人开发的，所以就意味着并不那么容易上手使用。博士研究生们首先必须自己去熟悉这个模型，正如 Peg 解释的那样，尽管系里的其他人也都知道这个模型，但是她所使用的模型"从未被详细地记录过，因此熟悉模型的过程有点像噩梦"。之后，研究生们还必须成功地完成社会化的部分任务——在研究团队中有一些被视为理所当然的知识和假设，研究生们就是要去了解研究团队的这些"内部"观点。这是因为，虽然模型依赖于对现象的精准描述，并在一定程度上依赖于对现象的解释，但这并不意味着要对模型及其应用程序背后的假设做完整说明。因此，研究生在为集体研究做贡献的过程中，也会获得研究团队成员间普遍拥有的默会知识。与显性知识一样，默会知识也会进行代际的传递，这是集体研究型组织的重要特点。

计算机建模是问题导向的，旨在满足特定的需求。用 Barsington 教授的话来说："建构模型就是为了产出可见的和明确的应用。这是由问题驱动的科学研究，所以要解决的问题是整个研究过程的关键所在。需要思考的是：要解决的实际问题是什么？科学的研究问题是什么？知识库要如何扩展？" Hernchester 大学的 Avril 向我们说明了现实中的实际问题是如何转化成为科学的研究问题的。他用举例来解释，例如某第三世界国家政府"要修筑公路，却不知道如何更好地进行公路设计，这就需要研究团队和应用衍生公司开展一个研究项目"。这种研究工作通常是受政府机构和其他非学术组织委托开展的，大学的院系和某些专门的研究机构要参与直接竞争，争取获得委托。专门的研究机构与大学中的研究团队有两方面的不同：首先，专门的研究机构都是正式建立的并且配备精良；其次，它们会为不同的研究项目配备固定的工作人员。

研究生们对于开发模型并进行相关研究负有主要责任。Hernchester 大学的 Avril 教授清楚地知道，由于他的建模研究主要依靠自己的研究生们，因此在人员结构和研究资金方面都存在问题："要同时维持多个研究项目是很困难的。重要的是，与项目研究相关的一切都必须是参数化的，包括基金、研究团队、时间等。对院系而言，研究生是重要的。（然而）如果研究生数量太少，就会在技术支持、指导和资金方面存在严重的问题……而且研究生的津贴来源于获批的项目和资助。这不是可选项，是必选项。比如自然环境研究委员会提供的研究生津贴，要由指导教师向该委员会申请研究项目，能否申请到项目和资金取决于指导教师的水平。"学术组织的内部约束反过来也会影响团队成员的互动方式，从而影响研究工作的开展方式。Avril 教授如此描述学术组织内的典型安排："对研究助理和博士研究生来说，有各种不同层次的互动。同级的人在同一个项目或同一个领域工作……二、三年级的博士研究生从事其他项目并提供技术支持。"指导教师与博士研究生们的关系与我们在生物化学实验室中看到的十分相似。Avril 教授给他的研究生们的建议是:"'你想来的时候就来找我吧'——他们直接敲门就可以,对于需要指导的学生,我的门随时是开放的。但是'不要为日常的指导或是计算机的技术问题来找我',对于这样的问题,他们可以互相交流,或者与工作人员和技术人员交流。"

显然,为了模拟现实,数据是必要的。在自然地理学等学科中,研究团队的人员结构和持续时间意味着团队成员与原始的物理现象间有着不同程度的互动。例如,在 Avril 的研究团队中,大多数人都只有限的收集数据的经验,而其他人则根本没有。那些参与了项目初始阶段的团队成员,在数据收集方面的经验是最为丰富的,而那些后来才加入的成员,这方面的经验就非常少。Hernchester 大学的 Peg Conroy 也在研究过程中收集过一些数据,但她解释说:"大量的数据收集工作已经完成了——例如流域的降水量和排水量——所以我只是到那里去做取样。在前三个月里,我基本上是努力了解这些模型,从中弄明白如何进行田野研究。"其他人则有不同的经历,比如来自同一院系的 Aaron Boatman。Aaron 介绍自己博士学位论文的研究工作时说它是"一项在很大程度上基于计算机的研究。我的意思是,虽然也做了很多田野研究工作,但我认为重点还是建构模型"。Aaron 的研究工作主要是改善模型以更好地表达物理现象,具体而言:"将已有的两个模型结合起来,并开发出另一个新模型……这基本上是一个如何运算的问题,我会坐上一整天来解决这个问题,主要是在计算机上工作和运行各种程序,还要花一些时间进行思考。"换句话说,尽管研究项目最终是以数据为基础的,但对于许多团队成员来说——包括研究生——他们的计算模型和数据模拟基本上都是自我指涉的。他们围绕建模所进行的研究工作,是要放在团队发展模型的过程中去检验的,而不是直接与数据收集或数据生产捆绑在一起,就好像田野中收集到的数据之于人类学者,或者实验室数据之于生物化学学者一样。

虽然研究生们会从研究团队的其他成员那里获得支持,成员们要么开发自己的模型,要么模拟同一个研究问题的另外一个方面,但是他们在进行日复一日的编程工作时可能是非常孤独的。Illington 大学的博士研究生 Wilma Ross 告诉我们,她的办公房间有一种"可怕的氛围。我的意思是,因为人们都在里面工作，如果你开始说话，或者只是说声'你好'，大家就会盯着你看。计算机里运行着各种各样的数据，如果人们要说话，就要说得很大声。很多人来到这个房间就是为了使用机器，除非他们有可以讨论和说话的房间，否则是不会说话的。但是我们就在那里工作和运行机器，这是我们唯一可以去的地方，所以感到很孤独"。

在机器人科学的研究中，建模的数据来源还包括对行为的观察。Illington 大学的 Waite 博士所做的是一项基于动物行为的研究。他描述了如何从观察中得到测量方法的过程："我是从研究生物学和研究小动物的实际情况开始的。小动物们能做的事情有限，它们会在地板上跑，但它们基本不会爬树或挖洞，它们只是在地板上跑。这与我们的机器人所能做的事情很相似。"然而，Waite 博士的研究并不是基于他自己对动物行为的观察，而是来源于二手资料："我并没有真的研究过这些动物，我只是读了关于动物日常行为、能力和神经元如何工作的介绍性书籍。大多数模型是针对特定物种而开发的，但是我希望做的是比这更为普遍的东西，因为我的机器人并不会像我能想到的任何一个特定物种。我已经找到一个关于一般脊椎动物的模型了，这个模型是由一位民族志学者开发的，她的大部分工作都是针对鱼进行的，这个模型本应该更具有普遍性，所以我做了一个程序来激活它。"

针对现实世界的某些方面进行建模，经常会遇到一些问题。对于研究机器人科学的研究生来说，这些问题包括用计算机的方式来表现现实世界中的现象。反过来，这些问题也会对通过机器来控制物理环境产生实际的影响。在机器人科学中，与"纯粹的"建模不同，研究生的表达与真实世界的关系更加直接。最终实现的机器人与环境的交互能力，是对研究生模拟现实能力的最直接的检验。就此，Illington 大学的 Pilgrim 博士说道："在研究机器人的过程中，面临种种困难，包括不断应对不确定性，将传感器装入机器人的结构中，将某个具体的机器人与理想的、抽象的计划系统联系起来。"机器人所实现的功能，可以直接用来检验研究人员在模拟现实方面是否获得了成功。

当环境无法被完全控制时，问题的难度就会加大。例如，Illington 大学的研究生 Celeste Mallory 解释说："当你有一个工厂机器人时，你可能会觉得告诉它要做什么事情是非常简单的……但是你一旦有一个移动机器人,或者是你在一个真实的工厂里得到一个真正的机器人,而且那里不具备理想的运行条件,你就会发现机器人的某个部分与这个环境并不匹配……遇到这种情况,你会怎么做呢?你可以尝试增加传感器,这样机器人就能够看到周围的环境了,但是如果不好用,又怎么办呢?……机器人的编程是非常复杂的,因为你必须预见一切。如果清洁工过来碰到了电线,又该怎么办?"

理念、程序和知识

上文已经说明了与真实环境的交互问题,但不是所有的计算和模拟都与现实世界的现象结合得那么紧密。研究可以在计算和表达方面进行调整,而不是直接照搬现实。人工智能领域的研究人员尝试通过计算机编程来模拟人类的智能行为,但是他们要探讨的是人类智能行为背后所蕴含的深层理念,而不是简单地编写程序。例如,Illington 大学人工智能系的 Passington 博士区分了"擅长编程的人和善于把握理念的人,而我已经成为后者。如果需要解决某个问题,我或者像我一样的人会思考不同的解决方案,并尽快做出一个粗略的程序。如果思路可行,那么再交给其他程序员来接管和完善"。研究工作的核心是表达,而且自 20 世纪 70 年代出现了符号主义人工智能后,这在一定程度上是对行为主义的重要颠覆。在符号主义的影响下,表达的重点从外部可观察的现象转变为内在的心理状态。对于那些认可符号主义人工智能的研究人员来说,心理活动被认为是一种可以进行计算的活动,主要通过符号和符号运算来把握(Adam,1995a,1995b)。由此,这种新的认知方法的支持者们认为,可以在计算机上用符号表现智能(Newell,1990);同时,最强有力的观点强调了数字计算机和人类思想之间的等价性(Pylyshyn,1984)。

这一立场的拥护者,如 Yowford 大学的 Subonadier 博士认为,映射人类的思维过程是有可能的。他们把人类的大脑看作一台复杂的计算机,并且把神经网络理解为"一组数字化的计算模型,其中包含很多变量,这些变量根据特定的规则发生变化，而规则受到某些类似程序中的参数的制约……除了它设置的方式与普通的计算机非常不同之外，其他都很相似"。

人工智能中还有一派是连接主义，这一派的特点是努力地映射具体的认知行为。它通过一个反映大脑神经元放电的系统来模拟知识。Yowford 大学的博士研究生 Russ Martins 认为这个方法是通过应用神经网络来"建立认知模型。传统的认知模型本质上是黑箱方法，运用这种办法可以把理论结构标记为短期记忆、长期记忆，还可以在这些黑箱之间画上箭头，这就构成了探索性理论。（连接主义者们）会说，更像大脑的模型更适合于普遍的认知活动理论"。然而，鉴于我们对人类、动物和思维的认识还很有限，在 Russ 看来，连接主义"最终做的实际上是在他们画的圈圈里面创造了许多小的黑箱，而且有更多的小箭头"。他们尝试映射和表达智能的努力引出了关于思想本质的哲学问题，来自 Illington 的 Harme 博士对此表示赞同，他在做的研究工作是为机器人和人工智能建立联系，他将机器人科学的研究目标描述为："给机器一些想法，或者如果你愿意的话也可以说赋予机器以思维。（我的研究兴趣是）思维的哲学，因为如果你想做一些类似于让机器思考的事情，显然你必须理解思考过程的要素，也必须知道要把哪些部分放进机器里面。"为了做到这一点，在思考的必要组成部分这个问题上，必须做出一些假设。Harme 博士认为，任何超出基本层次的思考的先决条件，都可能超出了目前人们对于思考的理解。他说："人工智能似乎能够令人满意，因为它至少可以做大量的思考而且在思考过程中不掺杂任何情感因素。但如今，人们已经认识到这在终极意义上并不是正确的，最终可能还是要运用情感才能去做最长远的和最有深度的思考。可是如果我们必须在机器里放入情感，现在还不知道该怎么做……我们可以让机器不带感情地去思考，因为我们预先做了假设——假设思考是一种确定的心理模式，至少在某种程度上，思考和情感可以完全被分离。"

即使可以精确地计算思考的所有维度和参数，但是将这些全部应用在机器人身上也是不切实际的。Illington 大学的 Waite 博士所做的机器人研究是基于对动物行为研究之上的，他认为："当然，没有人真正知道（动物的大脑是如何工作的），最终我必须拿出一些可以计算的东西，而且可以放在机器人的身上——我不可能在机器人的大脑里放入 10 个神经元，因为这里没有足够的计算空间，我甚至一个都不能放。"此外，学科间的界限及其对跨学科交流的阻碍，也大大增加了先理解后表达的困难。对于 Yowford 大学的博士研究生 Christine Helsgood 来说，不同学科间的关系对于表达的任务有着重要的影响。在她自己的研究中，她遭遇了"与生物学者谈论有关生物神经网络的巨大困难，因为两个学科的学者在所有事物上都使用不同的语言"。

在试图表现思考方式的人工智能中，有一个应用领域聚焦于基于知识的系统的开发。基于知识的系统，通常被称为专家系统，其基本原则是构建软件系统来表达某一特定领域的"专家"的知识。正如 Collins（1990）观察到的那样，这一系统的理想目标是在某一特定领域取代专家，从而可能使专家成为多余的人。Illington 大学的 Hackington 博士描述了专家系统是如何构建的："首先要了解某一特定领域的专家们具有怎样的解决问题的能力，或者只了解他们的部分能力，然后试着用一个计算机程序来表达这种能力，接着就可以复制他们的行为了。在很多年前，就有研究人员开发出了这么做的标准方法。"Hackington 博士很看好专家系统的应用前景，因为它们具有很强的应用潜力："为了更好地表达管理决策，研究人员们首先要了解当地日常业务中管理决策的情况，然后把这个表达带回到英国，再补充一些专家通常会提供的信息，这里明确补充了专家们所说的管理决策的要素。然后再把修订后的表达带回到当地，这样就可以给人们提供一个低成本版本的专家意见，也会使表达更符合当地的实际了。"Illington 大学的博士研究生 Helen Nagle 说明了她正在研发的一个专家系统的应用潜力："在此想法中，我的兴趣在于为发展中国家建立一套维护系统，做一个能提供帮助的工具。具体想要建立的是地方专家依靠自己就能建立的医疗专家系统，这样他们就不需要第一世界的工程师参与其中了。"

专家系统不仅应该如实地表达合适的选项，而且还必须是对用户友好的。来自 Illington 大学的 Hatchett 博士指出，如果专业人员不使用这个系统的话，那么系统的"专家性"到底如何就没有意义了。提到他开发的医学诊断系统，Hatchett 博士解释说："对于医疗从业者来说，新的医疗技术通常是不受欢迎的，除非它使用非常简便，用户界面是否友好比系统的实际功能要重要得多。所以很多技术都是非常基础性的，但是要给它们做一个非常华丽的包装，以使它们更容易被使用,或者是使它们更容易被接受,或者使它们看起来更可信赖,这些当然都是很重要的,而且是真正事关我们如何切实增强系统品质的问题。"Helen Nagle 在谈到如何评价其正在开发的程序时,就意识到了争取用户的重要性:"我会对系统设计的理念本身进行单独评估。具体做法是,我不仅会和他们(潜在用户)交流关于建立医学知识获取系统的整体想法,也会交流我做过的具体实现方案和具体工作方式。我想知道他们是否认为这是一个好主意,他们是否能够理解这个理念,以及他们是否真的能使用这个理念。做完交流工作后,我会要求他们使用一下系统,并在他们使用系统之后,再问一次与之前一样的问题,以便了解他们是否了解了系统的工作方式,他们是否觉得系统有用,他们是否愿意用系统来做事情……我认为更重要的是软件背后蕴含的理念。我的意思是,如果我得到的评价显示软件是垃圾,但理念是好的,那我也会同样感到开心。"

在专家系统概念的背后其实是认识论,这种认识论认为专家的知识应该被放到系统中,而且这些知识将以硬科学事实的形式存在(Adam,1995a)。这一立场的假设使专家之间达成了较多一致,且在感知系统内容和行动方式上存在共识。Illington 大学的博士研究生 Julie Kylie 解释了为何模型给出的建议和信息可能不会被普遍接受。她的研究工作就是试图解决观点之间的分歧:"你要从不同的人那里收集知识,在你真正把专家知识放入计算机之前,规范的做法是要努力在不同观点中找到一个共识,事实上我感兴趣的是如何执行不同的观点;然后要试图在系统内部建立推理机制,从而认识不同观点的差异,并寻找解决它们之间冲突的可能方法。"Julie 的模型是建立在其收集的数据基础之上的:"我收集数据是通过让人们谈论温室效应以及表达他们的观点。我认为,可以对不同观点进行逻辑分析,可以从整体论证结构的角度来判断这些观点的合理性,也可以对提出的解决方法以及达成的共识进行逻辑分析。"她知道,自己开发的解决意见分歧的计算程序能否成功,取决于它符合实际情况的程度,即"人们如何讨论事情、表达观点、质疑彼此,以及人们已经准备要说'对,好吧,如果我们抛弃在电视上听过的东西,认为这是垃圾,我仍然认为有合理的理由相信它……'"。Julie 所采用的研究方法背后的假设是认为存在一个普遍的理解或能够达成一个共识的观点。这一点是这个学科文化中最重要的组成部分之一。为了做出一个简化的表达系统，必须先做一些基本的假设，以这些假设为基础再开展研究工作。这里的假设实际上关系到知识的根本性质，就像 Julie Kylie 所建立的专家系统，依赖于其预先的假设，即专家间存在共识。但专家间是否存在共识，这本身就是一个有争议的问题。正如 Collins（1994：502）所指出的那样，我们没有理由期待专家们彼此认可："理性的人总是有分歧的：那些受过高等教育的、特别聪明的、最正直的专家总是不同意彼此的意见。"然而，那些构建专家系统的研究生们和学者们所尝试进行的表达工作，却搁置了这些激进的质疑，编写程序的信念以自愿终止怀疑为基础。

此外，人工智能的学科文化也建立在对知识的低度社会化的认识上。这与 Collins 等科学知识社会学者的观点形成了鲜明的对比。Collins（1996）已经说明了科学知识社会学的根基是如何深植于与知识普遍性有关的学术问题中的。Collins（1995）认识到人工智能和科学知识社会学都将知识作为研究的对象，而且注意到人工智能领域学者们的研究发现引起了那些在知识领域工作的学者们的广泛兴趣。但与此同时，他也承认自己并不认可人工智能研究的基本主张，因为他自己的研究工作源自另一种认识论立场，即在科学共同体中定位科学知识，而不是将其作为个人财产。智能机器的存在与知识科学的基本前提是矛盾的，因为机器不可能构成一个共同体或成为一个社团的成员（Collins，1990）。正如 Collins（1990：6）指出的，这是在"还原论望远镜的错误一端"，因为智能机器不是由社会群体组成的，而是由一些信息组成的。这种看待知识的方式对智能计算机的发展潜力是有影响的。换言之，一台由专家指导的计算机与社会化的人类是不一样的，因为知道如何去做一件事情和实际做一件事情通常是无法截然分离的。但是，对于人工智能的研究目的而言，将这两者分离则是至关重要的。符号主义人工智能的基本假设是，人类的知识和智慧可以被表达为一套规则，其中最主要的组织特征就是逻辑。来自 Illington 大学的 Passington 博士解释了工作的原理："要从一个自然语言过程开始，然后迅速进入逻辑。有了一些设想后，就可以从你对逻辑的理解做出推论，并把那些对于自然语言的推论反馈给计算机。"然而，任何完全依赖逻辑系统的研究方法，都否认了事物发生的背景或某些话语产生的语境的合法性（Nye，1990）。人工智能对于命题知识的强调，或换句话说，人工智能强调以逻辑命题或规则形式来表达知识，引发了来自现象学立场的批评（Dreyfus，1979，1992），因为它没有认识到常识知识和技能的重要性。作为最伟大的批评家，Dreyfus 和 Dreyfus（1986）强调了人工智能不可能表达所有的技术窍门、兴趣、情感、动机和身体能力，而这些共同构成了人类。

在知识生产这个具体方面，人工智能也存在一些自相矛盾的地方。在类似于人工智能的学科中工作的年轻学者，会受到一种特殊的学科文化的濡化，对他们中的大多数人来说，进入这个领域要经历一次"转变"（见本书第三章）。他们的工作方式与研究团队的学术构成和知识构成紧密相关，而另一方面，他们希望实现和复制的知识模型，本身又依赖于对专家知识进行理想化的个人主义表达。

总　　结

本章强调了学者和研究生在做计算机建模时所面临的一些问题，这些都是实际问题，比如 Illington 大学的 Celeste Mallory 在尝试为难以控制的环境因素进行编程时所遇到的问题。他们遭遇的实际问题包括：在哲学层面对什么是智能的质疑，以及对是否可能构建智能机器的质疑。对于进行建模研究的学术群体来说，上述质疑并不陌生，但研究生们既不会纠缠于哲学层面的问题，也不会全然在自己的研究领域故步自封，而是学会接受既要映射外部的物理现象也要映射内部的心理过程。正如我们所看到的，建模是一个问题导向的研究活动，经常由现实中的问题所驱动。在研究生这个群体中，实际应用的元素几乎没给哲学上的质疑留下空间。

在许多情况下，以研究团队的方式开展研究就意味着大部分的现象映射工作已经完成，留给研究生们去解决的通常是表达问题。为此，逻辑被运用于建构反映现实（外部或内部）的系统。通过个人承担并发展前人的工作，系统（或模型）在研究团队中传承下去。这并不是说所有模型都是用户友好型的，从 Hernchester

大学的 Peg Conroy 那里，我们了解到研究生是如何忍受模型缺陷的，以及最初熟悉模型过程中遭遇到的诸多困难。以团队的方式进行模型建构研究，为博士研究生（在他们研究的各个阶段）、研究人员（他们可能已经用模型完成了他们的博士论文研究）和技术人员提供了一个支持性的环境。团队负责人或指导教师也非常典型地采用了"实验室"的工作模式：研究生们为了获得研究方向和更深入的学术指导会去找指导教师，但更经常的是依靠团队其他成员的支持来解决日常遇到的问题。

无论是在人工智能还是在自然地理研究领域，建模基本上都是一种以计算机为基础的研究活动，因此它可能是孤单的、孤独的工作。那些不需要进行数据收集工作的研究生们，几乎把全部的研究时间都花在了计算机屏幕前。在这里，他们处理运算模型，模型中蕴含的知识的内容是稳定的，而知识的形式是可转化的。在处理那些系统开发的难题时，就要运用到逻辑了。研究生们通过不同的方式学习建模技能，其中很重要的途径就是依靠研究团队中更多的非正式性的社会接触。研究团队中的前辈会建构出一个模型，后来者再继续发展和完善它，模型每一次被传递，都会变得被更多人使用、更为人所知和对用户更加友好。然而，在传递的每一个阶段，它都必须被重新发现或重新学习；虽然如此，但其他人已经掌握并使用它的事实，比起那些完全是新奇事物的假设，更容易使新进入团队的研究生们觉得前景乐观。

在基于知识的模型或"专家系统"的建构过程中，由于这些系统要对特殊的需求作出响应，所以研究生们要注意模型与用户体验的相关性。一方面，必须选择构成"专家知识"的核心要素，对于建构这些系统的研究生们来说，实际问题可能是识别和选择利用最适当的专业知识。然而，在表达知识方面存在着潜在的、经常不被认可的认识论问题。人工智能研究的认识论立场具有自然科学和实证研究范式的特征。从这样的认识论立场出发，其研究对象（被映射和被表达的对象）就与研究媒介和工具截然分离，并且拒绝不充分或错误的研究方法。这是一个现实主义的立场，认为（普遍的）知识可以成为中立观察者的个人财产。而与此相对的另一种观点——并不被建构专家系统的研究人员普遍接受——认为，知识不是被找到的，而是在建构它的知识共同体中被发现的；这种观点并不假定知识的普遍性，而是恰恰相反，认为知识是部分人的、是主观的，是社会互动的产物。此想法得到了一些人的认同，因为这些人发现专家系统传递的信息难以被用户群体自愿接受。例如，一些研究生尝试着在专家系统中建构推理机制来解决用户的观点分歧。但是无论怎样，建构"专家系统"必须假定在外行人和专家内部存在一种社会共识，这样才能使系统真正运作。

在本章讨论建模和编程时并不是有意要暗示它们是完全独立的或自成一体的知识创造模式，这与我们对待人文地理学者或人类学者的田野研究，又或者是生物化学学者的实验室研究的态度是一样的。我们必须承认所有的学术研究都包含一些简化现实和模拟现实的因素，事实上，每一种学科文化都是通过一种特殊的已积淀成为学科传统的表达现实的方式和简化现实的方式，来对现实问题进行研究和预测的。社会人类学者致力于重构某种特定文化、团体或社会，实验室人员的实验则有效利用了选择性的和传统的方法来建构自然现象；不同学科的学者们显然是通过不同的方式来完成他们的学术研究工作的，在此过程中，知识生产过程和实践应用过程都形成了鲜明对比，同样形成鲜明对比的还有学术工作的管理方式。因此可以说，每个学科都有其自身特有的建构和重构知识的方式。

每一种学科文化都是以我们所说的信念为基础的，博士阶段的研究工作特别有赖于个人对学科的信念。年轻的人类学者们冒险进入田野之中，并努力将田野工作"写成论文"，这反映了他们对于人类学科的内在于心的信仰，这个信仰的内涵就是，原则上，一位年轻的人类学者可以完成田野研究，并通过写作论文和著书立说来重构其在田野中掌握的信息；而且除了显性的理论和研究方法之外，他还必须获得大量的默会的学科知识，以便完成知识重构。在一个平行但不同的领域中，年轻的实验室研究人员必须抱持一种信念，那就是即使遭遇失败和困难，他们的实验最终将会"奏效"；因此，必须始终相信，自然世界是可以通过实验室实验的具体表达来进行研究的。与此类似，研究计算机建模和编程的研究生们必须抱持一种基本的信念，即计算机模型终将能够"运行"，或可以通过计算机模型来充分表达专家知识等现实世界现象。

各学科信条的具体内容有所不同，用于研究和表达社会或自然世界的机制也有所不同，在学科间真正体现出了文化差异和智力资源差异。每一个研究生培养项目都是一个学科的缩影。每个学科的功能都类似于 Kuhn 等人所说的范式——它规定了研究问题和研究方法的类型。每个学科都形塑了"可做的"研究项目——它体现了对研究结果的合理希望和期待。在某些方面，信念的作用对于所有学科都是相同的。所有研究人员，无论他们采用的具体研究方法如何，以及表现方式如何，都要以自己学科的共同信念体系为基础。正是这种信念体系界定了科学社会学者所说的学科成员的"认知共同体"（Knorr-Cetina，1999）。对于学科的信念要在个体层面上不断进行再生产。每一个独立的研究者，特别是研究生，都需要内化一个信念并作为开展研究的基础，即只要坚持学科特有的、已积淀成为传统的知识创造方式，他们的学科就能够为各种问题提供解决方案。由此，每一位研究生都重述了构成该学科本身的信念与方法。

第七章

谱系与代际

招募是一种预料之中的互选过程，老资格者以此挑选出的不是注定要安放到次等位置上的下属，而是与他们同等地位的事业伙伴，将来有一天要接他们的班的人。(Bourdieu，1988：152)

时间与代际

学术社会化依赖于知识、技能和研究方向的代际传递和传承；简而言之，就是养成学术惯习。正如本书前几章所强调的，如何进行代际传递的组织与建构，不同学科之间存在着重大的文化差异。事实上，在不同的文化语境之中，"代际"本身就有着不同的建构方式，即在不同学科中，学术代际的性质以及代际传递的特点各不相同。本章重点研究的问题是，学科身份和学科忠诚感是如何进行代际再生产的、学者和研究生是如何建构代际及其关系的，以及这些对于学术知识再生产有何意义。

人们很容易假设，在学术圈内，招新与招募的运作或多或少都是相同的。的确，在大学系统中，许多事情的时间框架和周期都是共同的（尽管在不同国家间存在广泛差异），学者们也习惯了去遵守共同的、校方制定的日程安排。每年一度的学期、为期三或四年的本科生培养计划、每年按时招收学生和举行学位授予仪式，这些在大学系统中都被认为是理所当然的组成部分。如果以人类学的眼光来看，这些制度安排本身都是非常有趣的。我们对于学术生活的时间安排和节奏是如此的熟悉，以至于在系统内部鲜有学者明确地意识到在这方面存在学科文化的特殊性，或者明确地意识到时间安排的专断性——甚至是荒谬。课程体系的设计从来都无须计算和依据学生在某一学科中达到某个特定标准所需要的平均时间。比如，在英格兰和威尔士，攻读物理学学士学位的时间默认值（三年），正好与攻读英语或古典文学本科学位的时间一样。在苏格兰，这些学科的学位也有同样的时间要求——但获得荣誉学位则需要四年（当然，地区间大学体系的差异有着不少历史原因，我们并不会忽略这些）。同样，在研究生阶段，大学会按照标准化的注册时间来计算"收费标准"。虽然各个大学在具体的规定方面存在差异，但我们看到大多数研究生都遵从共同的时间安排。按时进行研究生注册、按时完成学位、按时申请奖学金等，这些在整个大学系统中都非常普遍。

时间安排的这种一致性似乎凌驾于学科的差异性之上，然而，在不同学科之间，更新的周期和代际交替的方式各有不同，不仅是代际"传递"的性质不同，代际本身的组织也不同。此外，代际的文化安排也是不同的。学科的再生产绝非学生个体独立工作这么简单。即使研究过程本身是相对独立的，即使研究人员和研究生人数稀少，学科再生产的过程也会因学科传统、思想流派和院系历史的影响而变得丰富多彩起来。当研究生的研究工作根植于研究团队和院系，且与许多活跃的研究人员互动时，集体的传统和忠诚就会得到凸显。

不同学科在不同的传播原则下运作。借用标准的人类学术语来分析亲缘关系，可以发现各学科有其独特的承袭制度。实验室科学的承袭模式既有助于长期的变化，亦有助于短期的连续——形成一种稳态的平衡。在人类学学科中，既存在着长久的学科稳定性，同时在代际又存在着激进变革的强烈压力。两相比较，自然科学中孕育长远的变革，而人类学在短时间内就会出现反叛，在世代之间和世代内部都会发生争执。

所谓学术出身的形成与归属，实际上就是在学科一脉相承的背景下有能力将个体在社会意义上和知识意义上定位，这是学术社会化过程的一部分，也是积累学术界文化资本的一部分。对于学术个体而言，学科谱系既包括其直接的指导教师，也包括——在合适的地方——与重要人物、院系和研究传统的长期联系，以及其他要素延展形成的网络。因此，学术个体及其承袭制度是嵌植在参照群体之中的（Shibutani，1967），基于此，其学术身份得以建立、维持和主张。

研究显示，在建构、使用代际和谱系的过程中，主要学科（或学科群）之间存在一些重要的差异。代际概念本身就是一种文化建构，代际不是自然发生的现象，也不是简单的时间划分和人员分类。正如 Mannheim 指出的，代际观念是一种文化强制，对特定代际和代际差异的认同在本质上是一种专制性的建构。生物繁衍和社会再生产都不是以整齐划一的群体和几代人来划分的，学术代际当然也不是自然而然形成的；就像谱系一样，承袭和代际的观念都是由学科的文化规范所决定的。

传记、谱系和学术出身

本章从指导教师的叙述开始，同时也兼顾了一些研究生的叙述。出于显而易见的原因，资深学者们已经处于能够产生谱系的地位了，而博士研究生还难以做到这一点。引人关注的是，在指导教师和研究生的自传式叙述中，叙述的形式和内容都存在明显的学科差异；我们就从考察学者们的自传式叙述开始探索这一现象。访谈中，我们要求受访者总结其迄今为止的学术生涯；受访者们从多个角度进行了叙述，不限于正式的叙事内容（Coffey 和 Atkinson，1996）。在详细讨论谱系和承袭制度之前，我们要先研究一下学者们自传式叙述的普遍特征，接下来再展示访谈资料。首先是来自 Southersham 大学的社会人类学者 Talisman 博士的叙述：

我的第一个学位是在剑桥大学获得的，1975—1978 年在那里学习考古学和人类学，主攻人类学。毕业之后，我休息了一年，因为我不知道自己想做什么。一年后，我发现没有什么比在大学里继续学习和做研究更让我感兴趣的了。在我休息的这一年里，我在以色列的一个基布兹（集体农场）里度过了一段时间。我非常喜欢农场和户外生活，也很喜欢基布兹社区。在剑桥时我感觉自己很孤独，我很喜欢基布兹的团结氛围，这里结合了一些学术内容和我喜欢的生活方式。

所以我决定去曼彻斯特攻读博士学位，由于之前的教授 Max Gluckman，我和以色列建立了很密切的联系，很多研究项目都是从曼彻斯特开始的。他是南非的犹太人，当他的家人离开南非的时候，他是家中唯一一个来到英国的人，其他人都去了以色列，我想他很清楚如何筹措资金在以色列开展研究。有一个叫 Bernstein 的人资助了很多研究项目，Gluckman 与 Bernstein 有很好的关系，所以能够获得在以色列开展研究的资助。

我去了那里，而不是待在剑桥或者什么别的地方，我很高兴自己去了那里。这是一个很小的学院，那里的人非常团结、关系亲密，我成长得很快，我真的很喜欢它。我真心喜欢那里的人类学，它更具有个人主义的特点；不太强调社会结构，更多地关注社会生活的变迁、社会生活的创造力，这与我对自我和个体的研究兴趣非常契合。所以我在那里攻读我的博士学位，并在 1983 年 2 月取得学位，一共是三年多的时间。后来我去了澳大利亚，在澳大利亚西部做博士后研究，最后总共在那里花了两年半的时间。我的第一项研究并不是在以色列，因为当时学院的负责人 Emrys Peters 教授特别想改变学院的工作重点，他自己是一位阿拉伯语学者，曾经在利比亚和黎巴嫩工作过，他使我相信基布兹是过时的研究内容，加上我对欧洲也非常感兴趣，所以我最终在诺曼底的一个小型法式农庄完成我的博士研究工作，研究那里的人们的沟通方式、世界观、感知环境和人际互动的方式，以及农夫看待世界的方式。

我在西澳大利亚完成了第二项研究，研究了那里的人们如何谈论暴力以及为什么会经常谈论暴力——就像谈论天气在英国人谈话交流中的地位一样——我写了一本关于城市互动特点的书。我在西澳大利亚唯一一个真正的城市里完成了田野工作，在大学、酒吧、医院和法庭里做隐蔽的参与式观察。总之，三年半之后，我感到已经足够了。我想回到英格兰，但是这里的工作岗位仍然非常稀缺——在 1987 年——所以一年之后我在 Southersham 大学这里作为研究人员，做一些辅导性质的工作，1988 年我在以色列找到了讲师的职位，就去了以色列……我在那里教书，还对沙漠中部的一个新城镇做了一些研究，看看为什么会有美国移民来到这里，以及他们是否找到了自己要追求的东西。在那里待了一年之后，我在 Southersham 大学得到了一份讲师的工作，我从 1989 年 10 月开始工作。

这份自传式叙述可以和第二位人类学学者的谈话相比较。虽然叙述的内容是

不相同的,但展现了相似的叙述特征,我们认为这是学科的特征而非个人的特征,正如我们收集到的描述所反映的那样:

  我在俄亥俄州立大学开始了工程学的学习。在第一学年末,当我还觉得过得很快活的时候,我被要求离开,因为我的工程学考试成绩不好。我们必须在外面修课,我修了英语,而且学得非常好,所以他们认为也许我不适合学习工程学。无论如何,我的钱也用完了,所以我转到了另外一所大学,在离家更近的地方,我可以自己工作来支持学业,我继续学习了科学专业——学习了物理和数学,在上课的过程中,我加入了一个项目,整个大学前 5% 的学生都进入了一个称作荣誉学院的地方,为我们授课的是一批特殊的教职人员,教学标准也高得多。

  与此同时,我还在学习自然科学学科的内容,有一天,项目负责人给我打电话说:"你为什么要做这些事情?"我说:"这就是我想要学的专业。"他说:"这可能是你一生中唯一一次机会去尝试其他的东西,为什么你不做一些不同的事情呢?"所以我想:"为什么不呢?"然后我问:"你有什么建议吗?"他说:"你可以尝试哲学、英语或人类学。"所以我想:"好吧"。因此,我选修了一门符号逻辑的课程,觉得自己并没有冒太大风险;我还选修了一门人类学课程,我觉得这两门课程都非常棒,这两门课程我都喜欢。

  所以我就这样完成了自己的学业。在我毕业的时候,我几乎没有在物理科学上做任何事情,几乎完全转向了艺术和社会科学。在那时,我已经决定继续从事社会学和社会人类学的工作,我申请了美国的研究生院,并在东北大学获得了非洲研究项目的奖学金。项目属于社会学和人类学系,所以我去了那里。当我第一次去东北大学的时候,Paul 和 Laura Bohannon 都参加了非洲研究项目,第一学年我和 Paul Bohannon 一起工作,即使这是我第一次接触英国的社会人类学,我也完全被它征服,它清晰的视野和对问题的论述,与我所熟悉的美国的人类学截然不同。我想,"是的,这就是我想做的"。

  不幸的是,在我第一学年结束的时候,Bohannon 就离开了,我周围几乎没有人在做人类学研究了。但因为东北大学校方的安排我能够去哈佛大学,而且我有两个研讨会,一个是与 Tambiah 一起研究宗教,另一个是与那年来访问的 Darryl Ford 一起研究非洲宗教。经与 Bohannon 确认后,这就是我想做的那种人类学。

这一切是如何与我现在所做的工作产生联系的呢？这有一个联系，即我在东北大学的院系负责人是 Gary Joplin，他是一个在土耳其做过田野研究的社会学学者，他有一个项目，会邀请两位土耳其学者来东北大学从事社区研究，他们需要一个打杂儿的和这两个土耳其人一起工作，并协助他们进行访谈和所有统计工作。当时，我是在数学和统计上最有经验的研究生，大多数研究生都不懂数学，因此 Joplin 让我和土耳其人一起做这个项目，教他们一些统计方法和做一些统计工作。

结果，我在这个项目结束时被邀请去了土耳其，而且在我回到学校后又做了一些研究，他们又一次希望有人来帮助他们培训面试官，并从事数据处理的实际工作。所以我又被邀请到了土耳其，在那里度过了一个夏天，一共五个月的时间，和土耳其人一起工作——在这之前我还从来没有对土耳其产生过任何兴趣或了解。安纳托利亚发生地震的那个夏天，我正在安纳托利亚工作，地震迫使那个项目提前结束，我不得不离开。我搬到 Lockport 大学，那里刚开始了一个社会人类学的博士课程。这是完全不可知的，我将成为他们第一批研究生中的一员，看看周围其他大学，我决定宁愿做一些在社会人类学中不为人知的事情，也不要做更主流的美国大学的人类学，那不是我想要的，尽管我的选择意味着要冒很大的风险。

结果是很好的，这是我一生中为数不多的对的选择。这个博士项目做得很好，在学生的学术训练方面投入了大量的精力。在东北大学非洲研究经历的基础上，我想去非洲做田野研究。但这似乎越来越不可能，因为美国和乌干达之间存在政治问题，而我正考虑去乌干达做自己的田野研究。一个之前在东北大学的朋友现在在乌干达工作，他给我寄来了令人发狂的信件，信中说了他在获得田野研究许可过程中遭遇到的种种困难。所以东北大学的学院负责人认为我应该到其他地方去开展田野工作。我曾经想去巴西中部与 Lewis 合作，但这似乎是充满英雄意味的举动，我也不认为自己能胜任。而且当时还有机会可以回到土耳其工作，真的需要做一个决定。在犹豫不决了数月后，学院负责人叫我过去，问我想去哪里开展田野工作，我说，"这非常复杂，因为一方面……另一方面……"我叙述了所有的难题，然后他说："我知道，但你想在哪里进行田野工作？"我说："我回答不了这个问题。"他说："没关系，你有半个小时的时间来做决定，但我需要在你走出这扇门之前知道答案。"我脱口而出:"土耳其。"

那是 1963 年的夏天。一个为期五个月的项目,一个社会学项目。那是我的第一次田野研究。我的田野研究工作是在 1967—1968 年完成的。若没有简历可以参考的话,具体日期都已经有点儿记不清了。1970 年我又回来了。上面这些就是我如何接受学术训练的很长的回答……

当我在 Lockport 大学当学生时,Freddie Bailey 在这里做了一年的老师。曾在康奈尔大学任教的 Vic Turner 在 Lockport 大学待了一个学期,做摩根讲席教授。Max Gluckman 当时也在国内,就来 Lockport 大学待了一段时间。我去康奈尔参加了他组织的一些研讨会。因此,闻名于世的曼彻斯特学派引领着我的意识,我知道这是一个非常有趣的学院。当我刚开始教书的时候,我在纽约北部的一所小型学院教书,我最初的一位本科学生去了曼彻斯特读研究生,我知道他在那里会发生什么。我一直想找机会去那里。几年后我在卡内基梅隆大学,一个研究项目正要结束,我四处寻找工作机会,当时在曼彻斯特有一份工作,所以我想,"如果我不申请我永远不知道会发生什么"。于是我决定申请它,结果得到了机会。不过这份工作只持续了两年,而且其中一名稳定的研究人员要在外面做田野研究,所以我来到了 Southersham 大学。

这份自传式编年史展现出了许多有趣的特征。这份叙述主要是关于关键的人类学人物、重要的转折点、特定院系的影响等。决策与运气之间的平衡也被凸显了出来。关键的人类学影响特征——一些社会行动者,如 the Bohannons(一对美国人类学者夫妇)、Joplin、Bailey、Turner 和 Max Gluckman(尽管这些是人类学领域的真实的学术人物,但我们还是要再次强调,叙述的关键内容已经被小说化了。所以,我们已经不用再去虚构学科历史上的主要人物了)。这个故事中充满了转折点——在工程学考试中表现不佳,与荣誉学院项目负责人的沟通,在东北大学的关系,受邀去土耳其。计划和运气的张力可能在这份访谈材料中得到了更强的体现:花光了所有的钱,作为一个"打杂儿的"受邀去土耳其工作,发生地震,巧合地接触到了曼彻斯特学派。在受访者的叙述中,这些都被表达为际遇,但就是这些机缘对社会行动者的生活历程和事业发展产生了深远的影响。这个访谈摘录中也充满了对比修辞(Hargreaves, 1984)(此术语将会在后续章节中做更详细的阐释)。在这里,可以特别注意到受访者是如何比较美国的人类学和英国的人类学的,也可以了解到人类学的不同研究方法,以及与这些研究方法相关的不同人物和地点。编年史本身是相对"详尽"的,即它不仅有一定的叙述长度和复杂性,而且更多的是通过一系列的个人转变、事件转折和个体影响来阐释个人身份的形成过程。

值得注意的是,这份个人编年史追溯了个人的学术出身,并描述了一系列个体影响。个人编年史建构了个体的完整的学术生涯,也建构了一种特殊的学术身份。编年史的偶然性与师徒关系及其影响密切相关。身份形成的艰难历程与学科的承袭制度密切相关。访谈中,社会人类学者的叙述有着鲜明的特点,即有着对个人的详尽描述,他们会详细地说明自己的学术出身,以及其中重要人物产生的重要的影响。当然,学术出身在所有学科中都具有重要意义。在自然科学中,有充分的证据表明学术谱系对于个人和对于学科的重要意义。例如,在顶尖科学家群体中,在主要的研究团队和实验室中,都存在高影响力的承袭人。围绕在诺贝尔奖得主周围的研究团队成员本身,就是获得诺贝尔奖的主要预测因素(Zuckerman, 1977)。同样地,"核心团队"(Collins, 1985)的成员资格也是确立科学家身份以及确立个体与学科知识关系的关键社会因素。尽管如此,在我们所访谈的自然科学学者们身上,并没有看到这种自传式的叙述。他们的叙述很少是个人传记式的,与之前看到的个性化叙述截然不同,难以从他们的叙述中看到影响与出身的细微差别。因此,人类学者的自传式叙述可以与自然科学学者的叙述相对比。接下来是 Ribblethorpe 大学生物化学学者 Duval 博士的自我介绍:

1969—1972 年,我在利兹获得了第一个生物化学学位。然后我去了 Leicester 大学攻读博士学位。我选择那里有很多原因:首先,我们俩——我妻子和我都想去能读博士的地方;第二,Kornberg 教授在那里而且有招生名额。我们在那里从 1972 年待到了 1975 年。然后我们去了瑞士,在那里我做了两年的博士后研究工作。我的博士学位论文是关于黏菌——分子生物学领域的。从那以后,我对黏菌及其缺乏与哺乳动物的关系感到失望。1972—1985 年,我在 Wedgewood 医院工作,研究乳腺、泌乳和乳腺癌等问题。然后,我在 Ribblethorpe 大学当上了讲师。我妻子现在并不工作,我的意思是她是个家庭主妇,我们有孩子。在 Wedgewood

医院工作时，我对乳腺基因及其如何受到激素调控产生了研究兴趣。出于技术原因，我的研究受到了限制。你知道，我们一直在同一领域寻找新的想法。所以我转向了男性生殖系统，因为研究技术很相似。我的研究是开发男性不育的测试。这是我的主要研究兴趣。

再来看 Baynesholme 大学的 Garnette 博士的叙述：

Garnette 博士：我在植物科学学科获得了第一个学位。实际上我是在 Birley 大学完成了第一学年的学习，但后来我丈夫换了工作——我是一个已经成熟的学生，我当时 25 岁了——我 9 月的时候打电话给 Baynesholme 大学，问他们是否愿意让我继续在那里完成第二学年的植物科学学位课程，他们说好的。最后我在 1985 年取得了学位。我虽获得了辅助生物化学的学位，但我的学位实际上是植物科学的单科荣誉学位。

OP：是什么让你决定继续攻读博士学位的？你直接就读博士了吗？

Garnette 博士：我直接就读博士了。在我本科第二学年结束的时候，我的女儿出生了，我决定，既然已经完成了第一学年的学习——我认为我不能在第二学年和第三学年之间辍学，那时已经发生了很多动荡。没有必要再休假一年，因为我知道我想做研究。从我开始攻读学位起，我就知道这一点。所以我申请了 Baynesholme 大学，Gantry 教授有一些给研究助理的资金，这意味着我得到了一份薪水。事实上，这是我在 Baynesholme 大学的唯一机会，因为我的植物科学的指导教师之前给我提供了一份奖学金，但是他去了 Thursby 大学，所以之前的奖学金已经没有可能了。

同样地，我们在 Forthampstead 大学的 Quayne 博士那里也得到了一个特别简短的回答：

我在 Leicester 大学获得了我的第一学位和博士学位，所以第一学位是在生物科学领域获得的，博士学位则是在生物化学领域。然后我去 Hadleigh 大学待了五年，在那里做博士后研究人员，然后我从 Hadleigh 大学来到这里当讲师。

从数量较少的受访者那里抽取太过于短小的叙述摘录显然是错误的，但尽管如此，自我介绍式的叙述和自传式的叙述间的差异仍是相当明显的。社会人类学学者的叙述可以被认为是"详尽的""个性化的"，他们建构的传记在叙事复杂性和事件密集度方面都是高度发达的，他们在个人影响的继承中描述了自己的传记和学术生涯发展，他们追溯了个人发展历程，特别是个人在发展过程中的转变。相比之下，自然科学学者的叙述缺乏传记的丰富性，他们不会用个人的顿悟和转变来修饰自己的叙述。个性化叙述是与个人动机、反应、意愿等紧密联系在一起的。相比之下，自然科学学者的叙述更应该被认为是"地位性的"，他们的叙述很少提及个人的投入与参与，相反，似乎是由预先设定的地位来牵引的，更多提到所在实验室或院系，而很少以个人角度来叙述。

这种"地位性"不仅反映出了对个人职业生涯发展的叙述特征，也反映出了传记与研究问题之间的关系。我们已经在前几章的关于学科知识构建中看到了这一现象。自然科学学者自我叙述的"地位性"，与他们研究问题的职位性，是直接并行的。他们的研究课题是"给定的"，是根据研究团队的投入而非个人的投入和研究兴趣来分配的。例如，看一下 Quayne 博士的说法：

Quayne 博士：我基本上是一个研究酶的学者，我研究的是酶的结构和功能。我在一个10人左右的研究团队中工作，我们有一个指导教师。实验室里有博士后研究人员，还有像我这样的博士研究生。现在我已经很清楚研究团队是如何运转的了。我会与指导教师讨论一组实验，然后我独自去做实验，分析数据，给他看数据结果，我们试着从中得出结论，然后再从这些结论中设计出更多的实验。我认为这就是科学研究的运作方式，包括实验、分析、设计新实验等。我需要做的就是不断建构能够解释数据的模型，以及设计更多新的实验来测试或改进模型。这就是我三年里做的事情。

OP：当你申请攻读博士学位的时候，你的研究主题或研究领域是指导教师已经跟你讲清楚的，还是你自己的想法？

Quayne 博士：不，很多都是指导教师给我们讲清楚的。这也是我在这里的工作方式，由指导教师决定研究主题，推动他自己的研究，而不是让学生来驱动——至少在研究主题上。但已经说过，一旦我们决定了一个研究主题，那么研究生就会越来越多地投入他自己的研究部分中去。我的意思是，博士学位不是指向技术人员的，这是一个哲学博士学位……希望研究生能有自己的想法，并且能够在特定领域开展研究，尽管指导教师会提供总体的研究方向。

尽管 Quayne 博士承认博士研究生的创造性贡献，但他是在一个明确指定的框架内开展研究的。"驱动"研究形象地说明了资深学者们所把控的强烈的方向感。因此，研究生们的贡献受到既定的研究议程的限制。这也不是通过个人协商能够解决的问题：研究生及其研究工作都是由他们在研究团队中的低级别地位所决定的，其学术认同在很大程度上归结为集体认同和对知识的集体取向。Quayne 博士对科学的全部理解都是基于对学术工作和知识传递的集体认知和地位模型。

上述自传式的叙述均出自知名学者，访谈中他们谈到的主要是自己作为研究生指导教师的角色和经验。将指导教师的叙述与研究生的叙述进行对比是很有意义的。显然，研究生们的个人职业生涯时间尚短，在与年长的同事和指导教师的对比中，我们也不期望能够看到很多复杂的自传式的叙述。我们同样从社会人类学的研究生 Wanda Soczewinski 开始：

Wanda Soczewinski：我是在 1960 年结婚的，随后去了波兰居住。我丈夫是波兰人。我认为生活在另一个国家，和来自不同文化和不同背景的人结婚，会不可避免地开始质疑自己的行为方式、别人的行为方式，以及什么是正确的做法等。人类学中有一些我一直感兴趣的东西——风俗习惯和仪式之类的东西——但当然，当我开始研究的时候，我的研究兴趣以不同的方式得到了发展。可以说，我一直都有某种研究兴趣，而生活在国外以及成为波兰家庭的一员强化了这种研究兴趣。

OP：那你为什么决定来 Kingford 大学呢？

WS：我一直等到我的孩子们上了大学，我想："为什么我不做一些自己想做的事情呢？"所以我决定了。那个时候，我的丈夫已经来到 Kingford 大学了；我们已经分开了五年，不想再继续这样下去了，所以必须来 Kingford 大学。

OP：当你完成了本科学位还拿到了第一，并决定攻读博士学位的时候，Kingford 大学就是一个很自然的选择，然后呢？

WS：因为个人的原因我休了一年的假，我们搬家了，在新房子里还有很多事情要做。我想，就像许多在这里过得很开心的人一样，我离开时也有一些离愁别绪，既然有人告诉我，如果我愿意回到 Kingford 大学的话，我会受到欢迎，我自然就回来了。

下面这位社会人类学研究生很特别,她在几年前获得了博士学位,然后注册成为 Southersham 大学的社会人类学硕士研究生。在访谈中,她给出了高度个性化的叙述:

1984 年我提交了博士学位论文,但我的主要研究兴趣是舞蹈,而那个时候还不能在学位层次上研究舞蹈。1972 年我从学校毕业,因没有办法在本科层次上学习舞蹈,所以我就想成为剧院里的舞蹈编导。我去了伦敦的舞蹈学院,我意识到如果你想研究舞蹈,就必须能够把它写下来,而学院可以教会你如何做到这一点。当我在那里的时候,我了解了西欧形式以外的其他类型的舞蹈,我对它们很感兴趣。同时我也对英国的传统文化感兴趣,想要一个更好的词——我不认为自己会这样称呼它——而且我知道自己必须获得一个体面的学位,因为我想写关于舞蹈的东西。所以在那之后我在 Maplestone 大学完成了一个英语文学学位,因为那里有民俗方面的元素……所以我去了那里,继续攻读我的博士学位,博士学位论文研究的是关于苏格兰西南部的舞蹈传统。我感兴趣的是,所有的研究文献都说民俗舞蹈只有乡村才有,而这与我在大学所学的不相符。所以我决定研究工业化和城市化对传统舞者的影响。我加入了一个特别的群体,在其中完成了一项关于这个群体的民族志研究。就是这样……在 Maplestone 大学的时候,我阅读了很多人类学文献,这个国家的民俗学科存在的问题是,它只在一所大学里被教授——Sheffield 大学——而且学科地位还不高。在这个国家里,舞蹈作为艺术形式,地位也不高:大多数舞者只对戏剧感兴趣。我读了很多人类学的书籍,认为这和民俗是一样的。所以我想更深入地理解文学作品,我用了很多年的时间来思考最好的做法是什么,所以我选择在这里读一个文学硕士。我一读完博士学位就想到了这个方法,并在这里得到了一个位置。为了读这个学位,我换了工作,花了很多时间在准备上,直到去年我才拿到这个位置。

像这位研究生一样,选定一个研究主题进行深入研究,将自己投入人类学的研究工作中去,这对于人类学研究生来说,是普遍现象。同样地,研究生个人生涯发展的相对复杂性也是比较常见的。

与前文的做法一样,我们会将社会人类学研究生的叙述与其他学科研究生的叙述进行对比。首先进行对比的是,生物化学研究生们的叙述。Elissa Tyrone 来自 Baynesholme 大学，她这样描述自己的职业生涯：

1989—1991 年，我在 Baynesholme 大学的生物化学专业读完了我的本科课程。在第三学年的时候，我做了一个药物选择方面的研究，实际上这个研究应该被称为毒理学选择，但大家都称它为药物选择。我的具体项目是关于腐胺对洗涤剂的影响。我发现这个问题的相关理论很有趣，这个研究选题也是我非常熟悉的，但是我对这些技术感到厌烦，因为我之前暑假的时候在 Ribblethorpe 为一家制药公司工作过，那家公司在大学里有一些研究项目。由于这些技术对我来说很熟悉，所以我没有学到任何新的东西。但这对我来说是很好的经历，因为在开始攻读博士学位之前，它就给了我一种真正的在实验室工作的感觉。我一直想读博士，也一直把它看作接下来要做的事情。为什么留在这里呢？我在这里有很多朋友，也有很好的地方可以住。我很想留在这里，一部分原因是不那么麻烦。也有项目提供给我，而且我对这个研究主题很感兴趣。我正在研究一种酶，它是叶绿素生物合成的第一步，是氨基酮戊酸化合物的一部分。叶绿素的活性成分很常见，但这种酶在哺乳动物中是不同的，我正试图阻止它，以防止叶绿素的合成。

虽然在 Elissa 的叙述中包含一些个性化的元素，但在谈到自己的博士论文研究领域以及"提供"给她的研究项目时，她使用的是一种顺从的表达方式。她通向博士学位的路径，就研究选题和工作地点而言，在形式上是受到典型限制的。以下是对 Ribblethorpe 大学的 Giles Perrin 的访谈：

GP：在 Dranllwyn 大学（他获得第一学位的地方），你需要做一个为期两学期的实践项目，这与在 Ribblethorpe 大学不同，在 Ribblethorpe 大学，你只需要做一个为期 10 周的实践项目。所以，在 Dranllwyn 大学做的这个两学期的项目，是很有用的。我们所做的研究工作是其他毕业生的两倍。研究是关于遗传学和生物学的。

OP：遗传学和生物学？

GP：细胞生物学。它们都是相关的。这个研究属于细胞生物学领域，但使用的是分子遗传学的知识。

OP：所以在这之后你决定要攻读博士学位吗？或者你已经决定了？

GP：我已经决定了。好吧，这就是为什么要拿出一年时间的原因，尽管这一年看起来很像是实习年,但它又不是实习年,这个选择完全是出于自愿。

在最后一个访谈的例子中,值得注意的是,Odette Parry 对受访者叙述过程的介入多过之前所有的访谈。这样的一问一答,并不是受访者自己建构的完整的自传式的叙述,而是自然科学学科研究生们在访谈中表现出来的典型特征——事实上他们的指导教师在访谈中也有类似特征。自然科学学科研究生们的传记信息是需要访谈者引发出来的,而不是在自传式的叙述中提供的。

我们已经看到,不同学科的独特的工作模式和知识再生产模式是如何创造出不同的继承模式的。可以通过再次对比社会人类学与实验室科学进一步揭示这一点。生物化学领域的学者们——在相当大的程度上,自然地理学者们亦是如此——处于一个文化系统之中,这个系统在较短的代际过程中,传递了研究问题和指导责任。正如第四章中所描述的,研究问题通常是有严格界定的,而且研究问题也是在严格限定的边界内进行传递的。代际传递的时间相对短暂。不断接续的研究生们通过开展一系列相关的研究项目而进行系统的学术工作,这些项目是紧密关联的,而且是更大的研究项目的组成部分。在研究团队中,在研究生与其直接的继任者之间,以及在博士后研究人员与研究生之间,都有着直接的连续性。对于研究生的日常指导和监督,在很大程度上是在这些密切的人际关系之中进行的。资深的科学家要对研究计划负有最终的责任,但经常远离日常的实践指导,对于研究生来说,他们是有距离的大人物。

研究团队与学术继承

考虑到每位指导教师的博士研究生数量(在研究过程中,我们遇到过一年最多可招 10 名博士研究生的指导教师),让指导教师一个人对培养研究生负全责是不太可行的。例如,Ribblethorpe 大学的生物化学学者 Duval 博士谈到了他与 Dewry 博士一起管理实验室,他说:"博士后研究人员要承担大部分博士生的学术训练的责任。仅仅靠我们是不可能做到的,有时可能会多达 25 名博士研究生。"换句话说,研究团队或实验室的"作坊"提供了一个社会关系网络,借此指导研究生的责任可由几代研究人员共同分担和分享。团队负责人主要是把握整体的研究方向，对学生的日常工作给予实际指导、帮助学生解决日常困难，则是博士后研究人员的责任。博士后研究人员的年龄并不比博士研究生大多少，或者说，博士后研究人员也并不比他们指导的博士研究生要资深多少。

指导教师在研究的总体框架和方向上提供指导，而经验丰富的团队成员——如博士后研究人员或更有工作经验的博士研究生——要在日常工作中帮助那些缺乏经验的研究生。因此，博士研究生的指导是一项集体责任：

我在一个研究团队里工作……团队里有一群人，包括研究助理、博士研究生、技术助手和咨询助手等，大约 10 个人。所以对于现场工作的问题或者日常的事情，我不需要去找我的指导教师。可以向不同的人寻求帮助，他们都做过类似的博士论文研究工作，取得学位后来到这里，所以他们就像是一个大的指导教师团队。（Tolleshurst 大学的物理地理学博士研究生 Jim Vorhees）

指导研究生的责任落在了博士后研究人员身上，他们自己也认为这理所当然是他们工作内容的一部分，也是他们对于研究团队运行的贡献。来自 Ottercombe 大学的资深地质学者 Fardian 教授解释了他对不同角色的理解：

我更愿意看到研究生们相互交叉重叠。我的意思是，如果你有一个已经工作了三年的研究生，在一个项目完全结束前就开始一个新的研究项目，是非常好的安排。因为有很多同辈群体的教学工作，如果研究生们有所交叉和重叠，他们就会互相学习。……我认为博士后研究人员能够给予研究生以日常的指导。我作为实验室的负责人，通常扮演的是心理学家的角色。实验并不总是顺利的，我需要让团队成员们振作起来，特别是那些诸事不顺的博士研究生们。

博士后研究人员们也承认自己在这方面的作用和责任（Becher 等，1994:148）。他们认识到，从研究生到博士后的地位转变，就包括要对博士研究生进行指导。正如其中一位博士后研究人员所说：

最近我的角色发生了变化。我现在是一名研究助理，这意味着我是博士研究生和指导教师之间的一块垫脚石。团队中有两个做模型研究的博士研究生，我是他们默认的责任人。（地理学博士后研究人员 Steve McAlister）

研究生们也倾向于将自己的研究与实验室中之前的研究工作联系起来。例如：

我有一个模型……这个模型是由一位生物学者开发的，她是一名生态学者，她在鱼身上做了大量的研究，我制作了一个机器人来模拟这个模型。我发现其中存在很多问题，所以我不断尝试，希望找到最好的方法来调整模型，使它更好地工作。（Illington 大学的人工智能研究生 Celestine Mallory）

大多数自然科学学科的研究生都将自己的项目描述为在推进前人的研究工作："我的工作就是在拓展别人已经做过的工作，它来源于同一个基础，再从那里被拓展出去。"（Hernchester 大学的自然地理学研究生 Aaron Boatman）

在许多情况下，受访的研究生和博士后研究人员都会提及最先开创研究工作的人，他的前一任可能是研究生，可能是博士后研究人员，也可能是指导教师：

一旦你确定了一个结构，就可以用它来做很多事情。我从我老板也就是前任指导教师那里拿来了一个结构，通过观察和发现关键点，通过运用我自己的知识和方法，把她的工作向前推进一步。（Danberry 博士）

你可以看到研究在进步和发展，结果似乎产生了更大的影响。我使用了 Pete 提出的模型，不断扩展它，一直在思考如何使这个模型的应用变得有价值。Pete 和在他之前工作过的 John，都对我的研究结果很感兴趣。（自然地理学研究生 Clay Batchelor）

接下来的这位研究生也在研究刚刚提到的模型：

Pete 当时在这里做模型计算的工作。当我开始攻读博士学位时，他刚好完成了自己的博士学位，并接替了 John 的工作。（Dean Caldwell）

当理念、模型、研究方法和仪器设备从一个研究生手里传到另一个研究生手里的时候，就形成了直接的连续性和继承性；年长的研究生获得博士学位并成为博士后研究人员，来指导新的研究生。这种模式不仅在回顾个人发展历程时得到认可，而且还提供了一种描述个体研究轨迹的结构：

我的想法是，Martha（研究生）正在攻读博士学位，当我完成时，他将接替我的工作。还有一位研究生将在 10 月取得博士学位。到那时，我将成为这个项目的博士后研究人员。（Sheridan Ireland）

在同一个研究项目中工作的人——无论是酶的研究还是建模项目的开发——

通常有着不同的资金来源。他们的工作可以串联成一系列研究问题和解决方案：

Tim 有一份来自科学与工程研究委员会和产业界的联合资助。他还得到了一项博士研究资助，要去做酶的研究。在他之前，已有一个人在研究酶，这个人就是 Connor。Connor 开始试图净化酶，他已经很接近了。一年之后，Tim 开始研究，他纯化了酶并开始研究工作。现在，我将进一步研究这个工作。或许如果他们获得了另一项资助，还会以同样的方式继续我的工作。（Baynesholme 大学的生物化学博士研究生 Elissa Tyrone）

在科学研究中对预先建立的知识的依赖本身可能就存在问题。Hacking（1992）强调了传递旧的技能和旧设备的过程是如何意味着"新"科学的产生的，在某种程度上，这取决于对旧的甚至是过时的设备和技术的掌握与再生产。然而，个人要对早期研究方法和技术进行再现并不总是那么简单，尽管许多博士研究生，尤其是那些处于研究工作早期阶段的博士研究生们，都在再生产他们继承来的模型或实验。大多数指导教师都负责建立博士研究工作的项目，筹措资金和邀请申请者。尽管许多博士研究生受访者都声称他们在日常工作中拥有合理的自由度，可以遵循自己的安排，但最终大多数人都意识到他们从一开始就有相当严格的研究日程。建构一个可实现的研究主题不会是研究生自己的责任（Becher 等，1994）。

博士研究生们同样意识到在规定的时间内产出研究成果的必要性，因此要为自己的研究工作做好充分准备。这可能需要对原始项目进行处理："你必须把握住自己的想法，并使它与系统的其他部分相适应"（人工智能博士研究生）。这也可能只是意味着要认识到，在没有研究结果产出的情况下什么时候应该放弃："你必须选择正确的实验，而且知道什么时候应该放弃。"（Ribblethorpe 大学的生物化学博士后研究人员 Danberry 博士）

自然科学和实验室科学是通过短期的代际联系来运作的，并通过研究团队的协作来进行调解；而诸如社会人类学这样的学科则是在不同的原则下完成代际传递的，代际传递主要建立在指导教师和研究生之间的个性化联系上，没有中间步骤，例如博士后研究人员、高级研究助理或技术人员，师生之间的距离可能就是年龄的距离，指导教师可能是这个领域中非常资深的人物，或者是年龄不比研究生大多少的相对年轻的学者（如果有的话）。

在之前的章节中可以看到，与更客观、更少自传性叙述的自然科学模式相比，人类学的模式是高度个性化的，在研究生和指导教师的定位上也是相当不同的，这背后反映的是不同学科的知识再生产模式也不同。年轻的人类学者们要面对的是，独自经历一段特殊的智力上的艰难旅程，他们不是研究团队中的成员，但在与指导教师的一系列独特的指导关系中却占有一席之地。指导教师与研究生之间的关系是非常特殊的，是成长中的学者高度个人化的学术出身的一部分。与之相对，自然科学领域的初级学者则把自己的职业生涯建构成为集体投入的一部分。

接下来的两章还会更详细地探讨这些主题，包括学科的代际传递和学科知识的再创造。第八章将探讨指导教师如何进行学术指导的问题，讨论在学术知识再生产过程中，指导教师控制与学生自主之间的"基本张力"，这一章以指导教师们的叙述为主。第九章考察研究生们如何看待自身在院系和研究团队中的社会地位，这一章会通过对比不同学科的研究生的叙述，进一步探究"地位"和个人身份的问题。

第八章

指导教师的叙述：做好微妙的平衡

我只想提到一位年轻的来自美国的访问学者表现出的惊讶之情……我不得不向他解释有一些他眼中的重要人物实际上在大学系统中是居于边缘地位的，他们不具备正式指导研究工作的资格（通常，他们本人没有写过学位论文……也没有资格指导学位论文）。（Bourdieu，1988：xviii）

学者们的叙述

本章的题目出自对 Crupiner 博士的访谈，他是一位来自 Tolleshurst 大学的地理学者，他告诉我们："在让研究生遵从个人的想法和给予他一个好的研究题目之间，要做到一种微妙平衡，这一度让我非常焦虑。"这段话言简意赅地说明了包括社会科学和自然科学在内的所有博士研究生指导教师们都需要面对的困境。本章扼要地说明了指导教师们如何谈论他们的困境——"微妙的平衡"——将自己曾经作为博士研究生的经历与现在作为博士研究生指导教师的经历作对比。

关于博士研究生及其研究工作和所受学术训练的定性研究，数量是非常少的，人们对于高等教育中这些重要方面的特征的认识仍然是十分有限的。从某种程度上来说，这反映了对这一领域的相对忽视，也反映了很多关键的社会化过程被学者们视为"私人领域"。我们对于指导和学术训练过程的了解仍然特别有限。尽管近期在英国出现了一些相关研究，但对于博士研究生的培养过程仍然只掌握有间接证据。也有一些研究文献记录了博士研究生、指导教师以及其他相关人员的访谈数据，然而，在指导关系的实际发生方面，依然缺少观察性数据。目前可以看到的数据以及近年来文献报告的数据，几乎全部是叙述性材料，都是通过质性访谈收集的。

在社会科学领域中，关于博士研究生及其培养过程的研究始终缺少长期和系统的观察。在自然科学领域中，关于博士研究生培养和博士后研究人员成长的研究，事实上也多散见于一般的"实验室研究"中，这是因为它就发生在半公开的实验室之中，而且研究团队中的其他成员也都在场。科学社会学的学者们对实验室和研究团队开展过民族志研究（Traweek，1988；Latour 和 Woolgar，1986；Lynch，1985），其中涉及研究生指导的问题，但从未从学术社会化的视角对这一问题进行过研究（Delamont，1987；Ashmore 等，1995）。因此，在现有文献中，我们只能看到自然科学领域的指导教师们的叙述。研究者们对于这个问题的研究也通常是以研究生和指导教师对于指导关系和过程的叙述为基础的。McAleese 和 Welsh（1983）、Wakeford（1985）、Scott（1985）、Young 等（1987）、Wright（1992）、Becher 等（1994）、Burgess（1994）以及 Hockey（1994）等的研究都是基于访谈的，而访谈提供的只是指导教师认为自己该做的以及他们希望呈现给研究者的数据。

这种由描述和论述集合而成的研究访谈本身就可能存在问题。访谈数据可能是片面的或单一视角的，但还是有很多研究者愿意把访谈材料作为证据，以说明个体和团队是如何组织他们日常工作的。更多的研究人员则愿意将访谈数据作为受访者个人经验和主观评估的证据。还有一些更为激进的人，他们坚持将叙述当作受访者的实际行为，或认为叙述本身与行为完全无关。Gilbert 和 Mulkay（1984）对于自然科学学者的分析就是一个典型例证。这样的分析视角并不会让访谈材料成为无用的数据，重要的是蕴含着如何看待数据的特定观点。Gilbert 和 Mulkay 重点分析的是受访者如何建构自己的叙述方式，他们分析了受访者是如何完成叙述的。其实，对话本身就是一种特殊的社会行为，例如通过对话来调和研究框架和立场之间存在的潜在矛盾，以及通过对话评估其他学者的研究工作。

本书并不持激进的怀疑主义立场，而是认为访谈数据可以用来阐明文化和背景，同时也承认访谈数据存在局限性和不完美的地方，这样方法论的问题可以得到解决。与此同时，我们认识到确实应该检视叙述的形式化属性（Cortazzi，1993；Riessman，1993）。无论我们是否相信访谈中的叙述有着超越访谈内容本身的参考价值，或者无论我们是否相信每个访谈都是独特的，受访者叙述的方式都是非常重要的。叙述或其他类型的论述在社会生活中无处不在，也是日常实践行为的基础；它们有自己的组织特点和规律，我们当然不能无视这些特点和规律。作为一种普遍的个人表达和人际交流方式，叙述本身值得关注和研究。因此，本研究将重点检视叙述和论述的组织方式和修辞，分析时也会特别关注叙述的语篇结构。有些人可能会认为访谈中的叙述并不存在超越内容的本身价值，但事实上，我们确实可以从叙述的结构和叙述的修辞等方面进行多种分析（Coffey 和 Atkinson，1996）。

在对指导教师提供的有关博士研究生指导的叙述进行分析时，我们并不认为这些叙述会使我们直接了解到学术指导的真实实践或指导教师与博士研究生之间的社交互动模式；相比之下，我们更加关注指导教师在访谈中讨论学术工作中重要和隐性部分时所使用的主题、意象、比喻和叙述形式。在我们看来，这些叙述内容以及叙述特点和方式，是学术文化的一部分，而并非个人特质或个体经验的反映，也不是与访谈语境完全无关的行为。

我们对访谈材料进行了认真分析，特别是受访者的叙述中经常出现的主题和修辞形式。在分析的过程中，我们特别关注自然科学和社会科学领域的指导教师们都使用的修辞和叙述形式；与此同时，也意识到过于强调理想型的叙述者会存在模糊独立个体的危险，同时还会低估不同学术领域之间和不同类型高等院校之间的潜在差异。我们的目标并不是找到或创造一个理想型的社会科学学者，或者暗示学者们共享了一套普遍的修辞文化和叙述主题。但对于共同叙述方式的探讨的确是为更细致地理解叙述模式上的差异奠定了基础。

如上文所述，我们是通过开放式访谈来收集数据的，而不是通过自然发生的同院系或同学科成员间的有组织的对话来收集数据的。虽然访谈有明确的研究目的作为指导，但也没有理由认为这些访谈中形成的叙述和其他语境下产生的叙述迥然不同；尽管访谈者的确都是学术圈内的人，但也并不代表访谈中的谈话和其他学术场合中"自然"发生的同事间的谈话截然相异。

访谈中，我们询问指导教师他们指导博士研究生的目标是什么以及如何达到这些目标，也鼓励他们（以匿名的方式）给出一些实际成功或失败的例子，还要求他们讲述自己的学术传记和他们的指导经验——包括过去和现在的指导经验。我们对于不同类型的博士研究生很感兴趣，如非全日制博士研究生和全日制博士研究生，但大部分受访者都没有指导过非全日制博士研究生。因此本章中提到的博士研究生均为全日制博士研究生。此外，数据中既包括来自海外的博士研究生，也包括英国本土的博士研究生。

值得注意的是，大部分受访者都表示自己曾经获得的指导很有限，主要的读博动机是成就更好的自己。正如来自 Tolleshurst 大学的地理学讲师 Kenway 博士所说："我决定要非常关注我的研究生，因为从我个人的经历来说，这方面太缺乏了。"他还说道："我当研究生时，几乎没有得到任何指导，所以现在，我才非常强调关心和关注研究生。"

访谈数据的分析显示，不同学科对于研究生指导的本质的理解各有不同。但本章主要关注各个不同学科在研究生指导方面的共性特征。在做相关叙述时，指导教师们会反复使用某些主题和叙述模式；其中一个相同点便是指导教师们会对比自己攻读博士学位时接受指导的经历以及他们如今作为指导教师的指导目标与实践。很多受访者都和我们分享了与 Kenway 博士类似的经历。Kenway 博士通过对比自己过去的经历提出了自己作为指导教师的指导原则和目标。在很多受访者身上都可以看到这种"对比修辞"的使用。Hargreaves（1984）在形容老师们的对话时使用了"对比修辞"，一面是在敏感且现实的学校里在真正的压力下管理学生的老师们，与之对比的是"其他"人，要么是可笑的"开明"，要么是可笑的"守旧"，抑或有着不着边际的想法。"对比修辞"是一种常用的叙述方式，叙述通常是基于我们和他们、过去和现在、这里和那里的区别来进行的。通过这种叙述方式，叙述者能够为其所做之事或相信之事作合理化论证，同时也将自己与其他人或过去的错误区别开来。

接下来我们将展示，指导教师们如何使用"对比修辞"，对比他们曾经作为研究生的经历或他们刚开始担任指导教师时的经历（或两者）与他们现在的情况。他们以这种方式进行叙述是为了捕捉和说明事情往往存在一种张力、对比抑或两难。这反映了他们希望在过多干预和学生自主之间取得平衡，希望在强力控制和给学生授权之间取得平衡，希望在制定严格的工作框架及时间表与尊重学生自由需求之间取得平衡。接下来，我们将举例说明和讨论指导教师关于这种"微妙的"平衡的论述，然后再呈现学者们经常使用的过去和现在的对比。

如何做到平衡

指导教师们的叙述中涉及多个主题的张力与平衡。在本章伊始，我们就引用了地理学者 Crupiner 博士的话，他提到了自己在让研究生自主决定想做的事情和直接给予研究生一个好的研究题目之间做到微妙平衡时的"焦虑"。这个两难的困境实际上就是叙述中对比修辞的一个维度。其他指导教师的叙述也都包含类似的张力与两难困境。根据他们的叙述，张力与平衡在研究生培养的每一个重要阶段都存在：不仅包括选择研究题目，还包括研究设计、数据收集、数据分析和文本写作。在研究生指导的全过程中，指导教师都要经受强力控制和自由放任的内心拉锯，指导教师们会运用各种修辞来表达强力控制和让学生自主之间的张力与矛盾。

来自 Boarbridge 大学的社会科学学者 Nuddington 博士说，相比于他的同事，自己给研究生的指导比较少："我的一些同事会制定非常明确的规则并要求研究生遵守，而我会比较随意一些。我确实认为不能对研究生进行严格管制，因为如果那样做的话，可能会把我的想法太过强加给他们了——博士学位是他们的，不是我的。但我会希望定期与研究生们见面，比如'每月定期开碰头会'。"对于自然科学学者来说，他们更可能组建一支包括博士研究生和博士后研究人员在内的研究团队，并在项目资助下开展一系列相关问题的研究，在这一过程中，个人的论文研究题目与整体的研究项目之间就会存在张力和矛盾。Nankivell 教授是一位来自 Ottercombe 大学的自然科学学者，他解释说："在我看来，我要经常努力权衡研究生需要多少指导，并从中找到平衡点。我的结论是，需要多少指导主要取决于个人，我曾经有一个攻读理学硕士学位的研究生，他就是那种需要别人一直管着他的人。现在想来,当时我真的可以索性一脚把他踢出去,但是如果真的这样做,对他没有任何好处,或许能对我有好处吧,因为这样可以尽快完成研究项目。所以我一直在考虑如何在自己的一些想法、尽快完成在研项目以及努力培养研究生的研究能力之间找到平衡,但是确实很难。"

Rushberry 大学的社会科学学者 Rennie 博士强调了指导职责中管理能力的重要性,他指出了指导过程中的一个特殊困境——如果博士研究生的论文选题与其指导教师的研究领域太过接近,那么研究生就可能会缺少独立性。Rennie 教授为这种两难困境提供了解决方案,即强调指导教师的管理职责,而不是对研究生的研究工作进行直接干预。"我认为,最重要的是,你要明白自己的工作就是管理学生。要成为一名好的指导教师,并不需要了解学生所做研究的所有内容。一名好的研究生在自己的研究题目上应该比指导教师知道得更多。如果指导教师的研究和研究生的研究有太多重叠的部分,可能会存在问题,因为研究生会觉得自己没能从指导教师的知识领域中跳脱出来。"Boarbridge 大学的社会科学学者 Netley 博士告诉我们:"在你要教他们多少东西和在多大程度上让他们自己往前走之间,要取得平衡是非常困难的。"他的同事 Munsey 博士阐述了类似的张力:"如果研究生想要的是人工喂养,比如他希望我帮他做一部分工作,这是不行的。我希望在研究生身上看到独立的个性以及自身的动力。他们应该具备学术能力和身体条件去完成数据收集与分析的工作,当然这需要一定的指导。如果我发现他们每天都要来找我,让我提供一些信息和数据给他们,我是不会分出 10%或 15%的研究时间来帮助他们的。"

在上述指导教师的叙述中,主要对比的是指导过程中研究生的依赖与独立。Tolleshurst 大学的 Coltness 博士坚持说:"让我这么说吧,指导研究生是非常难的事情,我想这是我工作中最难的部分,也是我最不享受的部分,因为我觉得自己还做得不够好。"Coltness 博士质疑的主要就是微妙的平衡:"我应该拿着勺子喂他们吗?他们应该自己去做吗?我应该帮助他们做文献工作吗?多少内容需要重新写?他们已经认真梳理过论文内容了吗?……对于这些问题没有任何准则可依,所以我有很多疑问。我应该在多大程度上帮助那些比较弱的学生,又在多大程度上要求他们跟上优秀学生的步伐?他们每个人都太不同了,他们可不是现成的。"

很多指导教师谈到了近期英国博士生资助政策的调整以及博士生培养政策背景的改变（Becher 等，1994）。一些受访者表示，惩罚政策（如果博士研究生延迟太久提交学位论文，政府给予院系的资助就会被削减）使他们改变了自己的指导模式。这其中就包括 Crupiner 博士，他是来自 Tolleshurst 大学的社会科学学者，他说道："有时博士研究生并不想见你，是因为他们希望论文是他们自己的，这中间总是存在一种两难，即我是不是要告诉学生'这是一个非常棒的题目，这就是你应该做的'。近来我更倾向于这样告诉学生们，这主要是因为时间有限，然而过去我会避免这样做。这真的是很让人感到焦虑。"从 Latchendon 大学社会科学学者 Wishart 博士的访谈中，我们也能够感觉到经济与社会研究委员会施加的压力越来越大，在指导过程中达到微妙平衡的困难也越来越大："博士研究生的培养真的应该把指导教师自己的研究兴趣和研究生个人的研究兴趣结合起来，双方是需要共同发展的。现在我已经意识到来自经济与社会研究委员会的压力，他们要求博士研究生必须在三年或四年内毕业，但是我本人把攻读博士学位的过程看作长远事业发展的起点……作为指导教师，我并不会说'你必须在四周内完成第一章，在十个月内完成所有'，我更愿意让他们决定自己的工作节奏，从某种意义上来说，自主决定也是博士研究生学习过程的一部分。我想这对于很多人来说都是一个非常孤独的过程，但他们必须冲破限制，他们必须努力与指导教师共事。从某个程度上说，我可以不断督促他们，我可以说'好吧，现在告诉我过去的两周或三周你做了什么？'，但最终我还是会在他们前进的道路上设置一些障碍，他们必须靠自己跨越过去。我不必一一说明应该如何跳过障碍。在克服困难、跨越障碍方面，确实有一些人表现得更聪明，而另外一些人则表现出更多的不确定性，而且需要额外的指导和帮助。"Forthhamstead 大学的自然科学学者 Danson 博士描述这一过程时说："一旦我们决定了一个研究主题，那么研究生就会逐渐地越来越主动地投入到他自己的研究部分中去。我的意思是，博士学位不是指向技术人员的，这是一个哲学博士学位。"Danson 博士认为，特别是对于实验室科学而言，研究生不断提升自己的学术自主能力是非常重要的。成功的研究者必须是独立的："所以你并不是在要求谁去做什么工作，然后告诉他们做一些别的，再做一些别的。你希望的是他们反馈想法给你，并以此为基础在某个特定领域指导项目取得进展。"

如访谈数据所示，这种想法并不仅仅限于实验室科学，社会科学学者同样看重研究生的学术自主能力的提高。Chelmsworth 大学的社会科学学者 Shannon 博士详细叙述了研究生不断提高的学术独立性如何对指导教师的指导产生影响。她着重强调了微妙的平衡是如何随着研究生的发展而发生变化的："我真的认为对于指导教师和研究生双方来说，这是一个非常困难的过程，而且会随着时间的变化而发生变化。这本身也是非常个性化的事情。起初，指导教师在规定和指导研究生时处于强势地位，而研究生处于相对从属的地位，也更愿意接受指导教师的建议和指导。"对 Shannon 来说，研究生需要从最初阶段蜕变，因此："在研究生越来越多地接触一个学术领域之后，这种关系就开始变化了，因为研究生在发展属于他们自己的专业知识，甚至是指导教师不再了解的知识。研究生还会逐渐认识到他们的智力成果需要从其指导教师那里分离出来。这很像是成长的过程和智力发展的过程。当研究生发展出学术独立性的时候，冲突就会在某一时间点出现。"

Shannon 博士将不断变化的平衡比作青春期的剧变关系："我始终认为在平衡不断变化的过程中，存在冲突，就像我和我女儿的关系发生变化一样，作为指导教师，开始'放手'是非常困难的。你总是会觉得他们还没准备好，他们不受控制，这就会导致公开的或潜在的冲突，就像有些时候研究生们对你避而不见。"Shannon 博士说她见证了同事及其研究生之间的冲突，尤其是："当研究生似乎不能完成研究工作时，我想这需要开诚布公地谈一谈。我认为最成功的博士研究生是那些以更加开放的心态渡过这段时间并最终完成学位的人。否则就可能会卡在某个阶段，指导教师仍然指导过多或控制过多，而学生却试图逃离并发展他们自己的兴趣。如果你不小心，可能就会陷入困境——研究生们不知道要如何进步，指导教师也无法给出研究生们所需要的渡过难关的建议。我不知道其他指导教师是否也意识到了这一点，但这种关系的变化的确很难处理。"

一些受访者着重叙述了论文写作过程中的微妙平衡。在学生进行论文写作的过程中，指导教师如何在干预和不干预之间寻求平衡，并不容易。有一位指导教师认为很难不去干预学生的写作。Brande 教授是 Hernchester 大学的一位社会科学学者，他意识到自己正陷入干预过多的危险当中。他告诉我们："我为他们做一些事情或跟他们一起工作时真的感到很焦虑。我根本无法忍受看到他们做成这种程度，如果是我自己来做的话，可以好很多……我愿意更多地参与进去……这让我感觉这是我的学位论文而不是他们的，而这对于他们而言是不公平的。如果使用文字处理器进行写作的话，情况就会变得更糟糕，因为他们的文本会在计算机上展示，而你就和他们一起坐在键盘前面。"谈到论文写作中指导教师的角色问题的并不只有 Brande 教授，Latchendon 大学的 Woodrose 教授也是一位社会科学学者，他也认为学术写作的过程是微妙平衡可能会被破坏的一个阶段。他告诉我们说："你不能要求学生比他们能做到的更快——我指的是论文写作、文献综述，这些都是能引领研究生进入下一个阶段的决定性的写作工作。"

来自 Gossingham 大学的 Godlee 博士对于指导教师在研究生论文写作中的角色给出了非常有说服力的解释："论文的第一稿可能是一些有趣的想法的集合，但是这些想法并没有被有效地整合起来。我指导过的大部分研究生似乎都很难建立起一条清晰的贯穿全文的论证线索。作为指导教师，我的任务就是努力与研究生讨论如何通过重组研究材料讲出不同的故事来，并且尽可能专业地做出选择。"

指导教师们在叙述中使用了多种方式来描述和论证自己如何做到一系列平衡，所谓平衡，就是适合师生关系的干预或控制的程度。指导教师们对于这些问题表现得非常敏感，在访谈中反复进行叙述。在叙述的过程中，学者们普遍使用了对比修辞，特别是，他们对比了过去和现在：将他们现在的指导方法与他们作为博士研究生的经验做对比；一些人还对比了现在的做法和自己刚刚担任指导教师时的做法。所有使用对比修辞的受访者都是希望通过这种修辞形式，证明他们所说的系统指导和定期指导的合理性。接下来，我们还会更细致地考察对比修辞这种叙述形式。

过去和现在

较夸张地放大一些对比有利于强调差别，指导教师们经常会讲述一些恐怖的故事，例如他们曾经如何被他们的指导教师忽视等，这些可以促使指导教师们对比审视自己的指导行为。接下来的这个例子，是我们从对 Ottercombe 大学的自然科学学者 Mincing 博士的访谈中摘录的一部分。首先，他描述自己当年做研究生的经验时说："我的指导教师……他之前从没有指导过博士研究生，但在那一年他同时有了四名博士研究生。整个第一学年我们就是坐在那儿玩手指，基本什么都没做。" Mincing 博士指出，因为都是新生，他和其他几位博士研究生同学并不知道该从指导教师那里得到什么，所以也没有反抗或试图改变指导教师的行为："我完全不知道指导教师应该做什么。我以为博士研究生就应该是那样的，就是坐在那儿等着事情来找你，几乎没有获得什么指导和帮助。"现在，他已经是指导教师了，他说自己的做法与他曾经的指导教师不同："我确定，我给予我的研究生们的指导要比我的指导教师当年给我的要多。因为，我认为刚刚本科毕业的他们并不知道别人对他们的要求是什么，也本不该期望他们知道这些。这就是博士研究生的学术训练——训练就意味着指导。"

Mincing 博士是一位男性自然科学学者，但他所讲述的对比故事与来自 Tolleshurst 大学的 Challoner 博士——一位社会科学领域的女性质性研究学者——所说的相似："我在 Sipehurst 大学读博的时候，当时的系主任决定自己一个人来指导我们所有一年级的博士研究生。当时我们有 11 个人，他把我们全都接管了，却完全没有和我们中的任何一个人沟通过！在读博的三年时间里，我只见过我的指导教师两次。不仅如此，他还实施了禁令。如果我们去见任何一位其他老师，这位老师就会收到他的信说'你怎么敢和我的学生说话！'，这感受太强烈了，因为我完全不知道该怎么做和做什么。虽然同学之间互相支持，但花费了我大量的时间，也需要强大的信心。我们的指导教师在系里是出了名的难相处……我的博士方向是城市生态学，在第一次谈话时，他就和我说：'当然，我们都不知道现实到底是什么。'在最后要毕业的时候，他重复了同样的话。我做所有事情都要自己去不断尝试，犯过很多错误。好吧，我确实是通过这样的过程学到了很多东西，但那的确耗费了我太多的时间和信心。关于职业生涯发展，我从未得到过博士研究生应该得到的指导，比如如何发表论文等。整个学习过程都是自发的，在学术圈中也没有任何关系网络可以利用。"

与 Kenway 博士和 Mincing 博士一样，Challoner 博士也对比描述了她曾经的个人经历与现在作为指导教师的指导风格："我曾经发誓一定不会让这样的事情发生在我的博士研究生身上。"她详细描述了自己的指导方法:"一开始我是以联合指导教师的身份指导研究生的,与我联合的那位学者主要是来和 Phil Coltness 一起工作的,但那时他人还没有来,所以我就先与 Julius 见面并开始指导工作,我当时的指导方式就是与研究生一起工作。我会每周见他一次,每次指导一小时。我们会一起喝杯咖啡,仔细琢磨他的文献阅读,讨论他的研究想法——主要是让他融入系里并努力给他一种归属感,这对我们正在做的事情来说是非常重要的。我要求研究生严格遵守阅读、写作和研究的时间表,因为我认为这对他们提高写作效率是非常重要的……所以始终要求他们聚焦在最终的学术研究产出上,以及如何把他们的想法付诸研究。"Challoner 博士认为她的研究生们都会按时取得学位:"事实上,他们能够渡过难关获得学位,是对我的指导方法的验证,所以我一直在用这套方法。"

在描述和鼓吹自己的指导方式的过程中,Challoner 博士对比了她现在作为指导教师的目标和她过去作为博士研究生的经历。从上述摘录的访谈材料可以看到,她对比的内容包括:与研究生见面的频率与规律性(一面是三年内只与导师见面两次,一面是作为指导教师与自己的研究生每周见面一次);一面是帮助研究生积极融入院系,一面是让研究生陷入孤独的境地;一面是遵守严格的时间表,一面是浪费研究生大量时间;一面是让研究生专注于结果,一面是全凭研究生自己不断尝试和犯错。在她的叙述中还暗示了,她和自己的研究生有充分的交流,而她的指导教师却和她无话可说。上述这些都向我们展示了什么是对比修辞。

其他多位指导教师也运用了类似的对比修辞。同样来自 Tolleshurst 大学的 Coltness 博士认为现在的博士研究生指导工作已经"在很多方面都做得更好了"。他继续说道:"在 Reddingdale 大学做研究生时,我只和自己的仪器设备打交道。每周一次的讨论会绝对是煎熬,只是一种形式上的东西,实际上并没有太大帮助。当时倒是有一门其他院系开设的计算机课程还可以。整体的情况就是'做研究,然后写出来。你只能靠自己。'"他把上述经历与自己现在的做法相对比:"我有一个'门户开放'原则。我一周五天都从早到晚都在办公室里,办公室的门是敞开的,以便学生们有需要可以随时进来,包括研究生和本科生……除了正式的讨论会外,对于新的研究生,我先会每周至少与他见面一个小时。之后,在他们的第二学年或第三学年，我会每两周见他们一次。在最后的论文写作阶段，他们需要写完交给我，我阅读后会点评并反馈意见，之后他们要来见我并就我提出的问题进行讨论。同时，我还会在讨论会上见到他们，每周二都有人文地理学专业的讨论会，这个讨论会是博士研究生们结识朋友的好机会。"

来自 Boarbridge 大学的 Meade 博士称，多年之前在她攻读博士学位的时候，"那真的是被扔进了深渊……与本科阶段的学习有巨大的落差。最初我有一位学术水平很高的指导教师，但事实上他只是让我自己摸索"。她的故事出现了转折：在她的首任指导教师离开后，"指导我的是一位特别优秀的讲师，他给了我非常好的建议，让我真正进入学术研究中"。

Pilgrim 博士是来自 Illington 大学的一位自然科学学者，他讲述了自己在 Tinworth 大学攻读博士学位时的经历："我被孤立了。和现在相比，当时我所在的系非常小……指导我做项目研究的是我们的系主任，他的其他工作和活动越来越多，真的没有时间指导我。" Pilgrim 博士觉得他的指导教师的研究 "与我正在做的研究不太相关……所以对于这个项目，我可能知道得比他还多"。

我们不能说这些负面的故事是绝对真实的，也不认为它们是完全虚构的，这些故事都是学者讲述给我们的，是具有一定可信度的，但叙述内容的重要性却不仅仅在于其表面价值。这些运用对比修辞的叙述，目的是展示受访者、指导教师群体的现有做法，说明现有的指导工作得到了更好的组织以及对于研究生而言更具支持性。为与 Pilgrim 博士的过度承诺的导师故事相对比，再来看看他的同事 Illington 大学的 Panthing 博士的说法。因为之前都在海外工作，在开始时他对于英国的博士研究生教育缺乏了解："对于博士研究生教育到底是什么，我也没有清晰的想法……我还没有接触足够多的博士研究生吧……我从未有过清晰的想法，也没有特别关注的问题。我一直在不断探索不同的东西，我脑子里也没有一定要寻找出答案的非常清晰的问题。我想我的研究工作可能顶多够指导两个博士研究生的。"他将之前的知识缺乏与他今日已有的经验并列叙述。现在，作为指导教师的 Panthing 博士在谈论他与博士研究生一起工作时说道："我尝试和帮助他们确定研究问题，告诉他们研究领域是他们一生的职业内容，而博士学位是重要的里程碑，所以应该聚焦。完成它，跨越它，然后继续走下去。"

这是典型的在对比自己过去的经历和现在的实践，一方面是没有原则可依循，另一方面是自己的指导已经为学生提供了适当的建议和支持。大部分受访者都希望他们当年会有像现在的自己这样的指导教师、院系环境等（通常都是在其他院校）。一个典型的对比来自曾就读于 Hadleigh 大学、现任职于 Gossingham 大学的社会科学者 d'Hiver 博士："我必须说，我们现在提供的指导水平比我在 Hadleigh 大学的时候要高得多，尤其是在指导质量方面。我的意思是，在 Hadleigh 大学时，如果你够聪明的话，就会靠自己摸索着做研究。当然，这也取决于你的指导教师。" d'Hiver 博士的指导教师在得到了其他机构的主席职位之后离开了 Hadleigh 大学："我的第二任指导教师对我的研究工作兴趣不大。我认为他甚至可能都没读过我写的东西，尽管他是一个非常好的人。所以我基本上都是自己在做。尽管 Hadleigh 大学也可能有了很大变化，但在 Gossingham 大学得到的支持要比在 Hadleigh 大学得到的多。" d'Hiver 博士在此构建了很多对比叙述。她对比了过去的经验和现在的角色，特别的是，她对比了 Hadleigh 大学和 Gossingham 大学的组织结构和两者所提供的支持网络。对比修辞在这段话里被运用了多次。和其他受访者一样，d'Hiver 博士的对比论述是基于她个人自传式的主题和大学组织制度的主题，具体包括专门为支持博士研究生而设计的支持网络和工作机制。她的同事 Hakapopoulos 教授给英国的博士生教育画了一幅生动的漫画，目的是与 Gossingham 大学的普遍安排相对比："有人还是会模糊地认为这个家伙在他所在的研究领域内是第一呢，他有着聪明的头脑，也有想要追求的有趣的想法，可以坐在图书馆，偶尔与高级休息室里的成员聊聊天。然后，博士论文就出来了"。在此，Hakapopoulos 博士提到了对比修辞的一个重要维度，他的参照点是过去博士研究生教育的固有形象：强调个人的个性素质，指导工作几乎没有结构而言，高度依赖于隐性标准。Hakapopoulos 的"漫画"叙述带着闲逸的和学术特权的色彩，与之形成鲜明对比的是已有明确结构化要求的指导实践。

Barnabas 博士是 Hernchester 大学的一位社会科学学者，也对比了自己在 Hadleigh 大学读博期间的经历与他目前在 Hernchester 大学的教学工作："在我读博的时候，我并没有得到多少指导和帮助。我猜这更多的是模式问题……那时候基本上就是'去吧，出去做一个学位论文'。事实上，第一学年之后我的指导教师就没有再读过我写的任何一个字了。我觉得当时真的没得到什么支持。"作为对比，他叙述了自己指导研究生的方式，特点是给予研究生们更强的指令："我坚持每周都要见一次研究生，有的时候一周要见多次；同时还要有每周的例会，而且我会让他们每个月定期写一些东西。"

在这种对比叙述中，受访者通常都会说过去的自己几乎没有受到过指导，当时的研究生们都被迫只能依靠自己，并认为在当时攻读博士学位主要是研究生个人的事情。这与近期政策和实践中强调更加密切的师生关系和更具指令性的指导，以及认为博士生教育需要明确的监督机制来保障，形成了对比。这类主题还可以从 Palinode 教授的论述中看到，他现在是 Portminster 大学应用社会科学的讲座讲授。他描述了自己在 Boarbridge 大学攻读博士学位的经历："我知道指导研究生的确不容易，指导关系也容易出现问题。我在 Boarbridge 大学时接受的指导，质量真的很不好。"此处，Palinode 教授使用了"质量"一词，但其含义似乎并不是质量保障之类的，而是更多地反映出他在读博期间得到的关注不够以及缺少指导。他特别强调当时自己迷失方向和倍感孤单的感觉，尤其是在读博的早期："我认为你需要具备与他人广泛交流的能力，这些人并不一定是你专业领域内的，但对你的专业有一个大概的了解，这些人可以给你提供有帮助的信息，这样你就不至于像我当初一样失去方向……你到达的第一天，等待你的就只有一张空桌子，你问自己说'我现在应该做什么呢？'，我花了六个月的时间决定自己到底应该做什么……我认为融入新环境很重要，只有这样，人们才可能开始帮助你。我认为博士研究生培养项目其实很有用，尽管你当时可能不这样认为，有人认为这应该包括：先做一年的研究，了解研究的整个过程，再进行研究方法论的训练，之后写博士学位论文。"

Palinode 博士自己还未成功指导过博士研究生毕业，但当被问到他自己的经历是否会使他成为一位更好的指导教师时，他说道："我希望是的……我认为那会让我成为一个更好的指导教师，但是这听起来挺自大的。" Palinode 博士回顾式的叙述在一定程度上将问题归咎于他的指导教师："指导我的那个人……当时已经准备退休，他是一个愤世嫉俗的老家伙，也是一个非常消极的人。" Palinode 博士希望自己能从中学到如何成为一位更好的指导教师。在 Palinode 博士的对比叙述中，也许最需要注意的是,他是在 1987 年开始攻读博士学位的,不像大部分受访者是在 1957 年或者在 1967 年开始攻读博士学位。这证明作为研究生的经验和对现代学生的期望之间的对比修辞并不一定要对应久远的过去。

受访的指导教师们对比过去与现在,所谓"过去",不仅包括他们作为博士研究生的经历,还包括他们缺乏指导经验和作为年轻的指导教师时的表现。比如,Eastchester 大学的社会科学学者 Jelf 博士讲述了自己的指导行为是如何随着时间发生改变的:"这对于我来说是一个学习的过程。在 20 世纪 70 年代初期,我过于柔和,也没有给予研究生足够的指导,我当时认为只需要给他们一些提示,然后他们就能从错误中总结经验和进行学习了。"但从 90 年代开始,Jelf 博士会给予研究生们更多指令,给他们制定更明确的工作框架并强调要有定期的研究产出:"我试着让他们尽早开始学术写作,我非常坚持这一点,因为这非常重要。如果他们不写作的话,就总是有一半的问题得不到解决。"

Jelf 博士说自己之所以改变指导方式,是因为他现在认为研究生"从攻读博士学位之日起就需要有真切的紧迫感"。Boarbridge 大学的社会科学学者 Morrow 博士也对比了她的早期经验(在我来到这里六个月后我就开始指导三名研究生了,那对我来说真的太可怕了)和她现在的指导能力。在接受我们访谈之时,她对于自己的指导能力已经非常自信了:"当研究生们开始觉得失去目标和感到孤独时……可怜地坐在桌前看着满满一柜子的材料,他们就坐在那里呆呆地看着,想着他们下一步应该做什么。所以我一直都试着给他们一些事情做,比如阅读指定的论文并写文献综述。我了解自己,我并不是十分擅长言语沟通——我需要看一些写出来的东西,即使写得很零碎也可以。通过看研究生们写的东西,来了解他们是如何开展研究工作的以及他们的进展,我会根据时间安排不同的任务给他们。"通过这种方式,Morrow 博士希望对每位研究生都有反馈,也同时为他们制定研究框架。以 Jelf 博士和 Morrow 博士为代表的指导教师表达了相比于自己职业生涯的早期,现在已有很多指导经验了。

尽管基本的叙述是一致的,但对比的内容可以多种多样。自己读博期间的不好的经历会经常作为一项基准指标,目的是校准现在作为指导教师的目标和价值。我们从访谈数据中看到了对比的多重维度,它们本身并不能构成不同形式的对比修辞，却表明了不同的叙述来自特定的主题或词汇。正如我们看到的，"过去"的特点包括：缺少帮助，缺少监管与指导，缺乏系统性，研究不聚焦，过分依赖非正式的和个人的因素而不强调制度设计。因此，实际上对比叙述要表达的是从过去到现在的转变，即从不明确和个人化转变为明确指令和有组织的制度安排。

总　　结

本章有三个重点内容。首先，我们强调了关于指导方式的研究是基于对指导教师的访谈而不是基于直接观察他们的行为，因此建议大家在解释这些访谈数据时要非常慎重。在缺少直接的观察性证据的情况下，访谈材料可以被适当地使用和分析。我们一方面不能过高估计访谈数据的价值，不能认为这些访谈数据精准地反映了指导教师和研究生们的真实情况；但另一方面，也不能完全弃之不用，我们可以考察叙述中反复出现的主题是什么以及叙述被建构的方式。

其次，我们运用对比修辞的概念来考察指导教师们的叙述，当然主要是对比他们自身（负面的）读博经历和如今作为指导教师的实践。我们要考察的是指导教师们如何通过使用修辞方式来说明和论证他们指导实践的合理性。他们的叙述并不是缅怀逝去的黄金时代，相反，他们作为博士研究生的经历——至少在我们的访谈数据中——是缺少教师指导的，是缺少院系支持的，是只能依靠他们自己的。"过去"在此表示的是隐性的和个体化的（经常是孤独的）工作关系，而"现在"则是被描述成为更具有显性结构的和更具有制度性安排的。

第三，本章的题目就呈现了指导教师要取得微妙平衡的难度。如访谈所述，他们在实践中感受到了张力——一方面要给予博士研究生明确的指导，另一方面又渴望他们保有自主性。与过去的情况相比，现在的研究生指导有了更强的制度安排，但这又带来了新的张力与两难。

我们没有理由认为这类叙述仅出现在我们所研究的学术界，也没有理由认为这与我们所理解的学术工作和生活没有关系。指导教师的叙述中反复出现的主题反映了学者们的广泛关注和学术的内部张力。学术人员发现自己总是处在各种"微妙的平衡"之间：自主和问责之间，专业主义和管理主义之间，研究的生产力和创造力之间。我们所展示的关于博士研究生指导的叙述只是广义的职业文化的一部分，学术人员试图说明他们如何改变和调和其中存在的张力。

第九章

教育的连续性

> 正如我们已经看到的，指导博士学位论文的权力使那些教授得以长期控制渴望成为他们继承者的人。（Bourdieu，1988：152）

在第八章，我们使用指导教师的访谈叙述探讨了"平衡"的主题——指导教师的干预与博士研究生原初和个人努力之间的张力。研究显示，这是博士研究生指导过程中普遍存在的问题，同时也反映了科学发现和学术研究中普遍存在的"基本张力"——原创性与连续性之间的张力，以及对知识生产贡献中集体责任与个体责任之间的张力。虽然也会涉及其他学术成员的访谈，但本章将转向以研究生们的叙述为主，继续探讨与前几章相似的主题——研究生的社会地位和学术地位、学术研究过程中的集体责任和个体责任，以及进一步探究不同学科之间的差异。

本章将继续采用对比的方法来考察差异性——在社会化过程和学术身份来源方面，存在"地位模式"和"个人模式"，本研究就是要考察两种模式。此种对比源自Bernstein（1977）的观点，他使用上述概念分析社会化的模式，特别是家庭社会化的模式。我们将其理论进行扩展，以把握学科和院系——作为学徒培养机构——的重要特点。在采用"地位模式"对儿童进行社会化的家庭中——我们将其扩展为采用"地位"模式对研究生进行社会化的学科之中，社会角色基本是先赋的。在这种社会化模式中，个体身份由一系列紧密联系的角色和关系决定，这些角色都是明确的，反映了代际和阶层之间的清晰的差别；群体（家庭或研究团队）既有明确的外部边界，在内部也有清晰的界限划定。与此相对，在"个人模式"的社会化过程中，社会身份是自致的，是建立在更为开放的关系之上的；群体内的界限和角色都具有更强的可变性，外部边界也更为弱化；个体的地位不是先赋性的，身份的获得更多的是协商的结果，而不完全由强大的阶层划分或代际划分所决定。

Bernstein基于对控制模式、社会化和身份获得的关系研究，提出了"个人家庭"和"地位家庭"的概念，我们使用的正是这一组相对概念。在"地位家庭"中，社会控制的界限十分清晰——年龄、性别和地位明确地规定了权威的分配。与此相对，在"个人家庭"中，社会控制仍旧存在，但控制是基于更加隐性的社会关系。地位权威是强制的，个人权威则是以协商和说服为基础的。正如Bernstein指出的，在所有学科和院系中，既有学者都要对学术继承人进行控制。无论在自然科学学科中还是在社会科学学科中，资深学者们都实施权威控制，但在自然科学学科中，这种控制更多地呈现出等级性和明显的结构性特点；而在社会科学学科中，控制更多地是隐性的和协商性的，更多地基于个体人格特质而非研究团队中的领导地位。这一点对于自然学科并不稀奇，正是这种显性的地位控制激怒了那些不喜欢被教导如何进行科学研究的人们（Tobias，1990；Downey和Lucena，1997），同时，显性的地位控制正是教育的连续性机制的核心（参见第四章）。下文将聚焦研究博士研究生自身所经历的社会关系，看看他们是如何看待自己在学科中的地位，以及他们如何定位自己在知识生产中的地位的。

如果采用"地位模式"对研究生进行学术社会化，那么我们期望在院系或研究团队中看到非常明确的劳动分工：研究生的角色会被清晰地界定为学术新手。研究工作的分工——事实上是对研究工作的指导，是既定的，有明确的边界和责任分工。同时，我们期望看到研究生们带着强烈的集体意识和忠诚感融入团队之中。在这里，社会化的过程是显性的，因此研究生们"清楚地知道自己的位置"。这不一定是一个恭顺体制，但肯定是一个等级体制。如果是"个人模式"的学术社会化，那么院系或研究团队的文化则更加强调个人自致或角色达成；研究生的个体地位不再那么外显，要通过与重要他人，特别是与指导教师的个体协商获得身份；工作关系也不是由研究团队中的权威地位决定的；另外，培养个体忠诚的机制也不再以团队成员的身份为基础。

以上分析与研究生对于自身身份和地位的描述相关，他们的表述是基于各自的立场。关于学术身份的描述出现了两个极端——下属和同事。这种对比，或者称之为张力，就是博士研究生的自我感知和身份认同，即使是在经过多年的专业训练后仍旧有类似的被认同的紧张感。例如，在 20 世纪 50 年代末有两个关于美国医学学生职业社会化的经典研究——《学生医师》（Merton 等，1958）和《穿白大褂的男孩们》（Becker 等，1961）。从研究题目的选择上，就能够看出两个社会学研究团队都强调了对比观点：他们是"男孩们"还是资历尚浅的同行？我们的访谈数据表明，所有的博士研究生都认为自己在某种程度上是初级同行，但在他人眼里博士研究生更是没有权力的依附者，他们的角色具有明显的学科差异性。这并不奇怪，所有的研究证据（Becher 等，1994；Burgess，1994；Clark，1993；Hockey，1991；Parry 等，1994a，1994b；Winfield，1987）都支持这一观点：不同学科中的身份认同和研究经历差异如此之大，以至于如果要将研究生的身份认同一概而论，那么只会混淆事实。

强大的学科文化使得在其中的学者们被社会化了，在不同学科中都出现了博士研究生被成功社会化的神话。在我们的研究过程中，很多受访者（包括自然科学和社会科学领域的博士研究生以及指导教师）在对比谈论自然科学和社会科学的博士研究生的工作方式时，都唤起了"神话"。社会科学的博士学位被看作典型的个人化的师生关系的产物，自然科学的博士学位被认为是基于团队理念的实验室团队工作的产物（Becher，1989）。

个人结构和地位结构决定了研究生的学术身份，而结构本身则是强大的学科组织规则的反映。孤单的研究者与团队成员的对比，是学科间符号性边界的永恒主题。正如 Ottercombe 大学的环境科学教授 Nankivell 所说："我们与社会科学的区别就在于，我们主要通过研究团队来培养博士研究生……我认为社会科学领域的学者们都是孤独的。"

我们的研究发现也有力地支持了这些神话，相关学科中的博士研究生们的确用类似的词语描述了自己的工作和经历。同时，我们区别了博士阶段研究工作的几种组织方式，研究生们的描述可以证实存在两种截然不同的模式或"理想类型"。下面将具体分析这两种"理想类型"。我们对比研究了只有单一学科的自然科学院系和只有单一学科的社会科学院系，以及将两者再与跨学科院系进行对比研究。

在跨学科院系中，比如城镇规划、发展研究、区域研究和人工智能专业中，博士研究生的经历要比单一学科院系的学生更为复杂，这可能是因为不同研究领域的教师对研究生社会地位的期待不同。

本研究使用 Bernstein 的理论来分析学术社会化的"个人模式"和"地位模式"的差异，目的不是对不同模式做出评价。作为社会科学学者，我们更多地习惯于个人模式而非地位模式，但是我们也承认个人模式并非比地位模式更具优势。在自然科学学科中，博士研究生在研究团队中有明确的定位，其地位也许不高，也许是被严格限定的，但是相对安全；如果研究生完成了自己的角色，那么博士学位也随之完成了。社会科学中的博士研究生们并没有处于一个更舒适的地位，因为他们要为自己的研究工作承担个体责任，这就几乎意味着他们与指导教师或其他资深学者存在竞争关系。从这个意义上说，如果期待博士研究生独自取得成功的话，那么研究生只能是孤独的。在社会科学学科中，研究生与指导教师也许在表面上有着更为平等的社会关系或工作关系，并且在某种意义上讲学术社会化的个人模式本身就是基于平等精神的；但是学术"平等"的代价很可能是发现自己没有固定的地位，只有不确定性和孤独感。所以，个人模式的社会化无论如何都不是一个令人感到舒服的过程。

在自然科学和社会科学中，博士研究生的社会地位和学术身份是不同的。知识生产和再生产的不同组织方式造就了博士研究生不同的"学术自我"，社会地位和学术角色的迥异又使研究生们的日常生活大相径庭。本章主要是研究不同学科文化影响下的研究生们，特别是要考察多位研究生谈到的"孤独"，以及某些学科进行社会整合所能利用的资源（例如研究生参加各种学会团体）。

自然科学中的博士研究生被社会化为研究团队的成员，是"地位模式"的社会化。研究生的奖学金和研究项目都是由资助方决定的，有了资金资助，研究团队才能保持日常运转。学位论文的研究题目是由指导教师、研究团队负责人或实验室负责人选择确定的，并分配给每一位研究生；适合论文题目的理论范式由指导教师或/和实验室负责人选定；实验范式由研究生所属的实验团队决定；实验的设备仪器由指导教师预先安排；实验设计由指导教师预先完成。此外，正如本书第七章中所说明的，研究工作是短暂的——一个研究项目产出一个博士学位以及

2~3 篇会议论文和正式出版社的学术论文，之后就会接着做其他项目了。这样的研究通常是短时期内的重要论题：它很快就会为新的研究项目所代替（Atkinson 等，1985）。在自然科学领域，博士阶段研究工作的选题并不会是终身性的，倒是下一阶段的研究——博士后阶段的工作——才决定其终身的发展方向。

然而，自然科学领域的博士研究生有着非常明确的工作内容：做一系列实验以推动研究团队的工作，这也许是相对乏味的工作，但很明确。博士研究生定期甚至每天都与指导教师和其他团队成员在实验室见面或在实验室之外的社交活动中见面（例如，男同学们一起喝酒，体育运动爱好者们一起运动，或进行其他社交活动）。他们与年长的同事们一起发表论文，与团队成员一起参加学术会议，还经常正式或非正式地聆听团队讨论研究结果，也会参与学术问题的讨论。因为博士研究生是研究团队中的一员，因此他们被当作初级同行来对待。

如果说自然科学的博士研究生能够从团队明确的角色中获得安全感，那么社会科学领域的博士研究生则是相对孤独的个体。也许在正常指导之外，社会科学的博士研究生几乎与指导教师没有互动，甚至很少与指导教师见面，他们当然也不会有和指导教师或资深同行一起做研究的经历，他们很难看见指导教师是如何进行学术研究的。在社会科学中，没有组建上至教授下到一年级博士研究生的研究团队的传统，没有共同署名发表论文的传统，没有以团队名义共同参加学术会议以及每周开讨论会讨论研究进展的传统。事实上，对于多数社会科学学者而言，没有所谓研究团队的存在，因此同事之间没有严格的等级而是比较平等的。

社会科学的博士研究生被看作平等的有学术潜力的研究者，他们自己选择论文研究主题、研究理论和研究方法，学位论文被看作研究生自己的科研课题，甚至是个人终身的研究项目（参见第七章人类学的案例），论文是成功的研究生"赖以终身"的学术工作的一个环节，紧接着会出版学术著作和发表一系列论文。人类学尤其如此。当然，其他社会科学也不例外。以教育社会学为例，Ball 以他博士阶段完成的民族志研究 *Beachside Comprehensive*（1981）闻名，Burgess 以 *Bishop McGregor School*（1983）扬名，Lacey 以 *Hightown Grammar*（1970）著称。实际上，指导教师也许会帮助研究生控制好研究论题和实施过程，但不会让研究生有被控制的感觉。前一章关于指导教师的引述表明指导教师并不认为这是对研究生的个人权威控制,很多研究生受访者也没有意识到这是一种控制。他们报告说自己是"自由的",甚至是太自由了,以至于都会犯错误。

自然科学中的研究团队

博士研究生培养中的"地位模式"学术社会化或研究团队模式,传统上是与自然科学相联系的,在实验科学中表现得最为明显。研究团队的典型结构通常是1~2名指导教师或团队负责人,几位博士研究生和博士后研究人员们一起研究相关课题。在此情境下,一系列组织模式出现了,并形塑了团队惯习。

第四章和第七章都讨论了实验室科学中研究团队的教育连续性问题;本章继续聚焦探讨博士研究生教育连续性的结果。对于非自然科学领域的研究者来说,自然科学领域的博士研究生们不像社会科学领域的博士研究生那样,经常抱怨社会关系上的孤独或学术上的孤独(Eggleston 和 Delamont,1981)。他们也许会经历自然科学日常工作的单调乏味,但他们是研究团队中的一员(尽管是最初级的成员)。Gumport(1993:265)访谈的一位来自美国的物理学研究生竟然这样描述自己:他觉得自己像个"苦工",感觉很不好。

在社会科学学者们看来,自然科学的博士研究生在确定研究选题方面似乎是受限制的和缺乏自由的。自然科学领域的博士研究生可以选择加入哪个研究团队和投奔哪位指导教师,特别是当他们可以自由流动并拥有优异的成绩的时候。然而,一旦进入某个实验室,就不能自己选择研究题目了:研究题目是作为教育连续性的一部分指定给他们的。例如,Forthamstead 大学的 Antonia Viera 告诉我们,"题目是给定的",当 Odette 请她详细讲讲时,她说:"题目很明确。在我加入研究团队之前就有了明确的研究方向,包括研究框架和理论假设。"Antonia 认为课题并没有完全按照计划进行,这可能是因为"我来自美国,而且几乎没有实验室的工作经验"。许多研究生都认为他们的工作是"早就确定好了的"。他们的研究问题来自实验室、研究团队或团队负责人,而不是源于个人的投入或个体与研究课题的相关性。来自 Baynesholmed 大学的 Karl Gunderson 描述了自己的经历,他加入了一个原本并不感兴趣的生物化学方面的研究课题："我在博士阶段研究的是橄榄油中的生物合成脂质，这并不是我原本感兴趣的问题，但我现在对此很感兴趣。"随着研究的深入，Karl 对这个课题越发投入和着迷。这就是"地位模式"中学术热情的来源。资深学者越有权力指定和分配研究问题，那么有潜力的学术新手就越有可能明白什么是好的研究问题。Mitchell Scovil 是 Forthamstead 大学的研究生，他也谈到这一点：

OP：已经给你确定好论文题目了吗？

MS：确实是。我接手做其他人的工作，她刚完成博士学位，我将继续推进她的研究。

Forthamstead 大学的 Antonia Viera 讲述了她在美国的经历，并将博士研究生作为研究帮手的必要性与缺乏对论文选题的控制联系起来："美国的博士研究生受到奴隶般的控制——也许用奴隶这个词有点太过了——但确实是打杂工，不允许他们有自己的工作进程。""打杂工"的感受在实验室工作中尤为突出，其工作特点是常规性和重复性。正如 Garnette 博士所说的："我最不喜欢生物化学中那些危险的、机械的甚至有些乏味的研究——一旦你开始某项实验，你就知道不得不一再重复进行——这的确令人生厌。"博士研究生和博士后研究人员是保证研究有序进行的主要劳动力，就像 Dewry 博士所说的："博士研究生真是好帮手；如果你还有一位获得资助的博士后研究人员，那么这两个人就可以开展研究工作了。我们需要博士研究生，因为我们需要帮手来做这些工作。博士研究生从事的不全是费力的基础性工作，但是如果你希望做的都是全新的工作的话，那你将陷入无事可做的危险境地。"以上观察再次强化了加入研究团队的必要性与"新奇"冒险——甚至是失败——之间的张力。在这里，对研究团队和集体努力的强烈认可超越了个体的独创性。

这并不意味着自然科学领域的研究生完全无法控制自己的学位论文研究工作，他们即使不能自己选择论文题目，也能而且的确会对研究项目产生兴趣并产生归属感。他们和自己从事的研究保持着一种很特殊的关系：它反映了自己在研究团队中的地位和对研究问题的归属。

研究团队的组织方式影响了个体成员的角色。指导教师或团队负责人往往在某一时间有好几名博士研究生，他们通常认为对研究生日常的实践性的指导是次要的。正如前文所言，指导研究生是一项集体责任，由研究团队中不同层级的人共同分担。博士研究生们认为研究团队提供了一个相互支持的环境，在这里每天都可以分享观点和资源。即使团队成员研究的是不同的问题，在资料、设备和技术方面仍旧有所交叉："我们在同一领域工作，使用相同的试剂和材料……我使用过的很多材料别人也会用到。如果我发明了一种更好的方法，那么其他人也会使用它。"（Ribblethorpe 大学的生化博士研究生 Alma Stottle）还有更加极端的例子，在 Baynesholme 大学的 Gantry 教授的实验室中有一位博士研究生，他这样描述自己在团队中的日常工作："Gantry 教授告诉我应该做什么实验，实验室的其他人会展示给我该如何做实验。"这段话简明地说明了博士研究生在"地位模式"学科中的角色。

这样的研究环境对于新加入团队的研究生们大有裨益，缺乏经验的他们可以依赖经验丰富的成员们，并摸索到工作窍门。博士新生们在实验反复失败后会感到惊恐和沮丧，这时他们可以求助实验室中的其他成员，并获得支持和帮助，例如："如果事情总是一直出错，那么通常会有人帮你纠正错误，让实验顺利一些"。（Baynesholme 大学的生物化学博士研究生 Ian Angelworth）指导教师负责在研究框架和研究方向上提供指导，而有经验的研究成员诸如博士后研究人员和博士学位候选人则具体帮助新生们推进研究工作。

物理学博士研究生的"地位模式"更突出，这反映在访谈中。自然科学院系的受访研究生们讲述了他们对研究团队其他成员的期望。来自 Hernchester 大学的自然地理学博士研究生描述了他的指导教师 Bardington 教授的角色："我只有在觉得最合适以及无法从博士后研究人员或其他人那里获得帮助时，才会去找我的指导教师，请他为我解决结构性的和个性化的问题。"指导教师被置于日常研究团队成员之上，而不是处理一般问题的团队成员。"我们有一个非常健康的研究环境，我们并不经常将问题呈现给指导教师，我们是向着相同方向前进的有完善建制的团队。"正如研究题目在研究团队代际和个体成员之间进行分配一样，指导和解决问题的责任也如此分配。

因此，指导博士研究生被理解成一项要共同承担的责任，其中博士后研究人员承担最大的责任。博士后研究人员通常也认为这是理所当然的，因为他们在博士研究期间也大多由博士后研究人员来指导。受访的博士后研究人员对此持默认态度:"毕竟这是我曾经接受训练的方式。"他们也认为自己有资格承担指导的角色:"作为博士后研究人员的一项工作就是检查修正他人的问题,你也确实能够区分和判断哪些研究工作能够奏效、哪些不能。"(Baynesholme 大学的生物化学博士后研究人员 Fonteaux 博士)

地理学的博士后研究人员也赞同这一观点,即从博士研究生到博士后的角色转变自然而然地带来了指导责任:"最近我的角色发生了转变,我现在是一名助理研究员了,这意味着我是博士研究生和指导教师之间的一块垫脚石。"(Hernchester 大学的地理学博士后研究员 Bill Staley)尽管由博士后研究人员指导博士研究生的日常工作已被广为接受,但这终究是非正式的责任:"有两个博士研究生研究这一模型,我承担着不成文的指导责任,我的劳动合同中不包括这一点,我也不真的认为这是我应该扮演的角色,但我仍然会帮助他们解决问题。"(Hernchester 大学的地理学博士后研究人员 Steve McAlister)理想的情况是,这种研究关系能为博士研究生的工作提供支持性环境。万一博士研究生和指导教师的关系破裂了,团队成员的集体支持也可以帮助研究生。我们已经引述了生物化学博士后研究人员 Earl Mohr 的访谈,他讲述了在与指导教师的关系破裂后研究团队是如何有效帮助他完成博士阶段的研究工作的。(参见第五章和第七章)

上述博士研究生的组织只有在特定条件下才可行,我们认为团队研究模式有三个关键特征。第一,团队规模。只有博士研究生和博士后研究人员的数量足够或达到临界规模时(Delamont 等,1997b),团队指导模式才能有效。第二,团队结构依赖于持续的资金支持,这样博士研究生和博士后研究人员才能同时并连续在同一领域开展研究,研究选题和项目才能有条理地延续和继承,新进的博士研究生才能继续推进前辈的研究工作(对比 Walford,1981)。在这种情况下,教育的连续性会通过技术和设备的传递在研究团队内得以实现。第三,团队研究的工作方式是与学科特点保持一致的,这样的学科有特定的研究主题和范式,以及公认的理论进路和研究方法。在"纯科学"领域中更容易维护集体方向。跨学科研究领域中也有研究团队,但很罕见。在边界清晰的纯科学领域,资深学者与博士研究生处于一种相对固定的社会关系中,代际和个体之间有明确的分工,研究方法和研究问题的连续性实质上反映了在"地位模式"的研究团队或实验室科学中知识生产的社会关系。这与本质上是"个人模式"孤独的学者形象形成了鲜明对比，个体化的指导模式是社会科学的显著特征。当然，人文学科超出了本书的研究范围。

个体化的博士阶段研究

与自然科学相比，社会科学领域的博士研究生的研究工作主要依赖于研究生和指导教师（有时是指导教师组）之间更为个体化的关系。在很多社会科学院系中，指导关系是博士研究生获得支持的即使不是唯一也是最主要的来源。在这种情境下，研究生的孤独感会增加，正如 Tolleshurst 大学的 Caldecot 教授谈到的："我们的博士研究生培养体制是非常个体化的，特别受到指导教师的态度的影响。我认为，在压力不大以及存在研究生共同体的情况下，这样的培养体制会运行得非常好。但是现在研究生规模很小，他们会觉得很孤独，这确实是个问题。"

社会科学学者们提出了两种孤独，包括社交孤独，即大部分时间自己一个人度过，以及学术孤独，即独立开展学术研究；这两种类型的孤独都会对研究生的社会化模式产生影响。研究生们会感到社交孤独，主要是因为他们的人数相对较少，他们也很少参与学术讨论会、座谈会等；感到学术孤独，则是因为他们被当作独立的研究者，要对自己的研究课题负责。社会科学院系中分散的研究兴趣也加剧了孤独的危险。在我们所研究的所有社会科学院系中，都没有发现任何一个成功案例是关于社会科学研究团队支持研究生和博士后研究人员工作的。既然不存在研究生和研究人员的共同体，那么指导研究生的责任就全部落在了指导教师身上。可指导教师不能甚至不愿意将大量的时间投入研究生的指导工作中，这正是一些受访者痛苦和挫折的来源。研究生们在访谈过程中，总是强调研究工作的不可预测性和指导教师疏于指导；在他们的访谈中，也没有关于博士后提供日常指导或帮助解决问题的叙述（由于研究生们大多会公然表达不满，我们就将其完整展示出来）。例如，以下是一名人类学博士研究生对指导关系的叙述："我经常见不到他（指导教师）。开始时，也许每两三周我们会见一次面。但是，在此之后，我整整一学期都没有见过他。尽管我尝试了很多办法要与他见面，但是他看起来很忙。他经常需要接待来访人员。他做着很多这样的事情。"在类似的叙述中，研究兴趣和工作职责似乎将博士研究生和指导教师推向了相反的方向。而在实验室研究团队中，资历较深的研究人员、资历尚浅的研究人员，以及研究生都对集体的事业负有责任，在他们的工作中不存在根本的对立与矛盾。但是，对于只身负责的指导教师和孤单的研究生来说，指导教师个人的研究工作和繁忙程度可能会损害研究生的利益。

尽管指导教师们有着各式各样的指导方式，但"放手"是最常见的方式。在人类学学科中，虽然博士研究生们接受这种指导方式，认为是培养的正常过程，但他们也反复谈到"放手"引发的问题："这种指导方式要求你自己做研究。你甚至没有机会去评价指导教师。你只能靠自己。课程大纲虽然完美，但你始终处于压力之中。"

孤独感也是跨学科研究领域的博士研究生们经常遇到的问题（Eggleston 和 Delamont，1983），但是感受最突出的还是人类学科的博士研究生们。在进入田野前，研究生还可以从同学们那里得到支持和陪伴，但在田野工作过程中及其后，就变得更加孤单了，这部分是因为博士研究生们的研究进程和论文写作进度各有不同。他们进入田野的时间以及从田野中归来的时间各有不同，因此同学间的交流相应减少了。矛盾的是，从事田野研究的共同经历——这是人类学学者身份的共同标签——却也减少了研究生同学间的交流机会。我们所研究的那些院系很少在学位论文写作阶段为研究生们提供设备支持或社会网络支持，这一点可以从研究生们的叙述中得到证实："也许你并未亲眼所见，但是独立开展学术研究和写作学位论文确实是一个相当有压力的过程，我认为应该做更多的事情以鼓励学生们聚集在一起，或鼓励学生们与那些从事不同研究的学者见面并谈论彼此的问题。"在博士研究的初期，孤独感表现得更为突出，因为博士新生们想要与指导教师有更多的接触。下面是一名人文地理学博士生的叙述："博士一年级的时候，我感到异常孤独，而他人却认为我有能力并且可以处理好这个问题。但事实上，在那时，我需要的不是帮助，而是其他人的想法。事情似乎是'看起来不错''她应付得来，她会好起来的'，但实际情况是我确实需要他人的建议。"

在个体化的学科中,研究生的角色以及他个人要对学术研究负全责这件事情,难免令人胆怯。在社会科学领域的研究生培养过程中,指导关系十分重要,这一点在人类学学科中表现得最为明显。正如第五章所呈现的,许多人类学研究生要去开展田野研究。在此期间,他们都是通过邮件等交流方式获得指导的。总体上看,受访的人类学指导教师们都意识到了与身处国外的研究生们保持联系的重要性:"田野研究确实非常有难度。指导教师有责任确保与学生保持交流,保证报告、笔记和其他资料的及时反馈,尽管这样的交流有点儿特别,但还是要保持联系的。很显然,我们的研究生要比其他学科的研究生更加直接地对自己的研究工作负责,但我认为好的指导教师应该与学生们保持好联系,许多学生都会认为感觉很孤独时有人与你交流很重要。"值得注意的是,这位指导教师强调了田野研究的个体化特征——研究生要"直接对自己的研究工作负责"——事实上,研究生与院系的唯一联系就是研究生与指导教师之间的个人交流。

当研究生们回到学校开始论文写作时,仍然要为自己的命运负责:他们必须写出一篇让指导教师满意的学位论文。个体化的特征在他们身上完全显现了出来。在研究过程中,我们所遇到的对指导教师最苦涩的抱怨也许就来自人类学学科中刚从田野中归来的博士研究生们,他们感觉自己在进行田野研究工作时并没有得到"适当的"指导。尽管远离家园开展田野研究所产生的身体上和社交上的孤独感是他们的叙述重点,但学术孤独即使不比社交孤独更严重,也同样是叙述的重点。例如:"根据我的田野研究经历,我总结出一个信条,那就是'永远不要相信人类学指导教师',指导教师对我所写东西的反馈都是有隐含意义的。也许我患有多疑症,但是我感觉自己被逼迫去尝试写一些东西,或者说,如果我收到了一封带有鼓励性的回信,那并不因为文章真的写得好,而是因为指导教师认为我就快要写出好文章了。"

当研究生结束田野工作回到学校后发现研究数据不足以支持他撰写指导教师要求的学位论文时,他们就会更多地抱怨田野研究期间太缺乏指导。在数据收集期间缺乏与指导教师的交流,这会导致研究生在回到学校后面临问题和困难。对于相对孤单的人类学研究生来说,他们结束田野研究回到学校也并没有摆脱孤独感,他们的研究工作依旧是个体化的、未完成的,还要做无休止的协商工作,还要处理与指导教师的关系,而这种关系本身就是个体化的、未完成的,需要无休止的协商。当然,这一切并非真的可以协商,因为指导教师拥有权力,他能决定接受或拒绝论文初稿——所以这只对研究生来说是可协商的。完成田野调查进入学术写作阶段的研究生们并不一定要与指导教师建立密切的工作关系或学术合作关系:"他(指导教师)不太愿意帮助我。他没有给我任何指导,我从他那里学到的就只是纠正拼写错误,我从田野中回来后面对很多糟糕的问题,因为对于我来说论文写作真的太难了。我能与田野中的研究对象亲密相处,却有写作障碍,而他不帮我应对这个问题。"

通过联合指导,能够缓解生师关系所引发的问题。拥有几位指导教师(指导教师组)可以解决研究生的某些问题。一位人类学研究生对联合指导做出了积极评价:"我的三位指导教师是不同的,但实际安排是一样的。我准备一份写好的东西,他们阅读并点评,我们一起讨论。不同的指导教师有不同的方法。我的第一指导教师重理论旨趣,我们的研究工作正好吻合,他从中抽取出令他感兴趣的研究点,我会就此写作。这像是一种合作。就第二指导教师而言,他仅仅是对我的研究感兴趣,但与他的研究工作不相关。他的确很擅长整体检视,并挑出具体论点详细探讨。第三指导教师的方法随意一些,她仅是对论文本身感兴趣,并挑出她喜欢的事情谈论。所以,我准备用同一份工作呈现给三位指导教师。"

研究表明,尽管联合指导或指导教师组能缓解"一对一"指导关系的紧张,但许多联合指导的研究生会因特定的研究兴趣,在一段时间内依赖某位指导教师。联合指导的危险在于,研究生可能会得到不一致的建议,最终陷入无人指导的境地。一位人文地理学指导教师就描述了某名研究生的经历:"我认为可以,没问题,我做后备,第二指导教师会处理得很好。但第二指导教师也可能认为我在帮助学生解决一些问题,尽管我们是好朋友,但我们在指导学生方面交流并不多。第二指导教师对博士研究生们都采取自由放任的态度,认为如果学生不愿意做的话就随他们。这位研究生需要更多的支持,却在我们两个指导教师之间跌落了。"无论联合指导存在哪些益处或问题,社会科学本身具有的个体化特征都意味着研究生和指导教师的关系、指导教师内部的关系必须进行个体化的协商,而且这种协商是基于个人特点和研究兴趣的,而不是基于诸如年龄或资历等显性标准的。

在一些院系，研究生们会定期组织会议（会议由教师或学生主持），这种形式特别受到博士研究生的欢迎。尽管他们的研究内容很少有交集，但博士研究生们还是很愿意有这样的机会一起讨论方法论和理论观点，在讨论会上他们可以将自己的研究展示给他人。一位人类学研究生谈到了团体会议的好处：“是的，它很有帮助，因为参会的都是研究生，虽然研究领域不尽相同，但我们面临同样的问题，这样的交流很好，因为大家会为你的工作提供建议，有些建议是你从没想到的，这会有很大帮助。他们从不同的角度看待你的研究工作，因此很有帮助。大家是一群人，而不是像指导教师只有一个人，这就像是工作坊。”我们发现很多博士研究生都会参加这种团体会议，会议提供了一种类似于自然科学中对博士研究生的协助方式，正如前文所描述的那样：“团体会议很好，因为在会上，任何人都可以有贡献，如果有哪一方面是你需要加强的话，你就会得到如何具体去做的建议，如果你有任何困难就说出来，总会有人帮助你”（城镇规划专业某博士研究生）。然而值得注意的是，这样的讨论会并不同于自然科学中的讨论会，因为在后者中，研究团队有共同的研究任务，博士研究生在研究团队中有明确的角色。而社会科学中研究生们的团体会议是把不同研究领域的个体聚集在一起，研究生们来参会或出于友谊，或出于好奇，或出于孤独，他们将个体特质也带进了会议。

博士研究生们自己都会对院系内缺少同辈学习感到沮丧，以下是一名人类学博士研究生的访谈记录，他的评论很有意思：“如果我们有更多的博士研究生就好了，可以是一个同辈群体。我们系有不少硕士研究生，但他们并不那么热衷于或投入人类学的研究工作。博士研究生的人数很少，但我认为只有博士研究生的同辈学习是有帮助的。同时，通过与其他指导教师交流研究经验，我也收获很多。”通常达不到“临界规模”会被归咎于当前的资助政策，它不仅缩减了博士研究生的规模，也阻碍了院系内形成研究生培养文化：“目前困扰我的问题是对研究生的关注不够，我希望政策能改变这一状况。眼下的情形只能这样——但即便如此，如果有7～8名研究生的话，情况就会很好，这样的规模足够形成一个团体，不要遗漏任何人，我认为这非常重要。研究生们可以形成自己的研究网络。”（人文地理学某指导教师）

根据社会科学博士研究生的工作特点，本文先前用来分析实验室科学的“地位模式"和 Hacking 的"多股绳子"的比喻已在两个方面不适用：第一，在研究兴趣、研究技术和研究资料方面，社会科学领域的研究生们并不相互依赖，每个人的研究题目都是孤立的，几乎与他人没有交集；第二，对于社会科学的博士研究生而言，缺少连续的研究资助，这使得他们以个人研究兴趣为主，而不求持续推进某个研究选题或项目。一旦某位博士研究生完成了自己的研究，也不会有继任者来继续他的工作。社会科学院系的博士研究生培养是个体化的，在这里，研究生要协商建构一系列个体化的关系，包括学术关系、人际关系和情感关系。

院 系 之 外

研究生作为特定学科的学徒，其学术生活并非仅限定在院系之内，学科也包括学术团体。研究生进入学科的路径之一是通过学术会议、学术期刊和社会网络与学术团体建立联系。很多地理学者和生物化学学者都通过成为英国地理学会和生物化学学会的会员来强化自己的学科身份。如果一个学会，例如英国地理学会或皇家经济学会允许或鼓励博士研究生成为会员，如果该学会有专门的研究生的会议、时事通讯和邮件列表，那么博士研究生就可以由此找到自己的同行。地理学专业的很多博士研究生都加入了英国地理学会。Patsy Schroeder 是 Wellfery 大学地理学专业三位全日制博士研究生中的一位（也是唯一的女性），她就是通过英国地理学会与同行建立联系的。英国地理学会有一个强大的研究生部门，正如 Patsy Schroeder 所说："英国地理学会太棒了！"她能这么说，部分原因是"我投入其中了"。她从博士一年级开始就是英国地理学会活跃的研究生成员，她高度评价学会的时事通讯、会议和网络功能。Patsy 和她的朋友们都相信："如果你想成为专业的地理学者，你必须早日进入这个圈子。"Hernchester 大学的 Bryan Faul 也同意这个观点："英国地理学会更具学术性，它组织的研究生论坛非常有帮助。"

生物化学专业的一些受访者对"他们的"专业学会很有热情，他们借由专业学会可以与其他研究生和顶尖学者见面。例如，来自 Baynesholme 大学的 Suzanne Deladier 谈到自己最近加入了学会："我参加了生物化学学会在 Dranllwyn 举办的研究生会议，这个会议是面向二年级博士研究生们的，但是我去参加了。"Hal Tatley（同样来自 Baynesholme 大学）也是学会的成员："我是生物化学学会的会员，10 英镑的会费是值得的。可以免费参加会议，这确实很值。我和其他大学的研究生都参加了一个在 Essex 举办的会议，我们都去了。"来自 Ribblethorpe 大学的 Giles Perrin 在生物化学学会的资助下参加了一个国际会议："我刚从弗吉尼亚回来，我们在那里待了五天。我从这次会议学到了很多东西，能把在期刊上看到的名字与真人对上号是很好的。当你坐下来与他人一起共进早餐或晚餐时，你会意识到自己正在与该领域的重要人物谈话，你可以真切地看到他们……接下来我要做的是找到能够一起合作的人。"不仅是博士研究生感受到了专业学会的优势，来自 Baynesholme 大学的博士后研究人员 Garnette 也谈道："我属于生物化学学会，成为学会成员有很多好处，因为学会经常提供参加国际会议方面的资助。唯一的要求是必须深度参与会议，比如张贴论文或发表演讲。"

社会科学领域的博士研究生们很难指望专业学会提供直接的财政支持，与此相对，地理学者们期望英国地理学会履行学术共同体的功能，他们经常将英国地理学会与皇家地理学会相对比，后者的成员范围更广但学者成员数量更少（尽管两个学会的会员有交叠，但英国地理学会的年会依然是重要的学术事件）。事实上，很多研究生都没有加入其他两个地理学专业组织：皇家地理学会和地理协会。皇家地理学会的形象太老旧了，正如 Bryan Faul 解释的那样："在我看来，皇家地理学会似乎更加倾向于探险、穿越丛林，还放映幻灯片进行展示。英国地理学会更具学术性，它组织的研究生论坛非常有帮助。"Nick Menakis 把英国地理学会描述为"纯粹的专业地理学者的团体，只接受学者和研究生成为成员"，他把研究生论坛称为"我们的游说集团"。Nick 认为："出于心理安慰加入皇家地理学会是好的，毕竟感觉是共同体的一部分挺不错。"

生物化学学者和地理学者通过他们的专业学会来强化自己的学科身份，但人类学者们不可能通过他们的专业学会——社会人类学学会——达到此目的。社会人类学学会只对已经获得博士学位的学者开放，没有专门的研究生部门，没有为研究生"进入学术圈"或促进研究生间的交流提供空间。无法进入专业学会，也加剧了社会人类学研究生的孤独感。

多学科研究

再次重申，我们已提出了博士阶段研究的两种模式。其一是地位的"团队模式"，有自然科学的特点；其二是"个人的和个体化模式"，有社会科学的特点。之前我们就已声明：博士阶段的研究绝非仅此两种模式，而是有好多种。本节将主要考察另外一种研究经历，用 Bernstein 的话来讲，就是二次知识生产场所（Bernstein，1990）。二次知识生产场所是指由多个专业组成的院系或研究中心，机构成员认为其是跨学科的或多学科的。我们所研究的多学科包括人工智能、环境科学、发展研究、区域研究、城市研究和城镇规划。

通过研究这些多学科院系，初步的结论是这些院系的研究生们普遍面对的困难是复杂的。在没有一个强势的主干学科的院系中，学术研究工作错综复杂，明显缺少像传统自然科学院系中那样的鲜明的团队结构特征。教师们的学术兴趣支离分散，每位学者都在自己"原生"的学科和专业框架下开展工作。一名城镇规划专业的博士研究生谈到了在多学科院系中他的研究是如何变得孤立的："这项研究在我们系里是孤立的。我是唯一一个对这个研究领域感兴趣的人。我的指导教师是第二感兴趣的人，但他比我知道得还少。我必须得承认，我仍然认为自己是地理学者。当我开始解释地理信息系统时，老师们的目光开始变得呆滞。我想这个题目对他们来说技术性太强了。所以，在系里我确实感觉很孤独。"

研究者个体倾向于用自己的原生学科（或曾经接受学术训练的学科）而不是目标学科（目前的学科）来界定自己。因此，我们发现人工智能专业的研究者称自己是数学家、工程师和计算机科学家，环境科学领域的研究者称自己是地质学家、水文学家和化学家。在社会科学的跨学科专业中也观察到同样的现象。例如，城市规划领域的研究者称自己是地理学家、社会学家和建筑学家，发展研究领域的人称自己是人类学家、社会学家和经济学家。

因此，跨学科专业中的学者和博士研究生还是会对自己以前的学科保有忠诚，并且保持着学科边界和坚守学科核心要素。正如一位受访者所说："这确保了不同学科的分界线依然严格。"对于原生学科的认同程度源自早期强大的社会化。发展研究专业的一位研究人员说道："矛盾的是，虽然我们处在跨学科的情境之中，但我们实际上都来自单一学科，而且是作为博士研究生或其他研究人员来到这里的，因此我们要通过单一学科的路径走入跨学科的情境。"Madge Anderson 是一名在 Gossingham 大学发展研究专业攻读博士学位的美国人，他说："在这样的系统中，你得不到太多支持，会觉得非常孤单——就像训练神职人员一般，你必须在夹缝中生存。你能够依靠的就是自己的人际资源和财务资源——你一个人对抗困境。"这段话读起来似曾相识，社会科学领域的博士研究生们也这样哭诉过；与单一学科相比，多学科专业中这样的抱怨要更多。

在多学科院系，教师和研究生都倾向于以单一学科为基础进行研究工作。大部分博士研究生都不认为这是一个问题，因为他们就是从之前的学科中来的，研究主题、理论忠诚、指导教师的选择以及方法论等也都受之前学科的影响。那些本科阶段就在跨学科情境中接受学术训练的博士研究生们会认为自己原本就是跨学科的，即使是他们也会在跨学科院系面临较多问题，正如一位发展研究领域的指导教师所说，他们很难将自己的研究与某一学科的知识系统相联系："我在本领域做的研究越多，越不相信存在一种多学科的发展研究。你必须带着某个强烈的学科基础进入这个领域，只有这样你才能建立起学科间的联系。如果没有某一学科根基的人要从事这个领域的研究，或者即使具备某一学科的基础却想要同时追求另一个学科基础，那么结果只能是远离所有学科的前沿，最终无法做出真正的贡献。"

自然科学跨学科院系的教师们也对多学科和跨学科领域的博士生教育有着同样的忧虑。一位环境科学的教师认为跨学科的博士研究工作会面临很多困难："我确实认为博士研究生不适合进行跨学科的研究工作，因为这些研究大多是基于单一学科的。研究必须在特定语境下进行。即便是跨学科研究，仍旧只有一位外审专家，你需要接受单一学科学者的评价。我对一位博士学位申请人说，你必须从那位外审专家所在的学科的角度重新写作你的论文。等他们拿到博士学位后，才可以转向跨学科研究。我认为博士学位对于进入环境科学这个领域是非常必要的，用三年时间对某一学科进行学习，可以为将来的跨学科研究奠定良好的基础。几乎没有人能拿到跨学科博士学位。"

尽管多学科院系聚集着很多学科的专家学者，但是我们发现，与成员学科背景多样的研究团队相比，那些有着共同学科背景的学者团队更容易获得资助，也能吸引到更多的研究生；而那些研究兴趣在主流团队之外的教师们更难招到研究生。"团队"式的博士研究工作在强分支学科领域更显著，因为分支学科就产生于几个研究个体的共同兴趣和背景，例如人工智能中的机器人科学。尽管研究个体有各自不同的学科兴趣，但是他们认定自己是从事机器人科学研究的。我们还发现了在环境科学中研究团队的一些证据，尽管很有限："虽然在化学学者之中存在亚文化，但是他们觉得自己扎根于化学，他们了解整个分析过程，所以他们将这些视为既定的基础，当他们见面时，彼此相互认可，就好像是说我懂化学，我可以和你交流，我们拥有共同语言。"

总　　结

本章以 Bourdieu 开篇，强调教授对学术继承人实施控制。接下来提出了两个相对的关于社会控制和再生产的模型——"个人模式"和"地位模式"，并且说明了为何前者是社会科学的特点而后者是实验室科学的特点。本章通篇都是从研究生的视角来分析这两种模型的。大部分博士研究生都有牢固的学科身份，并内化了再生产的社会控制模型。在本章最后，我们特别关注了多学科院系研究生们的研究工作和身份认同。本研究将多学科再次语境化，并与"单一"学科的研究团队或院系相对比。因此，在这种意义上，多学科可以被看作二次知识生产场所。多学科院系中的研究生们更加难以建构自己的学术身份，也更加难以认可自己是某个领域的继任者或继承人。必须承认，本研究只覆盖了很少一部分跨学科或多学科的院系和研究生，所以夸大我们的结论是不明智的。尽管如此，本研究仍然建议，在当前强调对研究生进行系统学术训练的政策背景下，跨学科院系的人才培养需要在两个方面进行认真评估：研究生学科身份和忠诚度的培养，以及学徒制的实施情况。

第十章

学科与博士研究生教育

社会科学不能脱离普通标准与分类,不能摆脱一场标准和分类是否既是手段又是目的的争论,除非社会科学断然将它们作为自己的对象。(Bourdieu,1988:13)

本书并不试图对学术社会化的所有方面进行综合研究,即使是限定于我们所研究的学科,也无此打算。与其他具有可比性的研究相比,我们并未对研究生院的文化做系统研究,也未关注研究生在攻读学位的初期是如何生存和摸索的;我们力图研究的是研究生的学习、博士阶段的研究工作以及指导教师如何再生产特定的、不同形式的知识,这是一个更常被探讨的问题。我们并不认为学科及其边界是"既定的",相反,我们承认学科、研究领域及其边界其实是由人们主观划定的。大自然和人类社会本身是不会为了成为社会人类学、发展研究、生物化学、人工智能或地理学的研究对象,预先把自己打包成一个个主题的。在最一般的意义上,学术分科是武断的。然而也必须承认,作为社会现象,差异和分化具有相当重要的意义,而且在为知识生产提供社会框架方面至少具有同等重要的意义。

学科和研究对象互相成就。学科常常是以默会的方式为其成员界定如下问题,比如什么是可以研究的、什么是研究问题的合理假设、什么是合适的研究方法、什么是好的研究项目,以及什么是能够被认可的研究模式。Kuhn 的理论具有普遍的解释力,不应把其"范式"概念仅仅限定在自然科学内,特别是要研究学科间差异而不是一概而论的时候更是如此。一个学科就像一个研究范式,为资深学者和学术新手同样提供着框架,以认同、完成并合理化其思考与实践;它限定着研究问题的类型和解决方案的类型，提供了经典的研究原型。

广义的结构主义文化人类学有助于我们理解专业知识生产和再生产的社会条件，Basil Bernstein 和 Pierre Bourdieu 等学者给予本研究诸多启发。这些有影响力的学者就符号领域和知识分化"已有共识"，并为如何认识科学和学术知识的社会再生产提供特别大的启发。学科是通过符号边界来界定的，从而区分了研究和院系的学术领地，它们反映了学术研究分工的分类原则。并非所有的学术研究和知识都严格限定在这些边界之内，但即便是跨学科和多学科研究也是基于这些边界划分而获得理解的。这并不是说学科边界是一成不变的，当根据学科知识开展学术研究的时候，它反过来也会同时强化和改变学科框架本身。研究的"原创性"就是基于已有知识和新发现或新观念间的基本张力来定义的。

正是由于上述原因，本书在探讨学术社会化问题的过程中始终力求体现学科的特殊性。在我们关于学术社会化的讨论中，有一些共性的主题，下文将谈到几点；然而，学术生活和学术工作中还有相当一些反映学科亚文化的独有特征。将所有研究发现简而化之、对所有学科一概而论是非常容易的，比如对学术社会化或研究生培养问题泛泛而谈。但如果这么做，完全不考虑学科间的重要差异，就会像之前的那些关于高等教育和学术训练社会化及学生群体文化的研究一样，存在一概而论、推而广之的风险，也就是说，研究会缺少"实质内容"。正如我们已经看到的，研究生们不仅要全身心地投入学术训练之中并力争通过考验成为一般意义上的学者，甚至是"科学家"，还要在具体的学术方向上工作，在不同的院系和学科传统中工作，分享着各具特色的学科亚文化和默会假设。如果失去所有这些对比和差异，分析也就没有了力量。

比如，我们区分并描述了三种不同的学术研究方式，以及不同方式中研究生和指导教师的关系。"田野研究"是一种独特的研究方法，它是社会人类学的特征。田野研究作为研究方式，不仅仅是选择一种"研究方法"——在众多研究方法中选择一个与特定的研究问题相匹配，成功的田野研究对于研究生的文化濡化具有绝对的异常重要的意义。研究方式确实远非一个研究方法的问题，其实质上是获得学术成员资格的必要条件。同样地，做实验也是将研究生社会化进入实验科学的理所当然的内容。再次重申，实验不仅仅是众多研究方法中的一种选择，更是对成员融入学科文化的一个绝对要求。田野研究和做实验是不同的研究方式，却有着相似的结果；它们都内含着一种特定的学术承诺和个人认可，研究生们要认可学科的工作方式，要认可学科对于时间和空间的假设，要具备学科所要求的技能和实践。两者都有着"独特的"理解世界的方式，并形成了不同的生命形式。实验室和田野不是无关价值的工作场所，相反，它们是被建构的特殊工作地点。人类学者即使"在国内"开展田野研究，也要通过替换和隔离的社会机制将田野"神圣化"。我们辨识出的第三种知识生产模式也是很特殊的，前文已经说明了有些研究领域，比如人工智能，在社会关系和学术生产方面具有特殊性，这些领域的学者和专家既不依赖于田野观察，也不依赖于做实验，而是通过计算机建模和模拟来进行学术研究，这是另外一种特殊的研究方式。

每种研究方式都蕴含着丰富的意义，绝不仅仅是解决特定问题这么简单，每种研究方式都会帮助研究生和学者们建构特殊的学术身份。在进行博士阶段的研究过程中，研究生要学会的可不仅仅是具体的研究技能。当然，他们必须学会和使用这些技能。比如，实验室科学家要不断磨砺自己的技术能力，包括调试和使用设备、测量和统计等；为了应对意外事件，田野研究者要掌握生存技能；为了确保程序和模型有效，计算机科学家和自然地理学中的建模人员要不断强化自己的编程和解决问题的能力。但是这些还远远不够，因为学者或科学家的文化胜任力绝非掌握技术窍门这么简单。

首先，即便是刚刚提到的"技能"也有赖于共享的默会知识。实验技能不能等同于做实验的操作技巧，因为在整个实验过程中还需要运用到很多个体知识和个体经验，这些都是实验过程中的不确定因素，也都会影响实验能否"奏效"。要学会这些技能，不仅要请教别人的经验，还要经过多次试错。实验室科学家需要获得一种使用设备的"感觉"或"窍门"，而这只能在做中学，是不可能仅仅通过书本知识或教导训练传递的。同样地，人类学者要掌握所需要的社会技能和学术技能，也不能只依靠正式的课程训练和研究方法的讲述，这些技能只能"在原处"获得，它们在本质上是经验性的。上述这些并不仅限于我们提及的学科，而是具有普遍性。数学或计算机领域的学者们不仅仅依赖于运算法则——运算法则只是必须掌握和使用的基本内容；他们有着更为有力的同时也是默会的美学标准和假设，诸如"简洁"。外显的学术训练和内隐的文化濡化之间的张力，是学术社会化过程中的"基本张力"之一，也是其中非常重要的一个。

前文多个章节所论述的另一个基本张力是：研究生是或者应该是作为独立自主的学术共同体成员，还是被放在从属的地位上；博士研究生是"苦工抑或同事"；他们是某个专业的初级成员还是新人下属。同时，指导教师也处于同样的张力或两难之中——如何在给予研究生充分自主和保持对研究的掌控之间取得适当的平衡。

这反过来与经常出现在研究生群体中的"孤独"主题相关，研究生们的孤独既包括社会关系上的孤独，也包括学术上的孤独。前几章已经详细讨论过研究生们的孤独及其不同表现，此处无意重复相同的内容。但是，这里要强调的是孤独包括两个相关的方面。在很多方面，博士阶段都是一个分水岭。博士研究生们站在学术生涯的起点上，其中很多人还处在过渡期，正在从本科教育的通识学习转向完全进入某个学术专业。他们是学术界分类系统中特殊的存在。如果缺少研究团队或社交网络，他们就会感到孤独，所以实验室和研究团队能够明显缓解社会关系上的孤独感。但是研究生所感受到的学术上的孤独更为重要。实验室科学家是支持性团队中的一员，即便如此，他们也会经历孤独和挫折，尤其是当他们发现实验设备不好用、实验不奏效、计算结果出不来或者程序不能运行的时候。对于那些更加个体化的学科中的研究生们来说，个人对成败的责任感会更强。自然科学领域的学者如果遭遇实验失败，可能会把失败视为技术失败，而且越是资深的学者越是会这样去看待失败；而对于像社会人类学这样学科的研究生而言，如果他们的田野工作无法产出可用的资料，或者他们不能很好地理解田野中的文化，这些问题就很有可能被归结为个人失败或道德失败。Bosk（1979）在关于实习医生的研究中也发现了与此类似的错误类型的差异（自然科学领域的学者如果无法完成实验，或者篡改研究结果，也会被视为道德失败，但是在本研究中没有相关例证）。因此，在研究生的个人责任以及院系、研究团队或学科的集体责任之间存在持续的张力，那么从这个意义上说，博士阶段的研究不仅是孤独的，也是存在风险的。

在进行博士阶段的研究过程中，信念是非常重要的，这对于研究生和指导教师来说都是如此。信念是面对不确定性和困难时强大的个人坚持与投入。在受访的研究生和学者中几乎没有人不经历研究困难，事实上，所有学科的研究和发现过程都表明，他们所遭遇的现实情况要比他们叙述的情况更加混乱和更加难以控制。研究过程中遭遇的具体问题及其表现形式，不同学科间存在明显差异：计算机程序出现错误、田野中遇到意外、实验设备不好用等。在面对这些意外时，研究生要么放弃，要么坚定信念。信念包括相信——或者至少是希望——情况总会好起来的，正如自然科学学者们谈到信念问题时说"真理必将出现"（Gilbert Mulkay，1984），所以研究生需要坚定信念，相信他们的研究"终将完成"或他们终将"找到"解决方案。在学术孤独中仍然坚定信念，是对博士研究生最重要的要求。

信念源于对学科知识最基本的、无须言明的信任。正如前文所论述的，学科本身就是其成员信念的本源。年轻的人类学者们始终保持着对社会人类学惯习本身的基本坚持，无论他们的研究过程怎样曲折。那些实验并不顺利的年轻的生物化学学者们同样坚持相信实验和科学的原则，他们不会对知识的基本框架产生根本性的怀疑。事实上，没有哪位科学家能够在缺少基本信念的情况下不断开展"原创的"或"创新的"研究工作。实际上，这是学术研究的社会再生产以及知识生产的重要特征，即参与者不会陷入根本性的怀疑之中。在多数情况下，他们都是实践的行动者，在理所当然的知识框架中开展工作。学术社会化的过程是强有力的作用机制，学术知识的基本假设——知识的分化和连续——借此得以保持。这些基本假设本质上是默会的，也是默会习得的。何谓学术研究、何谓研究质量或原创性，这些都不是能够清晰界定或写成法典的；相反，它们在很多时候都是无法言明的。当学者们作为指导教师或评审专家谈及博士学位论文的要求时，他们并不会复述校方制定的要求清单上的内容，也不会谈到"目标"或"结果"，这些都是质量保障的倡导者们强加给学术过程和产出的。实际上，关于什么构成好的研究、什么是对知识的贡献，学者和研究生都没有确定的标准。在这些事情上给予显性的指导也并不是研究生培养工作的常规特征。

在强调默会的学术文化重要性的同时，我们并不否定"好的实践"的可能性，也不否认适当的训练和辅导的必要性。实际上，我们凭借多年经验和教训才总结出了好的实践的重要特征（Delamont 等，1997a）。在分析指导教师关于指导的叙述时（本书第八章），我们强调很多人将自己攻读博士学位的经历与当前实践相对比，目的是支持当前高等教育政策气候中的指导或培养原则。但是，显而易见的是，研究生以及其他初级专业人员的学术社会化或文化濡化并不仅仅限于掌握具体的研究技能。比如，具体的研究方法的训练就不是在这个层次上要争论的问题，因为复杂的意外事件和实际的研究过程不可能在训练中完全预计到或完全包含到。同样地，研究技能和学术写作技能都不能化约为明确的公式，学术能力的发展不可避免地是社会性的学习过程。正是由于这个原因，我们在研究中常常提到对研究生的文化濡化，所谓文化濡化就是获得文化胜任力的经历过程，而文化胜任力是从事某一学科学术研究工作的必备条件或附属物。

正如前文已经指出的，这些研究发现对于高等教育政策和实践都具有重要意义。本研究的目的是发现博士研究生教育的基本特征，而不是受短期的政策考虑所驱动，但研究的基本发现具有更为宽广的政策意义。在一般意义上，不同学科文化的重要性和文化濡化的作用意味着，强行施加科层制的管理和问责可能是不适当的，实际上，这也可能证明了政策的无效。学术管理的集权化趋势——包括在学术机构内和全国高等教育整体系统内——有时就像遥远的帝国权力试图将统一的权威凌驾于多样的地方文化之上。这样的做法可能会徒具一个有序的和理性的外表，实质上却遮蔽了地方文化的持久性。与此相对，民族志式的研究使我们得以密切关注学术中地方文化的特性。

显然，本书始终在强调学科文化的连续性，也强调学科的默会文化及学术工作传统对研究生所进行的文化濡化。我们力图说明研究生的社会化是一个强有力的作用机制，学术文化由此得以代代传承。在研究过程中，我们可能在一定程度上过度强调了某些问题，而过度简化了另一些问题。这主要体现在两个方面：第一，我们强调学科身份，而在一定程度上排除了其他身份来源，而且很少提到跨学科或多学科研究领域；第二，我们强调学术的连续性，一定程度上牺牲了学术的变化与发展。

虽然我们研究了一些跨学科领域的学者和研究生，比如发展研究领域，但是并未过多涉及他们的经验。另外，引人注意的是，很多跨学科研究领域的研究人员以他们"真实的"学科忠诚表述了自己"真正的"学术身份。从这一点上说，跨学科研究是脆弱的。这个问题值得科学社会学学者和高等教育社会学学者给予更多和更细致的关注。由于学术的亚文化非常强大和持久，跨越学科边界的个体研究可能会面临更多的问题，研究者可能会"转向某种类型研究"，在他们相对熟悉的原生学科中寻找庇护。同样地，在学科边缘或跨越学科边界开展学术工作的年轻研究者可能会经历更多的孤独，与那些在安全的学科边界内工作的研究者相比，他们得到的社会支持和学术支持更少。进行跨学科研究可能是一次孤独的经历。显然，并不是所有研究者都会同等地遭遇上述问题，跨学科研究确实占有一席之地并持续发展着。学科的秩序和边界也没有那么僵化死板，以致完全无法在边界之外生存。跨学科研究也并不是完全遭到排斥的异类或怪物。

必须承认，学科和学术专业并非一成不变。当然，有些学科是非常古老的，至少在名义上是这样。一些院系和专业可以追溯到中世纪大学，甚至更早，而另外一些学科则是新近发展的。本研究所涉及的学科都不古老，但是有些确实是经过多年的发展已经很成熟了。地理学和社会人类学就是现代大学的产物，但是他们的学科地位很稳固。生物化学和计算机科学或人工智能出现得相对较晚，但是如今在学科和院系序列中享有无可争议的地位。所以，学科是变化着的，有其自身的兴衰变迁，有些学科在融合，有些在边缘化，甚至凋零，新的专业分离出来并形成新的学科。在一代或两代人内学科的相对稳定性就会建立起来。

无论如何，研究生的工作很少会对他们的母学科产生根本性的颠覆，即使学生可能会反叛，他们的研究工作也很少是变革性的，不会对学科的基本框架产生质疑。所以我们应该更多关注再生产、连续性和稳定性机制。还有另外一个原因也需要强调一下。要对学术工作的稳定性做出社会性解释，就像要对革命性变化做出解释一样。再一次用到 Thomas Kuhn 的概念，常规科学工作（在最广泛意义上）和革命性颠覆一样需要解释。比如，实验科学（不仅仅是生物化学）的相对稳定性在于其学科文化和实践的连续性。连续性通过不断招募新人并进行文化濡化得以实现。同样地，社会人类学虽经历了理论和研究对象的不断变化，但依然表现出了明显的学术稳定性。不同学科有着不同的文化濡化路径，这些是确保学科稳定性的强有力机制。

我们的理论框架具有结构主义知识人类学的色彩，倾向于捕捉符号系统的稳定性。通过将不同学科进行对比研究，以多少有些静态的方式再现了学术界，将大学描绘为相对分离和自我封闭的学术共同体。但是显然，大学作为组织，实际情况要比这复杂得多。同样，本研究设计——从不同大学的多个院系抽样——并不意味着我们能够超越学科而将大学作为一个整体来探讨研究生培养这个问题。在当代的英国大学中，"研究生院"这个概念只是研究生培养超越院系边界的一种工作方式，而我们在研究过程中并未捕捉到这样的制度现实。同样地，针对研究方法而设计的普适的训练项目也是超越院系边界的，但限于研究数据我们无法谈及这一问题。这些新的发展是否真的弱化了学科边界，还有待进一步考察。前面章节所记录的文化特征和符号特征，以及识别出的学科间的重要差异，都使得我们相信，即使有整合性的政策，学科间的差异和分化仍会存在。

尽管有上述限制，本研究还是反复地、有力地论述了学术亚文化的强大和相对稳定。作为科学家或学者，不仅仅是对某种知识的信奉，在更深的层次上，是一种个人身份；一个人的知识可以帮助其建构身份。用 Georg Simmel 的话说，学科既建构学术社会，也将学术社会进行分类。这并不意味着学科反映的是人格特征或个体倾向；相反，学术界是一个存在高度差异和严重分化的地方。在创造和传递知识上，不同学科和院系都有自己独特的生产和再生产的方式。同样地，他们也各有其有效的方式来招募新成员并培养他们的忠诚感。本书的不同章节都有论述年轻的自然科学学者和社会科学学者是如何进入学术共同体中来的。

我们所谈到的最"纯"的学科——以生物化学、社会人类学和地理学为代表——情况相似。招募成员和身份认同的模式是相同的。这让人回想起 Basil Bernstein 关于学校系统中如何形成学生身份的理论，其特征也是将符号性限定组合在一起。Bernstein 认为，在学校设置的众多科目中，学生的忠诚感和认同感是严格地建立在科目本身之上的。学生的社会化过程是基于长期的、高强度的学徒训练，社会化过程的合理化基础是科目本身。学生逐渐进入科目的秘密之地，他们的学习过程其实是重温了科目自身的发展历程，包括研修经典文献、经典技术和论证，这一过程类似于一种皈依。背后的信息系统是默会的，是内隐在学科本身之中的。这在人类学者们那里体现得最为明显，他们不仅反复宣称学科的独特性，还反复强调个人身份的独特性，这是个人忠诚和学术忠诚的强力结合。地理学者们也表现出了对自己学科的高度认同，他们的认同是以对学科的忠诚来表达的。实验科学学者并不会像田野研究者那样表达自己的忠诚，但是生物化学学者对实验科学的核心假设有着相当高的甚至是理所当然的忠诚。

相比之下，我们也看到——可能不那么突出——有一些研究领域并不要求学科忠诚感。在跨学科或多学科研究领域，不是通过学科而是更多地通过"研究问题"来定义工作和自我。因此，按照 Bernstein 的理论，此种环境中的学术认同和个人身份不是内隐在学科之中的，而是外显于研究过程中的知识运用上。这就是我们在诸如发展研究或城镇规划等研究领域看到的情景。这里的社会化主要不是在学科边界内进行，也不是在纯科学的"神圣的"领域中进行的，而是以研究问题为导向，在更"世俗的"符号领域中进行的。

不同的濡化方式正说明了在学术界内部有着各种各样的知识生产方式，每个学科都在独特的框架内对知识进行生产和再生产。学科是认知的共同体，有着各自独特的文化濡化机制和社会再生产机制。学术研究人员的工作要有社会化的组织与协调，因此，他的学术社会化过程同样具有社会性的特点就不足为奇了。

附录一

两个研究项目

本附录简要介绍了研究过程中数据收集的细节。之所以写这些，原因并不复杂，主要是因为之前没有对研究项目做过类似说明。本书是基于两个相关的研究项目而成，这两个研究项目都是关于博士研究生及其指导教师和学术研究的。第一个项目是由经济与社会研究委员会发起和资助的，主要是对英国的社会科学领域的博士研究生开展研究，最初的构想是与一个来自华威大学的研究团队合作，由 Robert Burgess 教授负责。在研究设计上，两个研究项目相辅相成，将一系列社会科学学科进行划分，形成了各自不同的研究重点。华威大学项目是一个典型的社会化研究，聚焦于学生进入博士研究的早期阶段，主要研究社会学领域、商业和经济学领域的一年级博士研究生。

相比之下，我们卡迪夫大学的研究则较少关注博士研究生的社会化过程，而是更多地关注知识社会学；较少关注新人如何成为有能力的研究生，而是较多地关注研究生如何社会化或融入其学科知识和文化。虽然在研究侧重点上有所不同，但两个项目都是为了记录研究生及其指导教师在组织生活和智力生活方面的关键特征。我们的研究主要是针对社会人类学，人文地理学，城市规划，地区、城市和发展研究等学科及领域。

计划中的第三项研究，与卡迪夫大学和华威大学的研究一致。这项以布里斯托大学为主的研究项目，特别关注管理和指导过程，主要针对的学科是教育学和心理学。另外，由 Estelle Phillips 指导第四个研究项目，旨在研究博士生教育的"质量"问题，这个项目的发起者和负责人是 Martin Bulmer，此项目与前三项研究紧密相关。但是最终执行下来时，与第四个项目的关联不大。所有项目的研究论文均可在 Burgess（1994）编著的书中找到。

四个定性研究项目的最终设计是相互协商的结果。我们最初的想法是开展少量的民族志的案例研究，通过对少数科系进行细致的实地考察，来研究博士研究和学术社会化的过程。整个研究计划的培训委员会和总协调人另有想法。他们希望从更广泛的视角出发，各个项目都能覆盖很多研究地点，并进一步希望四个项目进行广泛的定性研究，力争在项目之间能够有一个机构层面和院系层面的"代表性"样本。因此提出研究项目要代表全英各类高等教育机构的分布，包括牛津、剑桥、"老公民"大学、"玻璃屋顶"大学、多科技学院和伦敦大学。选定的研究地点还包括一些受到处罚的院系（甚至是被列入黑名单的院系）以及连续获得经济与社会研究委员会奖学金资助的院系。

委员会提出的抽样要求基本上是样本越多越好，对抽样比例却没做要求。他们的要求确实影响了我们的研究设计和实施。我们放弃了对少量院系进行细致的民族志研究，不得不选择覆盖大量院系。除了开展研究所必需的一些联系与沟通，比如长时间地与院系商谈进入许可，我们与各院系之间的关联要比原本计划的稀松得多。这意味着我们被迫在很大程度上依赖对学者和学生的访谈，而没有太多机会浸淫在实地环境之中从而获得第一手的民族志材料，进行参与式观察的余地也很小，致使对所访问和研究的实地环境只有肤浅的了解。

我们成功完成了对社会科学博士生的研究，这也只是呈现了英国大学中学术社会化的一部分图景。因此，我们向经济与社会研究委员会寻求进一步资助以开展后续研究，这次集中研究自然科学学科的博士研究生和学者。不再受限于之前的抽样要求，此次特意选择了少量院系进行更加深入的研究。因此，并未试图涵盖方方面面，而是有意地抽取不同性质的"科学"。

我们选择了生物化学和自然地理学，因为它们能够提供两个主要的对比：第一，自然地理学与人文地理学之间的对比（后者已经包含在前面的研究中）；第二，实验室为基础的生化科学和田野为基础的自然地理学之间，也存在明显的差别。我们选择的第三个科学领域是人工智能，人工智能是一个跨学科领域，其中有很多认知科学和计算机建模的元素，可以很好地与前两者形成对比。

这些学科绝不是学院的"代表"，但也不是随意选择的。它们能够呈现智力劳动和学术组织的不同风格。这些学科中，包含了"基础"和"应用"领域，包含了实验室研究和田野研究，包含了单一学科和跨学科领域。在抽样上有所遗漏，对此我们有着清醒的认识。例如，最理想的状况是，还应该对人文学科的研究生进行研究。许多人文学科的学术生产方式不同于自然科学学科，具有更为个体化的特征，这应该能做一个很好的对比。然而，我们也确实注意到，历史作为一个地位很高的人文学科，已是 Clark（1993）开展的五国比较研究的核心内容，而且对于历史这一学科的研究也已被包含在同一项目的英国研究之中（Becher 等, 1994）。尽管在抽样中有所遗漏，但在我们的研究项目——本身是非常重要的——范围内，我们自信捕捉到了学术组织和学术文化的不同模式，并能涵盖广泛的变化进行对比。

在两个项目的研究过程中，共收集了 20 个院系的 1990—1994 年的数据，访谈了博士研究生、指导教师和院系负责人，共计 286 人；同时辅之以参与式观察，包括在实验室、研究生学术研讨会、研究团队的组会上和学生工作区进行的参与式观察。大部分访谈材料都记录在录音带中，对录音进行转录，并使用 ETHNOGRAPH 软件进行了初步分析（Seidel, 1988; Tesch, 1990; Weaver 和 Atkinson, 1994）。软件能够帮助对转录文本进行主题编码，并便于校勘和整理全部数据集或子数据集中的编码节点。对于大规模的定性数据集来说，编码和检索策略尤其有用，就比如我们要处理将近 200 个转录文本。虽然 ETHNOGRAPH 不失为有用的工具，但软件仍然不能替代研究者的分析。研究者首先要确定分析主题和形成分析框架，以此指导可供分析的编码。使用软件只是释放了一部分工作压力。

ETHNOGRAPH 没有穷尽所有数据分析的可能性，我们在写作本书的时候也未全然依赖它。事实上，我们对人类学家的访谈材料已经用于其他方面，由此可以证明分析此类定性数据时可以采用多样的和互补的分析策略（Coffey 和 Atkinson, 1996）。因此，在处理数据和写作本书的过程中，综合运用了多种视角。除了对访谈材料进行主题分析之外，我们还检查了访谈数据的叙述结构，同时注意到博士研究生和学者们在描述其工作和职业时的修辞特点。

在第一个（社会科学）项目和第二个（自然科学）项目之间，准入协商的方法略有不同。在进行第一个项目时，项目负责人要在院系参与前以正式公函的方式向副校长说明情况，然后各研究小组与具体院系接触。卡迪夫研究团队写信给每一个院系的负责人，请求预约时间介绍和解释我们的项目。然后，Paul Atkinson 或 Sara Delamont 拜会院系负责人并且进行准入协商（在某些情况下，需要得到教职员工大会的批准，有时需要研究团队的成员在开会前出面）。如果有必要召开会议，Paul 和 Odette 就同教职员工会面。如果不需要召开会议，那么 Odette 就会访问大学，会见相关人员并获得教职员工和学生的名单，以便安排访谈。然后，项目秘书 Angela Jones 安排访谈会面。除非被访者提出异议，所有访谈都会被录音。Angela Jones 对录音进行转录。Odette 使用 ETHNOGRAPH 软件来组织、编码和检索数据。在大部分教职员工都接受了访谈后，Sara 和 Paul 还做了一小部分我们戏称为"上司"的访谈：访谈那些高级管理者，比如主管研究生事务的副校长，或是学校研究委员会的主席，我们感觉这些人更不"拘泥"于"确定的"数字或是希望被资助人注意到。上述项目的运行方式只有一个例外，那就是 Wellferry，这里的所有访谈都是由 Sara 完成的。

自然科学研究项目，不受资助方和协调方的要求限制，更加低调。自然科学学科也不面临重大的政策动荡，所以无须进行上层沟通。Odette 和 Paul 直接与院系协商准入事宜，随后 Odette 就可以进行实地考察了。访谈方式与第一个项目相同，但是花费了更多时间来观察研究对象中成员之间的社会互动和交谈。

这两个关于博士研究生职业社会化的研究项目在研究者以前的研究语境中是能够看到的。在过去 20 多年的时间里，Atkinson（1981，1997）研究了医生的社会化过程；Parry（1988，1994）研究过记者的社会化问题；Delamont 研究过教育学科（Eggleston 和 Delamont，1981，1983）和化学学科（Galton 和 Delamont，1976）博士生的成长经历。在卡迪夫，Atkinson 和 Delamont 也曾与一些研究职业社会化的同事合作；Coffey 和 Atkinson（1994）收集了大量的研究成果。此类研究成果可以应用于更高学位学生的指导之中，这一意义已被 Delamont 等人指出（1997a）。本书第一章概述的社会学观点是本土研究传统的指导思想之一。

附录二

政策背景

尽管本书主要是基于研究者在英国大学开展的实证研究，但它与政策的关联性要远远超出其对于理解英国高等教育的贡献。院系和大学的具体制度安排赶不上学术文化适应的基本社会进程。因此，本书并非仅仅描述了研究生及其指导教师的实际经验；而是通过探究学术知识和学科创造和再创造的社会过程与智力过程，从而更好地理解当代学术中的知识建构与知识再生产问题，这是本书的重要贡献。然而，至关重要的是，将研究放在特定的政策背景中，并将我们自身的研究经验置于其他学者的实验室和院系之中，将我们的经验提供给学术同行。

学院并非运行在真空之中。在我们开展研究时，关于研究生的研究受到了特定研究和政策偏好的影响，这种偏好主要集中在对于英国博士研究生的研究上。经济与社会研究委员会对本研究项目的资助就是直接来自这种政策偏好。我们所进行的第一个博士生研究项目聚焦于社会学科。经济与社会研究委员会的培训委员会提出了一项提议，其内容成了国家研究倡议的一部分。经济与社会研究委员会调配的资源有限，它能资助的研究生数量是受到严格限制的。大多数学生是通过其他渠道获得资助的，比如大学提供的资助或是自筹资金。该委员会虽然不是英国博士生研究的主要资助方，但是它对研究生培养有着极其重要的影响。部分原因是因为它是全英范围内唯一一个国家级的社会科学基金来源，这使得其奖学金的象征意义远远超过单纯的金额意义。获得经济与社会研究委员会的奖励，不管是对学术机构还是对学生来说，都是一种骄傲，并能得到他人的敬重。奖学金的竞争是非常激烈的，因此在全国竞争中获得成功对于候选人来说是一个相当大的成就。

在提出新的研究倡议之前，经济与社会研究委员会采纳了温菲尔德报告（Winfield，1987）中的一些建议，并进行了政策创新，这些政策创新对于英国的社会科学界产生了相当大的影响。此后研究委员会对研究生培养的干预比以往更直接，并引发了人们的广泛争论（Delamont，1989）。两项主要的政策创新是引入了制裁政策，以及为研究生培养和博士生研究制定了规范原则。通过制裁政策，经济与社会研究委员会为博士学位完成率设立了制度目标。要求博士研究生必须在入学注册后的四年内提交学位论文，如果人才培养机构整体的论文提交率低于规定标准，则终止其研究生研究资助的资格。该项制裁政策，通常被称为"黑名单"政策，在全国范围内都产生了巨大影响。这项政策会造成潜在的分裂，不仅会造成人才培养机构间的不和，还会造成同一机构内部门间的不和：社会科学学科中的一两个院系的论文低完成率，会致使整所大学丧失获得研究委员会奖学金的资格。

此项制裁政策能够执行，是凭借一套积极的认同系统，在经济与社会研究委员会中以及那些有资格获得研究生奖学金的人才培养机构和院系中都有相当多的人认同这项政策。获得奖学金资助的条件主要是论文完成率和研究生培养质量，特别要求对研究生进行社会科学研究方法方面的训练。在此之前，传统上，英国一直强调研究生的个人研究以及学位论文作为其培养期间的独立产出。而如今，这一传统观点遭到了质疑，人们质疑这种做法是不是培养社会科学家的最佳方式，社会科学家是有能力开展学术研究的人，而不仅仅是完成其博士研究工作。

学科专家小组受委托设计出"人才培养原则"（经济与社会研究委员会，1991；修订版，1996），它分为总体要求和针对各学科的具体要求。此后，各院系想要获得经济与社会研究委员会的认可，必须先论证其有能力开展正式的符合总体要求和各学科具体要求的研究生培养工作。能否获得博士生奖学金的资格，取决于人才培养工作的执行情况和产出。自1992年以来，如果一个院系希望获得经济与社会研究委员会提供的学生奖学金，就必须遵守其指定的人才培养原则，提供正式的关于科研教学的报告，说明科研教学要占一年级博士研究生学习的60%左右。

考虑到当前普遍的政治气候，经济与社会研究委员会不仅回应了关于博士学位完成率的道德恐慌，而且回应了其自身关注的英国高等教育中社会科学家代际更迭问题。研究委员意识到，20世纪六七十年代招聘的大学教师在21世纪初已到退休年龄，这就需要招募大量受过科研训练的社会科学家。因此，经济与社会研究委员会的政策在两个方面着力：一方面是对学位低完成率实行制裁；另一方面是积极引入正式的科研训练，尤其强调以研究方法训练为重点。

为了解人才培养机构及其各院系的改变情况，经济与社会研究委员会的培养委员会发起了一个针对英国社会科学学科博士研究生的研究项目，该项目为竞争性招标项目。尽管我们第一个研究项目就定位在经济与社会研究委员会认可的社会科学学科上，但这个项目却被嵌置到了更广泛的全国政策环境之中。需要指出的是，我们的研究对知识社会学的基础研究的贡献是最首要和重要的，因此我们的研究从更一般的意义上直接回应了有关英国博士生研究的组织方式和支持方式等重大问题和相关争论。毫无疑问，这一领域的政策形成过程和相关争论没有从学术文化和学术组织的理解方面给予充分论证，而这恰恰是我们的学术研究所能提供的（Parry 等，1994a；Delamont 等，1997b）。

温菲尔德报告为我们的研究项目提供了广泛的政策背景（Winfield，1987；Delamont，1989）。虽然它仅限于社会科学领域，但温菲尔德报告向经济与社会研究委员会提出的关于博士生研究资助的建议是影响深远的，它也为其他研究委员会和英国科学院的后续政策制定奠定了基调，并对自然科学和人文学科都产生了影响。尽管各学科的具体执行情况有所不同，但对于所有学科来说，政策的总体基调是一致的（关于这一点的详细信息，请参阅 Becher 等，1994；Hockey，1991）。

在英国，经济与社会研究委员会是第一个对研究生研究能力培养做出明确规定的机构，但这么做的并不只有该委员会。所有研究委员会都关注博士生的研究能力问题，并施加影响。早在 1982 年，研究委员会的咨询委员会就提出了三个与博士生教育密切相关的问题，问题集中于：如何在一般性研究训练与个人独特的博士教育项目之间取得最佳平衡；入学注册与提交博士学位论文之间的时间长度，以及一般性研究训练的时间和论文提交率之间的关系。咨询委员会的报告建议，正规的全日制博士研究生应该在四年内完成学位论文，进而推算出从第一学位（本科学位）入学到博士学位完成的最佳年限是在 6～7 年。从国际情况看，这是一个过度压缩的时间表。报告总结出四年完成博士学位的两大障碍：一是学生缺乏专业基础知识和技术技能；二是研究选题过于宽泛和宏大。这些问题既存在于物理、生物化学等学科，也存在于地理和经济史等学科。

尽管少了些政治敏感性，但咨询委员会报告中所提出的问题对自然科学也同样重要。在 20 世纪 80 年代末，自然与环境研究委员会出台了制裁低学位完成率的院系的措施。在当时，该委员会还计划设立一个新的国家高等学位（MRes），此学位嵌入现有本科项目和以培养研究技能为目标的博士学位之间。

英国科学院和自然科学研究委员会（20 世纪 90 年代初经历了重组）继续强调博士学位完成率的重要性，并指出博士研究生在注册前及学位攻读期间接受研究技能训练的必要性。这些政策为英国博士研究生集中接受研究训练提供了背景和机制。提升博士研究生的学术训练水平，应当是一项共同的、有组织的工作，而不能仅仅依赖于学生个人及其指导教师。政策还同时强调了研究环境的质量及其指定的培养方案的有效性，这为今后在一定范围内巩固研究能力培养成效奠定了基础。

研究委员会对博士研究生培养的偏好和干预与监督、管理和差别化资助等手段并行。在英国，教学质量评估和科研水平评估每四年或每五年进行一次，评估本身干预的过程。对研究能力培养做出明确规定以及定期评估科研成果反映出了同样的政策逻辑。其本质是他们对于研究语境、文化或环境的观念。对博士研究生培养的关注背后反映出的是对英国高等教育学术生产力的关注。人们常常认为，研究生甚至"研究生院"的规模与活力，是学术文化繁荣的表征指标，而活跃的学术文化反过来又是培养优秀研究生的必要条件。

这些观念影响了哈里斯报告（Harris，1996），哈里斯报告也反过来强化了这些观念。哈里斯报告体现了英国近年来重要的研究生教育政策。哈里斯委员会于 1995 年由英国高等教育拨款委员会、大学校长委员会和校长常务会议共同成立，其职责是审查研究生课程和学位授予情况。该报告提出了一系列建议，涵盖研究生生源、研究生教育质量保障，以及研究生教育实践规范等问题。

就本书而言，哈里斯报告所提到的具体问题的最重要意义在于"临界规模"。哈里斯报告声称，高效的博士生教育发生在"研究活动的临界规模"处。这是一个非常重要的观察结论，这与在一段长时间内英国出台政策以促进研究能力培养集中化和选拔性有关。事实上，在10多年的评估和选拔实践中，人们似乎达成了一致：对研究能力进行集中训练并达到临界规模是可取的（或至少是不可避免的）。值得注意的是，1996年关于"临界规模"的提法在公开争论中极少遭遇挑战，这与哈里斯报告的其他内容形成鲜明对比（例如《泰晤士报高等教育副刊》，1996年6月7日，1996年6月28日）。

高等教育领域的大部分政策和干预措施，都很难兼顾到不同学科文化的差异性，而是越来越倾向于出台共同的、普适的管理框架，包括规章制度、培养需求和时间表（Coffey 和 Atkinson，1997）。尽管经济与社会研究委员会也为特定学科制定了具体的人才培养原则，但从其对核心技能和能力的强调中可以看出，他们认为自己应该对生产"社会科学家"负责，而不是对生产特定学科专家负责。由于出台培养原则的目的是促进一般性、通用性研究技能的培养，经济与社会研究委员会被指责将英国的博士学位变成了"驾驶执照"，而在传统的理念中，博士学位是"探索的许可证"（Bernstein，1996）。与此类似，自然科学研究委员会推动设立新的国家高等学位（MRes），是因为他们不仅认可通用性的研究技能，而且还努力将研究技能训练作为一个准学科引入。

把新的国家高等学位（MRes）作为公认的学位以及博士生教育的先决条件，这一想法和做法遭到了社会科学家们的强烈抵制，其强烈程度远超出对于经济与社会研究委员会培养原则的抵制。然而，在过去的10~15年，政策要旨始终如一，始终明确强调要通过差异识别和选择来培养通用性的研究技能，以及对研究能力进行集中训练、进行微分识别和选拔。同时期，英国高等教育政策的整体发展也与此保持高度一致。

参考文献

Abir-Am, P. (1982) "The discourse of physical power and biological knowledge in the 1930s," *Social Studies of Science,* 12, pp. 341–382.

Adam, A. (1995a) "Artificial intelligence and women's knowledge: what can feminist epistemologies tell us?," *Women's Studies International Forum,* 18, 4, pp. 407–415.

——(1995b) "Embodying knowledge: a feminist critique of artificial intelligence," *European Journal of Women's Studies,* 2, pp. 355–377.

Ashmore, M., Myers, G. and Potter, J. (1995) "Discourse, rhetoric and reflexivity," in S. Jasanoff, G. Markle, J. Petersen and T. Pinch (eds) *Handbook of Science and Technology Studies,* London: Sage.

Atkinson, P. A. (1981) *The Clinical Experience: The Construction and Reconstruction of Medical Reality,* Farnborough: Gower.

——(1984) "Wards and deeds: taking knowledge and control seriously," in R. G. Burgess (ed.) *The Research Process in Educational Settings,* London: Falmer, pp. 163–185.

——(1985) *Language, Structure and Reproduction: An Introduction to the Sociology of Basil Bernstein,* London: Methuen.

——(1990) *The Ethnographic Imagination,* London and New York: Routledge.

——(1992) *Understanding Ethnographic Texts,* Thousand Oaks CA: Sage.

——(1995) "Bernstein's structuralism," in A. Sadovnik (ed.) *Knowledge and Pedagogy,* New York: Ablex.

——(1996) *Sociological Readings and Re-Readings,* Aldershot: Avebury.

——(1997) *The Clinical Experience: The Construction and Reconstruction of Medical Reality,* 2nd, expanded edition, Aldershot: Ashgate.

Atkinson, P. A. and Delamont, S. (1985) "Socialisation into teaching: the research which lost its way," *British Journal of Sociology of Education,* 6, 3, pp. 307–322.

Atkinson, P. A., Reid, M. E. and Sheldrake, P. F. (1977) "Medical mystique," *Sociology of Work and Occupations,* 4, 3, pp. 243–280.

Ball, S. (1981) *Beachside Comprehensive,* Cambridge: Cambridge University Press.

Barley, N. (1983) *The Innocent Anthropologist,* London: British Museum Publications.

Barnes, B. (1974) *Scientific Knowledge and Sociological Theory,* London: Routledge and Kegan Paul.

Becher, T. (1989) "Physicists on physics," *Studies in Higher Education,* 15, 1, pp. 3–21.

——(1990) *Academic Tribes and Territories,* Milton Keynes: Open University Press.

Becher, T., Henkel, M. and Kogan, M. (1994) *Graduate Education in Britain,* London: Jessica Kingsley.

Becker, H. S., Geer, B., Hughes, E. C. and Strauss, A. L. (1961) *Boys in White,* Chicago: Chicago University Press.

Behar, R. and Gordon, D. (eds) (1995) *Women Writing Culture,* Berkeley CA: University of California Press.

Bernstein, B. (1975) *Class, Codes and Control,* vol. 3: *Towards a Theory of Educational Transmissions,* London: Routledge and Kegan Paul.

——(1977) *Class, Codes and Control,* vol.3, revised edition, London: Routledge.

——(1990) *Class, Codes and Control,* vol.4: *The Structuring of Pedagogic Discourse,* London: Routledge.

——(1996) *Pedagogy, Symbolic Control and Identity: Theory, Research, Critique,* London: Taylor and Francis.

Bloor, D. (1976) *Knowledge and Social Imagery,* London: Routledge and Kegan Paul.

Bosk, C. (1979) *Forgive and Remember: The Management of Medical Failure,* Chicago: University of Chicago Press.

Bosley, K. (1989) Introduction to *The Kalevala,* Oxford: Oxford University Press.

Bourdieu, P. (1975) "The specificity of the scientific field and the social conditions of the progress of reason," *Social Science Information,* 14, 5, pp. 19–47.

—— (1988) *Homo Academicus,* Cambridge: Polity Press.

Bourdieu, P. and Passeron, J-C. (1977) *Reproduction,* London: Routledge.

—— (1979) *The Inheritors,* London: University of Chicago Press.

Burgess, R. G. (1983) *Experiencing Comprehensive Education,* London: Methuen.

—— (ed.) (1994) *Postgraduate Education and Training in the Social Sciences,* London: Jessica Kingsley.

Callon, M. (1986) "The sociology of an actor-network," in M. Callon, J. Law and A. Rip (eds) *Mapping the Dynamics of Science and Technology,* Basingstoke: Macmillan.

Campbell, J. K. (1992) "Fieldwork among the Sarakatsani, 1954–55," in J. de Pina-Cabral and J. Campbell (eds) *Europe Observed,* London: Macmillan.

Chapman, M. (1992) "Fieldwork, language and locality in Europe, from the North," in J. de Pina-Cabral and J. Campbell (eds) *Europe Observed,* London: Macmillan.

Clark, Burton, R. (ed.) (1993) *The Research Foundations of Graduate Education: Germany, Britain, France, United States, Japan,* Berkeley CA: University of California Press.

Clarke, A. E. (1998) *Disciplining Reproduction,* Berkeley CA: University of California Press.

Clarke, A. E. and Fujimura, J. H. (eds) (1992) *The Right Tools for the Job,* Princeton NJ: Princeton University Press.

Clifford, J. (1997) *Routes,* Cambridge MA: Harvard University Press.

Clifford, J. and Marcus, G. E. (eds) (1986) *Writing Culture: The Poetics and Politics of Ethnography,* Berkeley CA: University of California Press.

Coffey, A. and Atkinson, P. (eds) (1994) *Occupational Socialization and Working Lives,*

Aldershot: Avebury.

——(1996) *Making Sense of Qualitative Data,* Thousand Oaks CA: Sage.

——(1997) "Analysing documentary reality," in D. Silverman (ed.) *Qualitative Analysis: Issues of Theory and Method,* London: Sage, pp. 45–62.

Cohen, A. (1982) *Belonging,* Manchester: Manchester University Press.

——(1992) "Self-conscious anthropology," in J. Okeley and H. Gallaway (eds) *Anthropology and Autobiography,* London: Routledge.

Collins, H. (1974) "The TEA Set," *Science Studies,* 4, pp. 165–186.

——(1985) *Changing Order,* London: Sage.

——(1990) *Artificial Experts,* Cambridge MA: The MIT Press.

——(1994) "A strong test of the experimenters' regress," *Studies in the History and Philosophy of Science,* 25, 3, pp. 493–503.

——(1995) "Sociology and artificial intelligence," in S. Jasanoff, G. E. Markle, J. C. Petersen and T. Pinch. (eds) *Handbook of Science and Technology,* Thousand Oaks CA: Sage.

——(1996) "Embedded or embodied: Hubert Dreyfus's *What Computers Still Can't Do,*" review essay, *Artificial Intelligence,* 80, 1, pp. 99–117.

Collins, H. and Pinch, T. (1993) *The Golem,* Cambridge: Cambridge University Press.

——(1998) *The Golem,* revised edition, Cambridge: Cambridge University Press.

Cortazzi, M. (1993) *Narrative Analysis,* London: Falmer.

Delamont, S. (1987) "Three blind spots," *Social Studies of Science,* 17, 1, pp. 163–170.

——(1989) *Knowledgeable Women,* London: Routledge.

——(1992) *Fieldwork in Educational Settings,* London: Falmer.

Delamont, S. and Atkinson, P. A. (1990) "Professions and powerlessness," *The Sociological Review,* 38, 1, pp. 90–110.

——(1995) *Fighting Familiarity,* Cresskill NJ: Hampton.

Delamont, S., Atkinson, P. A. and Parry, O. (1997a) *Supervising the PhD,* Buckingham: The Open University Press.

——(1997b) "Critical mass and pedagogic continuity," *British Journal of Sociology of Education,* 18, 4, pp. 533–550.

Douglass, W. (1992) "Anthropological methodology in the European context," in J. Pina-Cabral and J. Campbell (eds) *Europe Observed,* London: Macmillan.

Downey, G. L. and Lucena, J. C. (1997) "Engineering selves," in G. L. Downey and J. Dumit. (eds) *Cyborgs and Citadels,* Santa Fe: School of American Research Press.

Dreyfus, H. (1979) *What Computers Can't Do,* New York: Harper and Row.

Dreyfus, H. (1992) *What Computers Still Can't Do: A Critique of Artificial Reason,* Cambridge MA: MIT Press..

Dreyfus, H. and Dreyfus, S. (1986) *Mind Over Machine: The Power of Human Intuition and Expertise in the Era of the Computer,* New York: Free Press.

Durkheim, E. and Mauss, M. (1963) *Primitive Classification,* London: Routledge.

Eggleston, J. and Delamont, S. (1981) *A Necessary Isolation? A Study of Postgraduate Research Students in Education,* Cardiff: Social Research Unit, Department of Sociology, University College, Cardiff.

——(1983) *Supervision of the Students for Research Degrees,* Kendal: Dixon Printing Company for British Education Research Association.

Economic and Social Research Council. (1991) *Postgraduate Training Guidelines,* Swindon: ESRC.

Economic and Social Research Council. (1996) *Postgraduate Training Guidelines,* revised edition, Swindon: ESRC.

Evans, C. (1988) *Language People,* Milton Keynes: Open University Press.

——(1993) *English People,* Milton Keynes: Open University Press.

Fardon, R. (ed.) (1990) *Localizing Strategies,* Edinburgh: Scottish Academic Press.

Fleck, L. (1979) *The Genesis and Development of a Scientific Fact,* Chicago: University of Chicago Press.

Fujimura, J. (1997) *Crafting Science,* Cambridge MA: Harvard University Press.

Fulton, O. (1996) "Which academic profession are you in?," in R. Cuthbert (ed.)

Working in Higher Education, Buckingham: The Open University Press.

Galison, P. (1987) *How Experiments End,* Chicago: University of Chicago Press.

Galton, M. and Delamont, S. (1976) *Final Report on PhD/PGCE Chemistry Courses,* Leicester: Leicester University School of Education for the DES.

Getzels, J. W. and Jackson, P. (1963) "The highly intelligent and highly creative adolescent," in C. W. Taylor and F. Barron. (eds) *Scientific Creativity: Its Recognition and Development,* New York: Wiley.

Gilbert, N. and Mulkay, M. (1984) *Opening Pandora's Box,* Cambridge: Cambridge University Press.

Granfield, R. (1992) *Making Elite Lawyers,* New York: Routledge.

Grillo, R. (1985) *Ideologies and Institutions of Modern France,* Cambridge, Cambridge University Press.

Gumport, P. (1993) "Graduate education and research imperatives: views from American campuses," in R. Burton Clark. (ed.) *The Research Foundations of Graduate Education,* Berkeley CA: University of California Press.

Hacking, I. (1992) "The self-vindication of the laboratory sciences," in A. Pickering. (ed.) *Science as Practice and Culture,* Chicago: Chicago University Press.

Hagstrom, W. O. (1965) *The Scientific Community,* New York: Basic Books.

Hammersley, M. and Atkinson, P. (1995) *Ethnography: Principles in Practice,* second edition, London: Routledge.

Hargreaves, A. (1984) "Contrastive rhetoric and extremist talk," in A. Hargreaves and P. Woods. (eds) *Classrooms and Staffrooms,* Milton Keynes: Open University Press.

Harris, M. (1996) *Review of Postgraduate Education,* vol. 1: *The Report,* vol. 2: *The Evidence,* Bristol: Higher Education Funding Council for England.

Hess, D. (1997) "If you are thinking of living in STS," in G. L. Downey and J. Dumit (eds) *Cyborgs and Citadels,* Santa Fe: School of American Research Press.

Hockey, J. (1991) "The social science PhD," *Studies in Higher Education,* 16, 3, pp. 319–332.

——(1994) "Establishing boundaries: problems and solutions in managing the PhD supervisor role," *Cambridge Journal of Education,* 24, 2, pp. 293–305.

Jackson, A. (ed.) (1987) *Anthropology at Homè,* London: Tavistock.

James, A., Hockey, J. and Dawson, A. (eds) (1997) *After Writing Culture,* London: Routledge.

Jamous, H. and Peloille, B. (1970) "Professions or self-perpetuating system," in J. A. Jackson. (ed.) *Professions and Professionalisation,* Cambridge: The University Press.

Jenkins, R. (1992) *Pierre Bourdieu,* London: Routledge.

Jenkins, S. (1998) "Speech to the Annual Meeting of the British Association for the Advancement of Science," *Times Higher Education Supplement,* 11 September 1998, pp. 19–21.

Kadushin, C. (1969) "The professional self concept of music students," *American Journal of Sociology,* 75, pp. 389–404.

Knorr-Cetina, K. (1981) *The Manufacture of Knowledge,* Oxford: Pergamon.

——(1995) "Laboratory studies," in S. Jasanoff, G. E. Markle, J. Peterson and T. Pinch. (eds.) *Handbook of Science and Technology Studies,* London: Sage.

——(1999) *Epistemic Cultures,* Cambridge, MA: Harvard University Press.

Kuhn, T. S. (1962) *The Structure of Scientific Revolutions,* Chicago: University of Chicago Press.

——(1977) *The Essential Tension,* Chicago: University of Chicago Press.

Kuper, A. (1973) *Anthropologists and Anthropology: The British School 1922–1972,* Harmondsworth: Penguin Books.

Lacey, C. (1970) *Hightown Grammar,* Manchester: Manchester University Press.

Latour, B. and Woolgar, S. (1986) *Laboratory Life,* 2nd edition, Princeton NJ: Princeton University Press.

Lynch, M. (1985) *Art and Artefact in Laboratory Science,* London: Routledge.

McAleese, R. and Welsh, J. (1983) "The supervision of postgraduate research students," in J. E. Eggleston and S. Delamont. (eds) *Supervision of Students for Research*

Degrees, Kendal, Cumbria: Dixons Printing Company for the British Educational Research Association.

Merton, R. K., Reader, G. and Kendall, P. L. (eds) (1958) *The Student Physician,* Cambridge MA: Harvard University Press.

Miller, C. M. L. and Parlett, M. (1976) "Cue-consciousness," in M. Hammersley and P. Woods. (eds) *The Process of Schooling,* London: Routledge and Kegan Paul.

Mulkay, M. (1985) *The Word and the World: Explorations in the Form of Sociological Analysis,* London: George Allen and Unwin.

Myers, G. (1990) *Writing Biology: Texts in the Social Construction of Scientific Knowledge,* Madison: University of Wisconsin Press.

Newell, A. (1990) *Unified Theories of Cognition,* Cambridge MA: Harvard University Press.

Nye, A. (1990) *A Feminist Reading of the History of Logic,* London: Routledge.

Olesen, V. and Whittaker, E. (1968) *The Silent Dialogue,* San Francisco: Jossey Bass.

Parry, O. (1983) "Uncovering the ethnographer," in N. McKeganey and S. Cunningham-Burley (eds) *Enter the Sociologist,* Farnborough: Gower.

——(1988) *The Journalism School: The Occupational Socialization of Graduate Journalists*, unpublished PhD thesis, University of Wales, Cardiff.

——(1990) "Fitting in with the setting: a problem of adjustment for both students and the researcher," *Sociology,* 24, 3, pp. 417–430.

——(1992) "The production and reproduction of news," *International Journal of Qualitative Studies in Education*, 5, pp. 215–230.

——(1994) "The reproduction of an occupational community," *British Journal of Education and Work,* 6, pp. 45–56.

Parry, O., Atkinson, P. and Delamont, S. (1994a) "Disciplinary identities and doctoral work," in R. G. Burgess. (ed.) *Postgraduate Education and Training in the Social Sciences,* London: Jessica Kingsley.

Parry, O., Atkinson, P, Delamont, S. and Hiken, A. (1994b) "Suspended between two stools?," in A. Coffey and P. Atkinson. (eds) *Occupational Socialisation and Working Lives,* Farnborough: Avebury.

Phillips, S. U. (1982) "The language socialization of lawyers: acquiring the 'cant'," in G. Spindler (ed.), *Doing the Ethnography of Schooling,* New York: Holt, Rinehart and Winston.

Pickering, A. (ed.) (1992) *Science as Practice and Culture,* Chicago: Chicago University Press.

Pinch, T. (1981) "The sun set: the presentation of certainty in scientific life," *Social Studies of Science,* 11, 1, pp. 131–158.

—— (1986) *Confronting Nature,* Dordrecht: Reidel.

—— (1993) "Turn, turn and turn again," *Science, Technology and Human Values,* 18, pp. 511–522.

Pinch, T. J., Collins, H. M. and Carbone, L. (1996) "Inside knowledge: second order measures of skill," *The Sociological Review,* 44, 2, pp. 163–186.

Polanyi, M. (1958) *Personal Knowledge,* London: Routledge and Kegan Paul.

Pylyshyn, Z. (1984) *Computation and Cognition: Towards a Foundation for Cognitive Science,* Cambridge MA: MIT Press.

Rapport, N. (1992) "From affect to analysis: the biography of an interaction in an English village," in J. Okely and H. Callaway. (eds) *Anthropology and Autobiography,* London: Routledge.

Riessman, C. K. (1993) *Narrative Analysis,* Newbury Park CA: Sage.

Scott, S. (1985) "Working through the contradictions in researching postgraduate education," in R. G. Burgess. (ed.) *Field Methods in the Study of Education,* London: Falmer.

Shibutani, T. (1967) "Reference groups as perspectives," in J. G. Manis and B. N. Meltzer. (eds) *Symbolic Interaction,* Boston: Allyn and Bacon.

Seidel, J. (1988) *The Ethnograph: A User's Guide,* Littleton CO: Qualis Research Associates.

Spencer, J. (1989) "Anthropology as a kind of writing," *Man,* 24, pp. 45–64.

Strathern, M. (1981) *Kinship at the Core,* Cambridge: Cambridge University Press.

Tesch, R. (1990) *Qualitative Research: Analysis Types and Software Tools,* London: Falmer.

Tobias, S. (1990) *They're not Dumb, they're Different,* Tucson AZ: Research Corporation.

Traweek, S. (1988) *Beamtimes and Lifetimes,* Cambridge MA: Harvard University Press.

Wakeford, J. (1985) "A director's dilemmas," in R. G. Burgess. (ed.) *Field Methods in the Study of Education,* London: Falmer.

Walford, G. (1981) "Classification and framing in higher education," *Studies in Higher Education,* 6, pp. 147–158.

Weaver, A. and Atkinson, P. (1994) *Microcomputing and Qualitative Data Analysis,* Farnborough: Avebury.

Whittlesea, C. (1995) *Pharmacy Doctoral Students: Thesis Writing Skills and Strategies,* unpublished MSc Econ thesis, University of Wales College of Cardiff.

Winfield, G. (1987) *The Social Science PhD*, 2 vols, London: ESRC.

Woolgar, S. (1988) *Science: The Very Idea,* London: Tavistock.

Wright, J. (1992) *Selection, Supervision and the Academic Management of Research Leading to the Degree of PhD.,* unpublished PhD thesis, University of Nottingham.

Young, K., Fogarty, M. P. and Mcrae, S. (1987) *The Management of Doctoral Studies in the Social Sciences*, London: Policy Studies Institute.

Zuckerman, H. (1977) *Scientific Elite,* New York: The Free Press.

人名索引

Abir-Am, P. 16
Adam, A. 105, 108
Albright, C. 65～66, 67, 69
Anderson, M. 168
Angelworth, I. 66, 67, 158
Ashmore, M. 42, 53, 134
Asmara, L. 57
Atkinson, P.A. 7, 10, 18～21, 22, 27, 31～32, 34, 42, 55, 56, 62, 94, 117, 135, 155, 183, 184, 189
Avril 102～103

Ball, S. 155
Barley, N. 76～77
Barnabas 145
Barnes, B. 58
Barsington 64, 101, 102, 158
Batchelor, C. 130
Becher, T. 3, 42, 64, 129, 131, 134, 139, 153, 183, 187

Becker, H.S. 42, 153
Behar, R. 94
Bernard, C. 56
Bernstein, B. 7～8, 13, 151, 152, 154, 167, 172, 189
Bettman, E. 85, 94
Bloor, D. 58
Boatman, A. 100, 103～104, 130
Borringer 25
Bosk, C. 174
Bosley, K. 33～34
Bourdieu, P. 4～7, 8, 13, 42, 44, 99, 133, 171, 172
Brande 41, 140
Bulmer, M. 181
Burgess, R.G. 134, 153, 155, 181, 182

Caldecot 160
Caldwell, D. 130
Callon, M. 68

Campbell, J. 77
Challoner 83, 142~143
Chapman, M. 75
Clark, B.R. 25, 153, 183
Clarke, A.E. 16, 54
Clifford, J. 77, 94
Coffey, A. 32, 62, 117, 135, 183, 184, 189
Cohen, A. 75
Collins, H. 11, 54, 56, 58, 62, 63, 68, 107, 109, 122
Coltness 138, 143~144
Conroy, P. 101~102, 103, 111
Cooper, E. 90
Cortazzi, M. 135
Coughlin, E. 86, 88, 95
Creighton, H. 46
Crupiner 133, 137, 139

Danberry 58, 130, 131
Danson 141
de Manuelos 46, 100
Deladier, S. 61, 165
Delamont, S. 10, 22, 27, 32, 34, 35, 38, 42, 53, 53, 56, 134, 156, 159, 161, 176, 184, 186, 187
Dewry 40, 43, 56, 58, 128, 157
d'Hiver 145
Dorroway 97
Douglas, M. 7, 44, 79

Douglass, W. 75
Downey, G.L. 152
Dreyfus, H. 110
Dreyfus, S. 110
Drummock 44, 83, 87, 91
Dumont, G. 43, 48, 81
D'Urfey 87
Durkheim, E. 5
Durtham 43
Duval 61, 69, 122, 128

Eggleston, J. 38, 156, 161, 184
Enright, N. 96
Evans, C. 42

Fardian 129
Fardon, R. 74, 75
Faul, B. 165, 166
Feering 75, 77
Ferguson, M. 69
Feste 85, 90
Fitton 43, 78, 92
Fleck, L. 54
Fonteaux 159
Fouteaux 66
Frome, L. 83
Fujimura, J.H. 16, 54, 59
Fulton, O. 3, 4, 9
Fustian 78, 84, 94, 97

Gaisbrook 39
Galison, P. 13, 63
Galley 94
Galton, M. 184
Gantry 40, 64, 65, 69, 130, 158
Garnette 57, 123, 157, 166
Geodrake 81, 87
Getzels, J.W. 56
Gideon 77
Gilbert, N. 41, 58, 63, 69, 134, 175
Gilchick 78
Godlee 85, 141
Gordon, D. 94
Granfield, R. 42
Grillo, R. 74
Gumport, P. 42, 156
Gunderson, K. 156

Hacking, I. 12, 15, 54, 55, 63, 70, 131, 165
Hackington 107
Hagstrom, W.O. 68
Hakapopoulos 145
Harcourt 85
Hargreaves, A. 121, 136
Harme 106
Hatchett 107
Helsgood, C. 107

Herrick 76
Hess, D. 54
Hockey, J. 134, 153, 187
Hughes, E. 9
Hurrell 18～19, 94

Ianello, S. 47
Ingersoll, J. 46
Ireland, S. 130
Ives, C. 38～39, 43, 49, 82, 91

Jackson, A. 74, 75
Jackson, P. 56
James, A. 94
Jamous, H. 34, 62
Jannerat 81
Jelf 147
Jenkins, R. 5
Jenkins, S. 56
Jones, A. 184

Kadushin, C. 42
Kaltenbrun, V. 47
Kanelos, T. 47
Kenway 136
Kettering, H. 49, 86
Knorr-Cetina, K. 11～12, 59, 113
Kuhn, T.S. 15, 54, 56, 113, 171, 177

Kuper, A. 73
Kylie, J. 47, 108~109

Lacey, C. 155
Latour, B. 42, 59, 68, 134
Lester, E. 48~49, 94
Loomis, B. 83
Lucena, J.C. 152
Lundgren, J. 46, 48, 92
Lynch, M. 42, 134

McAleese, R. 134
McAlister, S. 129, 159
McQumpha 41
Madson, G. 82
Maitland-Maine 44
Mallory, C 47, 104, 110, 130
Mandrake 40
Mannheim 117
Marcus, G.E. 94
Mardian 41
Martins, R. 106
Mauss, M. 5
Meade 144
Menakis, N. 166
Merton, R.K. 153
Miller, C.M.L. 38
Mincing 142

Mohr, E. 66, 159
Moliner, R. 46
Montoya, L. 48, 49, 79, 81, 82, 89
Morrow 147
Mulkay, M. 40, 41, 58, 63, 69, 134, 175
Munsey 138
Myers, G. 68

Nagle, H. 107, 108
Nankivell 137~138, 153
Netley 138
Newell, A. 105
Nuddington 137
Nye, A. 110

Olesen, V. 42

Paget 35, 37
Palinode 146~147
Panthing 144
Parlett, M. 38
Parry, O. 20, 21, 23, 27, 29~31, 32, 62, 63, 153, 184, 187
Passeron, J-C. 41
Passington 105, 109
Peloille, B. 34, 62
Pendleton, F. 47
Perrin, G. 64, 127~128, 166

Phillips, E. 181
Phillips, S.U. 42
Pickering, A. 54, 55
Pilgrim 100, 104, 144
Pinch, T.J. 12, 54, 56, 63, 68
Polanyi, M. 62
Portland 36
Pylyshyn, Z. 105

Quayne 43, 65, 68, 123～125

Ramilles 37
Rapport, N. 75
Rennie 138
Ridgeway 35
Riessman, C.K. 135
Ross, W. 47～48, 103
Rowlandson 38

Savanake 37
Schroeder, P. 165
Scott, S. 134
Scott-Windlesham, T. 77
Scovil, M. 157
Seidel, J. 183
Shannon 140
Shibutani, T. 117
Silva 39

Simmel, G. 178
Snow 39
Soczewinski, W. 125
Sopwith 27
Spencer, J. 94
Staley, B. 159
Stayman, M. 42, 57
Stottle, A. 158
Strathern 75
Subonadier 105

Talisman 78, 84, 117～118
Tatley, H. 166
Teague 90
Tesch, R. 183
Throstle 88
Tobias, S. 55, 56, 152
Travers, D. 75, 79, 80, 83, 88, 93
Traweek, S. 12, 68, 134
Trevithick 86
Tyrone, E. 65, 126～127, 131

Upton, M. 46

Verney, S. 46
Viera, A. 156, 157
Vorhees, J 129

Waite 105, 106

Wakeford, J. 134

Walford 159

Walworth, R. 81

Weaver, A. 183

Welsh, J. 134

Wenzel, S. 58

Whittaker, E. 42

Whittlesea, C. 69

Winfield, G. 153

Wishart 36~37, 139

Woodrose 36~37, 141

Woolgar, S. 42, 59, 68, 134

Wright, J. 134

Wynyard 36, 37

Wyston, B. 92

Yeager, N. 86, 88, 91

Young, K. 134

Zuckerman, H. 122

名词索引

准入协商 20
自致的社会身份 151～152
研究委员会的咨询委员会 187～188
运算模型 62
抱负 53
匿名 25～26
人类学 14, 18～20, 117, 133
传记 118～124
失败 44, 49, 95～96, 174
田野工作 73～98, 112
平等 155
孤独 49, 94, 160～162
同辈群体 164
质性研究方法 45
专业学会 166
研究生们的传记 117～121
研究生的梦想 48, 49
指导教师的观点 44
指导关系 160～162
区域研究 23, 154

人工智能 28, 154, 171, 173, 178
建模 99～113
多学科研究 167
研究生的梦想 47
先赋的社会角色 151
社会人类学学会 166
自主 137～149, 174

生物化学学会 69, 165～166
生物化学 1, 15, 29, 128, 165～166, 182
实验室工作 53～71
研究团队 155～157
研究生们的传记 122～124
指导教师的传记 123～126
指导教师的观点 42, 43
传记 117～132
黑箱 55
简洁 38
英国科学院 188

卡内基调查 3
分类 5~8
研究的一致性 36~38
大学校长委员会 188
比较研究方法 27
"构念网"理论 55
学术会议 69, 70, 165
机密 25
连接主义 106
共识 112
连续性 73, 177
对比修辞 121, 136~137, 148
聚合思维 56
应对策略 9
核心团队 122
国家学位授予委员会 22, 39
临界规模 188~189
迷茫 38, 43
文化资本 14, 76

防御 27
世代 116
承袭制度 116
发展研究 23, 27, 154, 179
评审专家的观点 35
田野工作 73, 97
多学科院系 168
差异 6, 9

学科文化 153
学科 13~15
学科亲缘性 23
分化 6

经济与社会研究委员会 18, 21, 24, 26, 31, 89~90, 139, 181, 182, 185~189
文化濡化模型 62
学术热情 43~44
环境科学 40, 44~45, 53, 153, 167, 168~169
认知共同体 113
认知文化 12
认识论 23
伦理 25, 31
民族志 19, 73, 86
评审专家的观点 35
专家系统 107~109, 111~112

信仰 112, 175
熟悉 18, 22, 23, 27, 31
田野工作 18, 44, 46, 73~98, 112, 161~162, 174
组织 8
资助 164~165
资助机构 14

谱系 117~132

代际 117~132
地理学 29, 165, 166, 167, 181, 182
地质学 129
团队：连续性 101
会议 164~165
规模 159, 164

惯习 7, 9, 95~97, 115, 156
哈里斯报告 188, 189
隐性课程 10
英国高等教育拨款委员会 188
人文地理学 21, 23, 161, 163

身份 3, 7~9, 74~82, 97, 122, 151, 173, 176, 178
身份形成 4
不一致 56~58
独立性 91, 92, 138, 140, 174
不确定性 82~93
不确定的标准 35~37, 39, 42, 175
不确定的知识 62~63
个体化的研究 160~165
创新 15
英国地理学会 165, 166
干预 137~149

联合指导 163
学术期刊 165

判断力 36, 42~43

知识习得 10

实验室工作 11~12, 53~71, 112, 173~174
摸索门路 10
学位论文篇幅 35, 38~39
图书馆文献研究 76~78
分水岭 174
孤独 41, 44, 49
忠诚 4, 8~9, 96, 152, 169, 179

建模 99~113, 173
谦逊 39~40
多学科研究 167~169, 176, 179
神话 153

自然与环境研究委员会 102, 188
自然科学研究委员会 188
自然科学 152
咨询委员会报告 188
传记 122~125
评审专家的观点 40, 152
失败 174
谱系 122
研究团队 155~157
指导教师的叙述 133~149

网络 164, 165

神经网络 105～106

诺贝尔奖 40, 122

科学研究的"规定动作" 68

组织环境 3～4

组织文化 7～9

原创性 15, 35, 36, 38, 45, 172

范式转变 19

范式 15～16, 54, 111, 171

参与式观察 86～89, 92

教育的连续性 55, 151～169

教育的稳定性 70

学术出身 116～132

同辈群体 129, 164

同行研究 17～32

同行评议 17

个人模式 151, 152, 154, 160, 169

自然地理学 53, 65, 99～105, 111, 128, 130, 182

物理学 42, 156

地位模式 124, 151, 152, 154, 159, 169

博士后研究人员 64, 65, 67, 70, 130～131, 132, 156～159

既定知识 63～70

亲缘性 18, 23, 31

出版 36, 40, 68

质性研究方法 24, 45, 82～84, 87

现实冲击 57, 70

反思 28

疏离 22, 31

科研水平评估 188

研究委员会培养原则 24

研究团队 12, 100～103, 111, 128～132, 137, 152, 154～160

研究方法训练 82～93

风险 174

加入的仪式 4, 79

机器人科学 47, 104～107

皇家经济学会 165

皇家地理学会 166

"三宝" 33～34, 45

科学与工程研究委员会 40

自然科学：实验室工作 11～12, 53～71, 112, 134, 173～174

研究团队 128～130, 152, 154～160

研究生们的传记 122～125

科学知识 11～13

科学方法 8, 24～25

二次知识生产场所 167

情境学习 9, 12

社会人类学 23, 28, 178, 179

田野工作 73～98, 173～174
不成功的研究生 49
社会阶层差异 6
社会定位 23
学术组织 11～13
社会科学 18, 152～155
评审专家的观点 35
个体化研究 160～165
孤独 153, 154, 160
孤独 41
指导教师的叙述 133～149
专业学会 166
知识社会学 5, 7
科学知识社会学 11～13, 54, 109
斯宾塞基金会 25
稳定性 13, 54～56, 70, 71, 116, 178
校长常务会议 188
身份获得 4
陌生 17, 22, 23, 31
亚文化 3, 9, 10
学术继承 128～132

符号暴力 49

默会知识 62, 63, 70, 81, 97, 102, 173, 175
教学质量评估 188
团队合作 64～65, 137, 152, 154～155
技术性知识 62～63
技能素养 34
张力 16, 54, 56, 137, 151, 153, 157, 172, 174
城镇规划 27, 28, 154, 167, 179
评审专家的观点 35, 37, 38
田野工作 97
团队会议 165

城市研究 22, 23, 34, 73, 97

温菲尔德报告 186, 187
学术写作 140～141
人类学 80, 93～95, 164
社会科学 162